자유롭게 헤엄치고 있는 꽃도마(루손 섬, 바탕가스 / 사진 제공 : 『월간 다이버』, 촬영 : 디케나카 다이스케(竹中泰介))

말미잘과 공생하는 흰동가리(술라웨시 섬, 메나도 / 사진 제공 : 『월간 다이버』 촬영 : 세토구치 야스시(瀬戸口靖))

바다를 화려하게 수놓은 해면 동물(세부 섬 / 사진 제공 : 『월간 다이버』 촬영 : 세토구치 야스시(瀬戸口靖))

다이버들에게 인기가 높은 아시아의 바다
(말레이시아, 라양라양 섬 / 사진 제공 : 『월간 다이버』 촬영 : 스사키 야스오(須崎康雄))

독자적인 기법으로 만들어진 전통선 피니시(지금도 동남아시아 다도해에서 활약하고 있다)
❶ 해안선을 따라 수 킬로미터나 늘어서 있는 조선소(술라웨시 섬, 콘조 지방 타나베루 / 촬영 : 오소자와 가쓰야(遲沢克也))
❷ 조선 기술자들이 만들고 있는 대형 피니시(콘조 지방 마루마사 해변 / 촬영 : 니시 다이스케(西大輔))
❸ 독특한 기술로 만들고 있는 피니시의 선각(船殼)(콘조 지방 마루마사 해변 / 촬영 : 오소자와 가쓰야(遲沢克也))
❹ 월리시아 해역 각지에서 집적(集積)된 다양한 선박 재료(콘조 지방 마루마사 해변 / 촬영 : 오소자와 가쓰야(遲沢克也))

❺ 바다에 늘어 선 대형 피니시(칼리만탄 섬, 바투리친 / 촬영 : 기타마도 도키오(北窓時男))
❻ 치켜 올라간 피니시의 뱃머리(콘조 지방 마루마사 해변 / 촬영 : 오소자와 가쓰야(遲沢克也))
❼ 뒤에서 본 건조중인 피니시(칼리만탄 섬, 바투리친 / 촬영 : 기타마도 도키오(北窓時男))
❽ 조선에 이용된 다량의 나무못(콘조 지방 타나베루 / 촬영 : 오소자와 가쓰야(遲沢克也))
❾ 거의 완성된 피니시(콘조 지방 마루마사 해변 / 촬영 : 오소자와 가쓰야(遲沢克也))

두 척의 배를 이용해 물고기를 잡고 있는 바강(부망(敷網)) 선(할마헤라 섬, 카우만 / 촬영 : 기타마도 도키오(北窓時男))

아침 해를 받으며 출어(出漁)하는 파얀(전통적인 선망) 선(마두라 해협 / 촬영 : 기타마도 도키오(北窓時男))

해면을 두드려 물고기 떼를 위협하면서 그물을 올리는 어부(마두라 해협 / 기타마도 도키오(北窓時男))

생선 시장(캄보디아, 시엠레압 / 촬영 : 오카모토 가즈유키(岡本和之))

국경 시장에서 팔고 있는 캄보디아의 훈제어(타이, 아란야프라테트 근교 / 촬영 : 오카모토 가즈유키(岡本和之))

바다의 아시아

3

섬과 사람들의 활력

Vol. 3 UMI NO AJIA 3, SHIMA TO HITO NO DYNAMISM

edited by : Kei'ichi Omoto, Takeshi Hamashita, Yoshinori Murai and Hikoichi Yajima
Copyright © 2001 by Iwanami Shoten, Publishers
First published in Japanese in 2001 by Iwanami Shoten, Publishers, Tokyo.
This Korea edition published by Darimedia
by arrangement with the authors c/o Iwanami Shoten, Publishers, Tokyo.
through BookCosmos Agency, Seoul.

바다의 아시아 3

섬과 사람들의 활력

엮은이 | 오모토 케이이치(尾本惠市)
하마시타 다케시(濱下武志)
무라이 요시노리(村井吉敬)
야지마 히코이치(家島彦一)
옮긴이 | 김숙이
감　수 | 김웅서 박사

다리미디어

바다의 아시아 3_ 섬과 사람들의 활력

초판 1쇄 펴낸날 · 2003년 5월 25일

엮은이 | 오모토 케이이치 외
옮긴이 | 김숙이
펴낸이 | 이희숙
편집장 | 이향선
편 집 | 이상건 이해인
마케팅 | 박정상
총 무 | 김정숙

펴낸곳   도서출판 다리미디어
        서울시 마포구 망원동 386-16 삼미빌딩 401호
        전화 336-2566(대표) 팩스 336-2567
        http://www.darimedia.com
        E-mail : darimedia@hitel.net
등 록   1998년 10월 1일(제10-1646호)

ⓒ 오모토 케이이치 외, 2003

ISBN 89-88556-85-2 03900
ISBN 89-88556-82-8 (세트)
    정가 18,000원

* 잘못 만들어진 책은 바꾸어 드립니다.

역동적인 바다와 섬의 세계

무라이 요시노리 村井吉敬

섬과 섬 항구와 항구를 잇는 해상 네트워크

이 책에서는 동남아시아의 바다와 섬의 세계, 그리고 그곳에 사는 사람들의 생활과 활력을 그리고 있다.

오스트레일리아의 다큐멘터리 영상 작가인 존 달링은 1994년에 '바람 아래(Below the Wind)'라는 흥미 있는 작품을 만들었다. 술라웨시 섬(Sulawesi. 인도네시아의 칼리만탄 섬의 동쪽에 위치한 섬-역주)에 사는 말레이 계 사람들, 즉 부기스 족이나 바자우 족은 예로부터 해삼을 채집하기 위해 배를 타고 오스트레일리아 북부까지 진출했다. 이 사람들이 말하는 '바람 아래'란 바로 오스트레일리아 북부의 바다와 땅을 가리키는데, 이곳을 '말레게'라고도 부른다. 술라웨시 섬의 마카사르(Makasar. 우중 판당(Ujung Pandang)의 옛 이름-역주)에서 말레게까지의 거리는 대

5

략 1,500킬로미터로 작은 배로 2주일 가량 걸리는 거리이다. 그들은 북서 몬순을 이용하여 말레게로 건너갔다. 또한 그곳에서 서너 달 동안 해삼을 따서 가공하였으며, 고향으로 돌아갈 때는 남동 몬순을 이용하였다. 이러한 해삼 채취는 17세기 말까지 이어졌다고 한다.

한편, 20세기에 들어서면서 오스트레일리아는 국경 지역의 관리를 강화하였고, 말레이 계 사람들의 해삼 채취를 불법 채취로 간주했다(1906년). 달링은 그로부터 80년이나 지난 오늘날 바자우 족이 오스트레일리아 북부 해역에서 어획이 금지된 상어를 불법으로 잡는 모습을 작품에 담았다. 국경 경비대는 상어잡이 배가 눈에 띄면 경고하거나 나포하고, 심지어 배를 불태우기도 했다. 또한 선원을 체포하여 오스트레일리아의 교도소에 수용하기도 했다.

술라웨시 섬 남동부에 위치한 부퉁(Butung) 섬에 사는 부퉁 족도 바다를 주 무대로 살아가는 사람들이다. 10여 년 전에 한 친구가 태평양에 위치한 벨라우(Belau. 팔라우(Palau)라고도 하며, 필리핀 남쪽의 태평양 서부에 위치한 나라-역주)를 방문한 적이 있었는데, 그 때 그곳에서 불법 어획을 하다가 잡힌 부퉁 선원을 만났다. 그는 벨라우에서 몰래 진주조개를 채취하다 잡힌 사람이었다. 상어나 진주조개, 해삼, 바다거북 등을 잡는 어로 행위가 불법이었기 때문에 비싼 값에 거래되었고, 바자우 족과 부퉁 족들은 법을 어기면서까지 이것들을 잡고자 했다.

원래 동남아시아 해역에 거주하는 '해양민(바다 집시)'은 조그만 카누에서 커다란 범선에 이르기까지 모든 배를 자유자재로 다루며 어패류는 물론이고 바다거북과 듀공까지도 잡았다. 또한 그들은 섬 해안에 있는 야자열매로 코프라(copra. 야자나무 열매의 배유를 말린 것. 비누, 양초, 마가린 등의 원료-역주)를 만들었으며, 동굴 안에 있는 제비집을 채취했다. 열대림에서는 향목(香木)이나 벌꿀, 또는 수지(樹脂)나 극락조, 앵무새 등을 채집하여 그것을 역내(域內)뿐만 아니라 역외(域外)까지 운반했다. 한편 이 해역은 항구와 항구가 촘촘히 네트워크로 이어져 있으며 거대한 권력을 형성하기보다는 해상 네트워크로 이어진 국가군(國家群)을 형성했다. 이 책의 제목에서 알 수 있듯, 동남아시아 해역은 섬과 섬, 항구와 항구, 또는 항구의 해안과 강을 통해 내륙의 오지가 연결되어 활력이 넘치는 네트워크 형 해역 세계였다.

바다를 기반으로 살아가는 사람들의 다양성과 평등성

다카야 요시카즈(高谷好一)는 동남아시아의 바다를 '생활의 바다'라고 했다. 이 해역은 상인들의 바다, 전쟁의 바다, 노예무역의 바다라는 요소도 있지만, 생활이란 측면이 강하다는 것을 의미한다. 또한 다카야는 해변 마을의 단명성(短命性)과 높은 이동성, 즉 그곳에서 살아가는 사람들의 변화무쌍한 전직(轉職)을 이야기하고 있다. 예를 들면, 말라카 해협(Malacca Strait.

동남아시아 말레이 반도 남부 서해안과 수마트라 섬의 동해안 사이에 있는 해협-역주)에 거주하며 무역업을 했던 사람이 새우잡이 어부였다가 오스트레일리아로 건너가서는 진주조개를 잡고, 다시 돌아와서는 어패류를 판매하거나 또는 숨바와 섬(Sumbawa. 인도네시아 소순다 열도에 딸린 섬-역주)에다 어장(漁場)을 열었다. 그 후 말라카 해협으로 돌아가 코코야자를 재배하기도 했다. 다시 말해서 어부나 무역업자가 해적이 되기도 했고, 때로는 코코야자와 감자류, 사고야자(외떡잎식물 종려목 야자나무과 사고야자속의 총칭으로 줄기에 많은 녹말이 저장되어 있다-역주)를 재배했고, 산에 들어가 등나무나 벌꿀, 또는 향목을 채취하기도 했다. 이렇듯 지역을 이동하며 직업을 바꾸기 때문에 사람들의 '고향' 조차 확실하지가 않았다.

동남아시아 해역에 사는 해양민들의 특징인 변화무쌍함, 유연성, 이동분산성(移動分散性)에 대해서는 지금까지 고(故) 쓰루미 요시유키(鶴見良行) 등이 언급했던 부분이다. 쓰루미에 의하면 노예 신분이라도 쉽게 자유민이 될 수 있었다고 한다. 또한 마음에 들지 않는 지배자가 나타나면 생활 터전을 찾아 떠나기도 했으며 백성이 왕을 선택할 수 있는 '충성 선택권(忠誠選擇權)'도 있었다고 한다.

나는 인도네시아 동부에서 파푸아뉴기니(Papua New Guinea. 남태평양 남서부에 있는 나라-역주)에 이르는 해변을 10여 년 동안 여행해 왔다. 여행하는 동안 그곳에서 깨달은 점은 평등성이었다. 특히, 캄퐁(Kampong. 마을을 의미한다)에서는 모든 사람이 평등하다는 것을 느낄 수 있었다. 아라푸라 해(Arafura. 오스트레일리아 북쪽 해안과 뉴기니 섬, 소순다 제도 사이에 있는 해역-역주)에 있는 아루 제도(Aru Islands)의 한 마을에서는 촌장이 화교였다. 수십 가구가 모여 사는 이 마을의 생활 수준은 거의 비슷했다. 집의 규모나 마당 크기도 차이가 거의 없었다. 외부와의 교역품은 해삼, 진주조개, 극락조, 제비집이며 해삼이나 진주조개를 따러 갈 때는 카누를 이용했다. 하지만 바다를 독점하는 듯한 어획 행위와 잠수 장비의 사용은 금하고 있었다. 해삼에는 사시 제도를 적용하고 있었다(무라이 요시노리의 논문 참조). 제비는 동굴에서 서식하는데, 몇몇 동굴에 대한 채취권은 마을 전 가구(家口)에게 골고루 배분되어 있었다.

동남아시아 해역에 독자적인 지배 세력이 출현하지 않았는데, 이유는 이러한 마을들이 가진 민주성이나 평등성과 무관하지 않다. 농경 문화는 축재(蓄財)의 문화지만, 바다 문화는 축재가 어렵기 때문에 이동과 산재(散財)의 문화라고 생각한다. 현재 인도네시아 연극계를 대표하는 작가이자 배우인 렌드라는 예전에 한 대담에서, 술라웨시 섬의 산 속에 사는 토라자 족(Torajas. 인도네시아 셀레베스(술라웨시)에 살고 있는 부족-역주)을 예로 삼았다. 그들이 성대하게 치르는 장례식은 수적으로 크게 늘어난 물소를 제물로 바치고, 그 고기를 집집마다 나눠주는 부의 배분 과정이고, 이것을 나눠주는 사람도 그 일로 덕을 쌓는 것으로 여겼다고 한다. 렌드라는 이를 '순환 문화'라고 했다.('국제 교류' 53, 1990년) 동남아시아 해역 세계의 특징인 민주성과 평등성에 대해 지나치게 이상화시켜서도 안 되겠지만, 오로지 재산 축적에만 관심을 기울이는 우리가 배워야 할 귀중한 덕목이 바로 이 바다와 섬의 세계에 들어 있다고 생각한다.

세계화와 바다의 아시아

바자우 사람들에게서 해양민의 전형을 볼 수 있다. 원래 이 사람들은 선상에서 생활하며 필리핀 남부, 보르네오 북부, 술라웨시 섬 근해를 생활 터전으로 삼아 어패류를 채취해 육지 사람들과 교역하며 살아온 사람들이다. 때때로 이들은 국경을 넘어 이동하기도 했다. 하지만 나가쓰 가즈후미(長津一史)는 이들을 '국경을 초월한 자유로운 이동민'이라고 이상화한 낭만주의에 대해 동의하지 않았다. 그는 이들이 국경이나 국가 간의 교역에 따른 제약들을 요리조리 빠져나가며 바다를 이용하는 사람들이라는 점에 중심을 두었다.

글로벌 시장 경제는 동남아시아의 바다에서 살아가는 사람들의 욕망을 크게 자극해 상업적인 어업을 활성화했으며, 국가나 국경을 초월한 '밀어(密漁)'나 '불법 조업'을 촉진하고 있다. 바다를 삶의 터전으로 살아가는 사람들은 이 해역에서 새로운 삶의 틀을 전개하고 있다.

타이(Thailand) 남부의 어항인 송클라(Song khla. 타이 송클라

주(州)의 주도(州都)로 싱고라(singora)라고도 한다-역주)에는 강력한 집어등(물에 불을 비추어 어류를 유인하기 위한 등불-역주)을 탑재(搭載)한 멸치잡이 배가 모여드는데, 그 중에는 인도네시아 배도 다수 있다. 한편, 미얀마 해역이나 인도네시아 해역으로 출어(出漁)하는 타이 배도 많이 있으며, 서파푸아(인도네시아 동부의 뉴기니 섬 서부에 있는 주로 이리안자야(Irian Jaya)라고 한다-역주) 동쪽 끝에 위치한 메라우케(Merauke) 항구에도 타이의 오징어잡이 배가 정박하고 있다. 한편으로는 동남아시아의 최대 담수어 어장인 톤레삽 호(Tonlesap. 캄보디아 중앙에 있는 호수-역주)에서 어획한 고기를 국경을 넘어 타이로 대량으로 반입하고 있다(오카모토 가즈유키(岡本和之) 논문 참조).

또한 새로운 다이너미즘이 이 바다와 섬 세계에 생겨나고 있다. 하지만 이 시대적 흐름은 조그만 섬의 작은 마을에 상처를 줄 뿐 아니라, 자원적인 측면에서 위기 상황으로 몰고 가기도 한다. 이러한 논점도 본격적으로 다루어져야 할 것이다.

여기에서는 크게 4장으로 나누어져 있다. 우선 〈도서 세계의 매력〉에서는 다카야 요시카즈(高谷好一)가 '다도해와 섬' 이라는 제목으로 이야기를 이끌어 간다. 다카야는 동남아시아의 바다를 '생활의 바다' 라는 측면으로 접근하여, 해안에서 살아가는 사람들은 자원이 풍부한 열대림과 바다를 이어주는 역할을 한다고 말하고 있다. 또한 말라카 해협의 도시와 촌을 사례로 들며 해안 사람들의 사회적 이동성에 대해 이야기하고 있다.

내가 집필한 '바다를 지키는 지혜'에서는 동인도네시아(특히, 말루크(Maluku)와 서파푸아)의 해안 마을에서 지금도 행해지고 있는 산호초 바다에서의 금어(禁魚) 제도인 사시에 초점을 맞춰, 사시의 다양성을 논하며 세계화 추세로 위기를 맞고 있는 전통 어업을 다루고 있다.

제2장은 〈역사 속의 바다 세계〉이다. 모모키 시로우(桃木至朗)의 '동남아시아의 바다와 육지'에서는 환상의 나라라고 부를 만한 나라, 즉 베트남 중부에 있었던 '참파'(2세기 말엽~17세기 중엽. 현재의 베트남 중부에서 남부에 걸쳐 인도네시아 계인 참 족(族)이 세운 나라)를 다루고 있다. 중심 도시마저 자주 옮기는 교역 국가 또는 네트워크 국가라고 할 수 있는 참파는 사람들에게 잘 알려지지 않은 바다의 왕국이다. 참파를 지탱한 참 족의 후예는 지금도 남아 있지만, 모모키는 '민족의 영속성(永續性)은 당사자들의 집단 환상에 불과하다'라고 지적하면서 동남아시아 해역의 잦은 이동성과 변화무쌍함에 대해 논하고 있다.

오오키 아키라(大木 昌)의 '강 : 육지 속의 바다 세계'는 바다뿐만 아니라 내륙 지역까지 포함하고 있는 동남아시아 해역에 대해 살펴보고 있다. 다시 말해서 물건을 운반하는 교통로로서 육지에 사는 사람들에게 강이 얼마만큼 중요한가에 대해 논하고 있다. 여기서는 특히 수마트라 섬(Sumatra. 인도네시아 대순다 열도에 딸린 섬-역주)의 내륙 지역과 말라카 해협을 잇는 무시(Musi) 강, 콴탄(Quantan)·인드라기리(Indra Giri) 강, 바탕 하리(Batang Hari) 강, 캄파르(Kampar) 강, 시아크(Siak) 강 등의 하천이 열대림에서 산출한 산물을 운반하는 주요 항로였다는 사실을 다루고 있다. 강을 통해 '내륙에 파고든 바다 세계'에 대해 이야기하고 있다.

제3장 〈삶과 바다〉에서는 어민과 어획물의 유통에 대해 살펴보고 있다. 우선 기타마도 도키오(北窓時男)는 '동남아시아 어민들의 생활'에서 진흙·모래의 바다, 맹그로브의 바다, 산호초의 바다로 구분하여 동남아시아 바다 세계의 어민들에 대해 다루고 있다. 할마헤라 섬(Halmahera. 인도네시아 북동부 몰루카 제도에 있는 섬-역주) 북부 지역의 갈렐라(Galela)에서 선망(旋網) 어업을 하는 어민, 말루크 해에서 가다랑어를 잡는 어민, 그리고 부기스 족의 상어 지느러미 어업을 박진감 넘치게 묘사하고 있다. 여기서도 이동이 잦은 부기스 족의 모습이 잘 드러나 있다.

오카모토 가즈유키(岡本和之)의 '물고기의 유통로를 따라가다'에서는 타이 사람들의 식탁에 오르는 생선의 유통 과정을 다루고 있다. 캄보디아의 톤레삽 호는 동남아시아 최대의 담수어 공급지이다. 그곳에서 잡은 어획물이 타이의 국경을 어떻게 통과하는지, 그 유통 과정을 보여 주고 있다. 또한 오카모토는 메콩 강 개발과 수산 자원의 위기에 대해서도 논하고 있다.

마지막 장은 〈이동과 교류〉이다. 나가쓰 가즈후미의 '바다와 국경'은 술루 해(Sulu. 필리핀 제도의 남서부에 있는 내해-역주)와

13

서셀레베스 해의 해양민 사마(Sama)를 논하며 어설픈 낭만주의를 경계하고 있다.

지금까지의 이미지, 즉 국경을 넘나들며 바다를 자유롭게 이동하는 사마의 모습이 아니라 국가와 국경이라는 제약을 의식하고 그로부터 교묘하게 빠져나가면서 살고 있는 사마의 모습을 그리고 있다. 특히 1940년대 말에서 1950년대까지 코프라 '밀무역'이 성행하던 시대에 신생 동남아시아 국가 간의 불화 속에서도 꿋꿋하게 살아가려 했던 사마의 모습이 잘 나타나 있다.

히로스에 마사시(弘末雅士) 씨는 '메카 순례와 동남아시아 무슬림'에서 동남아시아 해역 사람들의 메카 순례를 다루고 있다. 인도를 경유하는 메카 순례길, 또는 그 반대 길은 아시아 바다에 상업적으로, 종교적으로 지대한 영향을 끼쳤다. 동남아시아에 정착한 아랍이나 인도계 사람들이나 반대로 아랍에서 살고 있는 동남아시아 사람들과 본토와의 교류도 이 지역을 크게 움직여 온 다이너미즘의 원천이었다.

〈사진으로 읽는 바다〉의 오소자와 가쓰야([illegible])는 '바다를 건너는 피니시'에서 남술라웨시와 비라 반도 콘조 지방의 조선(造船) 기술자와 그들이 만드는 피니시 배에 대해 알아보고 있다. 그는 이 조선 기술자들이 독특하면서도 역동적인 목조 범선을 만들어 왔는지 생생하게 설명하고 있다. 또한 동남아시아의 바다에 대한 이념도 잘 보여 주고 있다.

무엇보다도 다른 책들과 더불어 '바다의 아시아'를 전체적으로 조명하는 데 도움이 되었으면 한다.

바다의 아시아 3　섬과 사람들의 활력

| 목차 |

바다의 아시아 3 섬과 사람들의 활력

바다의 아시아 3 섬과 사람들의 활력

바다의 아시아 3　섬과 사람들의 활력

루손 섬

마닐라

바탕가스

태평양

팔라완 섬

파나이 섬

세부 섬

네그로스 섬

술루 해

민다나오 섬

다바오

삼보앙가

홀로 섬

산다칸

타위타위 섬

술루 제도

우

시아밀 섬

셀레베스 해

상기에 제도

탈라우드 제도

모로타이 섬

카우 만

메나도

비퉁

시단고리

미나하사 반도

할마헤라 섬

라자 안파트 제도

왕이게오 섬

파다이드 제도

비아크 섬

미

카사

르

해

몰루카 해

바칸 섬

소롱

술라웨시 섬

술라 제도

몰루카 제도

세람 해

뉴기니 섬

보네 만

보네

부루 섬

암본

우중판당

반다 제도

콘조 지방

카바에나 섬

부퉁 섬

무나 섬

반다 해

살라야르 섬

플로레스 해

아루 제도

섬

플로레스 섬

순

다

열

도

숨바 섬

티모르 섬

아라푸라 해

제1장

도서 세계의 매력

우리를 둘러싸고 있는 이 대자연은 생명의 샘이다.
- R. 타고르(Rabindraanath Tagore)

앞 사진 | 공미리를 잡고 있는 모습. 파다이드 제도

다도해와 섬

다카야 요시카즈 高谷好一

여기에서는 두 가지를 중심으로 다루고자 한다.

그 하나는 다른 바다와 비교하여 동남아시아의 바다가 지닌 특징에 대해 살펴보고자 한다. 결론적으로 말하면, 동남아시아의 바다는 '생활의 바다' 라고 말할 수 있다. 발트 해(Baltic Sea. 북유럽의 내해-역주)는 한자동맹(중세 중기에 독일 북부 연안의 여러 도시와 발트 해 연안의 여러 도시 사이에 해상 교통의 안전 보장, 공동 방호, 상권 확장 등을 목적으로 결성한 동맹-역주) 상인들의 바다였고, 지중해는 갤리 선(galley. 중세 지중해 연안에서 사용된 대형 배로 다수의 노예나 죄인에게 노를 젓게 했다-역주)의 등장 이후로 전쟁의 바다였으며, 대서양은 노예 무역의 바다였다. 또한 인도양은 이슬람 상인의 교역의 바다였으며, 동중국해는 조공의 바다였다. 이에 반하여 동남아시아 바다의 특징은 생활의 바다였다.

가장 두드러진 특징은 다른 바다가 무역하는 사람들의 바다였던 것과는 달리 생활하는 사람들의 바다라는 점이다.

그리고 여기서 다루고자 하는 또 하나는 동남아시아 바다의 생태적인 특징을 좀더 명확히 규명하고자 한다. 생태적 특징을 살펴보고자 하는 것은 뒤에 오는 논고에 대해 좀더 쉽게 이해할 수 있도록 그 토대를 마련하여 배경 지식을 제공할 필요가 있기 때문이다. 생태적 특징에 대해서도 결론적으로 말하면, 동남아시아의 바다는 곳곳에 위험이 도사리고 있지만, 자연의 보고(寶庫)라고 말할 수 있다. 한편 그곳에 사는 사람들은 그러한 자연에 적응하면서 독특한 생활 양식을 취하고 있는 것을 볼 수 있다.

1. 동남아시아의 다도해

동남아시아의 바다는 수없이 많은 섬들로 이루어진 다도해로 그 섬들은 열대우림으로 뒤덮여 있다. 여기에서는 그 바다와 섬에 대해 살펴보고자 한다.

이 바다의 특징은 곳곳에 펼쳐진 넓은 해안과 맹그로브 숲이다. 맹그로브 숲의 앞바다는 수심이 얕고 갈색을 띠고 있어 바닷물이 매우 탁하다. 그 모습은 짙푸른색의 바다가 산호초에 부딪치며 새하얀 파도를 일으키는 월리시아(Wallacea)의 바다와는 사뭇 다른 것을 볼 수 있다.

동남아시아의 바다는 대륙붕 지역으로 수심이 얕은 해안이 발달해 있다. 만약 바다 수위가 백 수십 미터 낮아진다면 이곳은 대륙붕이 수면 위로 올라와 대륙의 일부가 될 것이다. 대륙의 일부분이 침수된 것으로 지질학적인 면에서도 진정한 해양인 월리시아와는 전혀 다른 것을 알 수 있다.

또한 대륙의 일부로 완전히 침수되지 않은 곳은 섬이 되었으며, 이 섬들은 모두 열대우림으로 뒤덮여 있다. 열대우림에는 몇만 종의 수목이 서식하고 있으며, 그 중에는 침향(최고급 향목)과 용뇌(용뇌수에서 채취한 백색 결정으로 향료 및 약품의 원료)나 다마르(배의 누수 방지 등에 쓰이는 수지)처럼 값 비싼 열대 산물이 가득하다. 하지만 그곳은 풍토병의 땅이기도 하다. 연중 고온 다습한 이 열대림 속에는 온갖 종류의 병원균이 서식하고 있어 사람의 목숨을 위협한다. 대표적인 병원균은 말라리아이다.

이렇듯 동남아시아의 다도해는 두 얼굴을 가지고 있다. 다시 말해서, 그곳에 있는 많은 섬들은 하늘이 내려준 자연의 보고이면서도 한순간에 사람의 목숨을 빼앗을 수도 있는 강력한 힘을 지녔다는 것이다.

그렇다고 이곳이 인간이 전혀 살 수 없는 땅이라는 것은 아니다. 이곳 사람들은 배를 타고 물 위에서 살거나, 또는 해안가에 수상가옥(水上家屋. 물 위에 말뚝을 높게 박은 다음 그 위에 집을 지은 집-역주)을 짓고 살고 있다. 해상이나 해안가에서는 해풍에 의해 숲의 병원균이 존재하지 않기 때문이다.

하지만 이처럼 해상이나 해안가에 살려면 특수한 기술이 필요하다. 해상이나 해안가에서 살기 위해서는 적어도 논밭을 가꾸며 마을을 이루고, 이웃 마을과의 사이에 도로를 만들어 왕래하는 방법은 이용할 수 없다. 그렇기 때문에 해상이나 해안가에서 살고 있는 사람들에게는 무엇보다도 배가 필수일 수밖에 없다.

농경에 의지하지 않고 선상에서 생활하는 방법을 개척한 수상족의 선조는 오랑라우트(Orang Laut. 동남아시아 여러 해역에 분포되어 있고, 가족 단위로 배에서 거주하며 일정한 해역에서 어로 채취 등을 한다-역주)라고 불리는 사람들이었다. 농경민이 보기에는 수상 생활이 힘들어 보일 수도 있다. 그러나 일단 그 생활에 익숙해지면 육지보다 쾌적하다고 한다. 오랑라우트는 일반적인 생활이 주로 쾌적한 선상에서 이루어졌는데, 선상이 육지보다 쾌적한 이유는 무엇보다도 주변 환경이 청결하기 때문이었다. 육지에서의 정착 생활은 금세 쓰레기가 쌓여서 지저분하지만 선상에서는 그럴 일이 없다. 먹다 남은 음식도 금세 파도에 씻겨 내려갈 뿐만 아니라 수심이 얕은 해안이나 맹그로브 지역은 새우나 게, 조개가 많기 때문에 쉽게 식량을 확보할 수 있다. 그들은 해안가에 가는 가지로 엮어 만든 족대를 팔(八)자 모양으로 세워 놓고 썰물 때 물이 빠지면 새우나 게를 잡았다. 족대를 날개 모양으로 펼치면 그 길이가 백 수십 미터나 되며 한 번에 많은 양의 새우나 게를 잡을 수 있었다.

한편 이들은 선상 생활을 하기 때문에 이동하기 쉬운 편이었다. 나무 열매나 과일이 있는 해안으로 이동하거나, 바닷바람이 심하게 불지 않는 계절에도 쉽게 이동할 수 있었다. 그러므로 다도해에서의 생활은 일단 그 방식에만 적응하면 결코 힘들지 않은 편이다. 이렇듯 동남아시아의 다도해는 이러한 선상 생활이 근간을 이룬다고 나는 생각한다.

이곳에도 다른 지역에서 온 모험가들이 있었을 것이다. 최초의 모험가는 중국과 지중해 세계를 잇는 동서 교역의 선원이었을 가능성이 크다. 기원전에 동남아시아의 향약(香藥)이 중국이나 로마에 전해졌으며, 《에류토라 해 안내기》에서도 이 지역에서 산출되는 산물을 값나가는 열대 산물이라고 언급한 부분이 있다. 또한 고고학 유적지에서도 다양한 유물이 출토되는데, 메콩 삼각주 근처의 오케오 유적(Oc-Ao. 베트남 남서부의 메콩 강 삼각주에 있는 도시 유적-역주)에서는 그 지역 유물 외에도 로마의 금화나 중국 한족의 거울이 발굴되었다.

이러한 사실로 미루어 볼 때, 동남아시아의 다도해 세계는 다음과 같이 형성하였을 것으로 본다. 우선 첫무대는 지금으로부터 수만 년 전으로 거슬러 올라간다. 그 때는 빙하기라서 바다 수위가 지금보다 백 수십 미터 낮아, 다도해 대부분이 육지였다. 그곳을 구석기 수렵 채집인들이 아시아의 대륙에서 파푸아뉴기니, 오스트레일리아 방면으로 이동하며 범위를 넓혀 나갔을 것이다. 그 다음으로 두 번째 무대는, 바다 수위의 상승기로 기원전 7000~8000년경으로 거슬러 올라간다. 대부분이 침수되면서 다도해가 형성되었으며, 이 때 수상 생활이 꽤 확산되었을 것이다. 오스트로네시아 어족(Austronesian languages. 동쪽 이스터 섬에서 서쪽 마다가스카르 섬까지, 북쪽 하와이 제도에서 남쪽 뉴질랜드 섬에 이르는 남태평양의 광대한 지역에서 사용하는 언어의 총칭-역주)이 이 일대에 확산된 것도 이 시기 후반으로 여겨진다. 세 번째 무대는 기원전 수백 년쯤으로 이 무렵에는 동서 간의 교역이 이루어지면서 새로운 문명과 접하게 되었고 모험가가 등장했다. 외부 세계에서 찾아온 모험가들은 이 풍토병의 땅에서 오랑라우트 식의 생활을 하면서 항구를 경영하고 교역 활동을 전개했다. 바로 이 세 번째 무대가 지금도 이어지고 있다. 여기까지가 동남아시아 다도해의 인류사적인 개요이다.

2. 캄퐁의 생활

동남아시아에 대해 살펴볼 때 보통 '캄퐁(Kampong)'과 '반다르(Bandar)'를 비교하곤 한다. 전자는 조그만 마을이고 후자는 비교적 큰 항구를 의미한다. 실제로 동남아시아의 다도해에서 살아가는 사람들의 취락 형태나 사회적인 성격이라는 입장에서 보면 캄퐁과 반다르로 나눌 수 있다. 여기에서는 캄퐁에

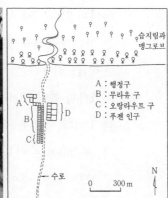

습지림과
맹그로브

A : 행정구
B : 무라유 구
C : 오랑라우트 구
D : 푸젠 인구

← 수로

0   300 m

N

브카완 마을과 그 주변의 지역(좌)과 무라유 구의 모습(우)

대해 자세하게 살펴보고자 한다.

캄퐁 브카완

수마트라 섬의 동해안에는 브카완이라는 캄퐁이 있다. 수마트라의 동해안에는 폭이 수십 킬로미터나 되는 대습지림(大濕址林)이 펼쳐져 있는데, 그 습지림과 말라카 해협 사이에 수백 평방 미터 넓이의 맹그로브 숲이 형성되어 있다. 이 맹그로브 숲 앞으로는 드넓은 해안이 펼쳐져 있으며, 그곳에 브카완이라는 마을이 자리잡고 있다. 브카완은 맹그로브 숲에서 200미터쯤 떨어진 곳에 위치한 완전한 수상 마을이다.

이 수상 마을은 1-1에서 볼 수 있듯이 네 부분, 즉 행정구(行

政區), 무라유 구(區), 오랑라우트 구, 푸젠 인구(福建人區)로 이루어져 있다. 중심을 이루는 곳은 130채의 무라유 구로, 이곳에는 이른바 무라유가 살고 있다. 무라유는 인도네시아 말(즉 말레이 어)을 사용하는 이슬람교도라는 뜻이다. 무라유 구 옆으로 자그마한 집이 30가구 정도가 있는데, 이곳은 오랑라우트가 사는 곳이다. 무라유 구와 마주보는 곳에 커다란 집이 8채가 있는데, 무라유들은 이곳을 푸젠 인구라고 불렀다. 집의 형태는 네 구 모두 수상가옥이 있다. 간조가 되면 높은 마루를 떠받치고 있는 말뚝이 4미터 가량 드러나지만, 만조시에는 마루 근처까지 물이 차 오른다.

브카완은 이 지역에서 매우 평범한 캄퐁 중에 하나이다. 육지 사람은 이곳이 오래된 마을이라고 하지만, 실제로는 역사가 그리 오래되지 않았다. 일반적으로 캄퐁은 수명이 짧다는 특징을 갖고 있다. 캄퐁 브카완의 역사를 살펴보면 다음과 같다.

이곳은 원래 아무것도 없는 수심이 얕은 해안 지대였는데, 1931년에 중국인 후쿠티추가 들어와 수상가옥 한 채를 지었다. 이곳에는 오랑라우트가 자주 오가기 때문에 그들에게 쌀이나 설탕, 과자 등을 팔 목적으로 집을 지었으며, 그곳에서 직접 새우도 잡았다. 그러다 3년 후인 1934년에 이 후쿠티추 옆에 오랑라우트의 수장(首長)이 집을 지었다. 1936년이 되자, 이번에는 무라유 인 무하무디가 이곳으로 들어와 커피 가게를 열었다.

무하무디가 들어온 후로 갑자기 많은 무라유가 찾아들어 새우잡이를 시작했다. 하지만 이곳으로 들어온 무라유들은 처음부터 모여 살지는 않았다. 주변의 해안에 흩어져서 '바강(망루)'을 세우고 '토고(그물)'로 새우를 잡았다.

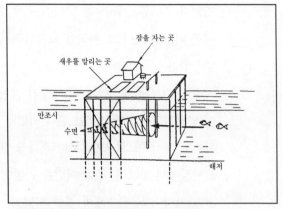

1-2 무라유의 바강(망루)과 토고(그물)

바강은 **1-2**에서 볼 수 있듯이 말뚝으로 지탱하는 일종의 연단이며, 그 위에 조그만 오두막이 세워져 있다. 토고는 그 아래에 쳐놓은 그물이다. 그물은 원뿔 모양으로 되어 있고, 그 직경은 2미터쯤 된다. 이곳의 썰물은 맹렬한 기세로 빠져나가기 때문에, 그 때 그물을 내려 두면 떠밀려 가던 새우나 작은 생선이 그물 속으로 들어간다. 그것을 끌어올려 바강 위에서 새우를 말리거나 젓갈을 담는다. 1937년에는 이러한 바강이 20여 개로 늘어났고, 그 해 관청에서 시찰을 나와 마을로 등록시키면서 캄퐁 브카완이 탄생했던 것이다.

브카완이 전쟁 때는 어떤 상황이었는지 정확히 알려진 것이 없다. 그러나 1960년대에는 동력선이 보급되기 시작하면서 전체적으로 많은 부분에서 상황에 크게 달라졌다. 많은 무라유들이 몰려와 최초에 세워진 3채의 수상가옥 옆으로 연이어 집을 지었다. 그 후 그들은 좀 떨어진 곳에 그물만을 설치한 바강을 세운 뒤, 동력선으로 이곳을 드나들면서 새우를 잡는 방식으로 바꾸었다.

한편 그 사이에 브카완이 새우가 많이 잡히는 곳이라는 사실이 알려지면서 1975년에는 중국 어민이 들어왔다. 그들은 브카완에서 북서쪽으로 150킬로미터 가량 떨어진 곳에 위치한 스라트판장에서 왔으며, 중국 어민은 곤방이라는 대형 그물을 갖추고 있었다. 그들은 8채의 집을 지었고, 중국의 푸젠 어(福建語)를 썼다. 곤방은 토고와 같은 원리로 새우를 잡지만, 갈고랑과 부표를 이용해 거대한 그물을 설치하는 것으로 그 위력은 토고의 열 배가 넘었다. 곤방의 출현으로 토고는 완전히 쇠퇴하고 말았다. 내가 이곳을 방문했을 때가 1986년인데, 그 당시는 이미 토고가 완전히 사라졌고, 일자리를 잃은 무라유들은 푸젠 어민에게 고용되어 일하고 있었다.

동력선이 보급된 1960년부터는 맹그로브 숲 뒤쪽에 있는 습지림을 조금씩 개발하기 시작했다. 습지림에 배수용(排水用) 운하를 파서 코코야자를 재배하기 시작했다. 그로부터 칠팔 년 뒤 코코야자가 열매를 맺을 무렵에는 조그만 착유(搾油) 공장이 세워졌다. 브카완 주민 중에는 수상 마을에서 살면서 착유 공장에서 일하는 사람도 있었다.

1980년에는 브카완에 새로운 변화가 일어났다. 인도네시아 정부는 오랑라우트의 정착 프로젝트를 발표하고 그 일에 착수

했다. 무라유 구 바로 옆에 약 30채의 수상가옥이 세워졌지만, 1986년 당시에는 대부분의 가옥이 비어 있었다. 오랑라우트들은 정부에서 시찰관이 나올 때만 배에서 나와 집으로 들어갔다고 한다.

장로 가푼 할아버지

1970년부터 1980년까지 브카완에서 10년간 촌장을 지낸 압둘 가푼의 경력을 소개하고자 한다. 전형적인 무라유의 예라고 말할 수는 없지만, 캄퐁 주민인 무라유의 활달한 삶의 모습을 잘 보여주기 때문이다.

가푼은 1914년생으로 그가 태어났을 당시에는 아직 브카완이 존재하지 않았다. 그는 지금의 브카완에서 남쪽으로 300킬로미터 떨어져 있는 팔렘방(Palembang. 인도네시아 수마테라셀라탄 주(州)의 주도-역주) 근처에서 태어났다.

가푼의 아버지는 여느 무라유들처럼 주변을 돌아다니며 일하는 무역업자였다. 팔렘방 근처에 카유아군이라는 도기(陶器) 산지가 있는데, 그곳 도기를 말레이 반도의 트렝가누(Trengganu)로 가져다 팔았고, 트렝가누에서는 소금에 절여 말린 생선을 팔렘방으로 가져와 팔았다. 그 후 그는 새우가 많이 잡히는 곳을 발견해 무역업자에서 새우잡이 어부로 직업을 바꾸었다. 가푼의 아버지는 수마트라 섬 동해안에 친구 다섯 명과 함께 바강을 설치했다. 가푼은 두 살 때 어머니를 따라 그 바강으로 옮겼으며, 열두 살이 되기까지 그곳에서 살았다. 그후 가푼은 자신의 인생을 스스로 개척해 나갔다.

가푼은 열두 살이 되었을 때, 싱가포르로 가서 선박에서 잡부일을 시작했다. 그리고 열여섯 살에는 중국인에게 배를 빌려 직접 새우 운반업을 시작했다. 스물세 살이 되었을 때는, 자신의 배를 사서 새우 운반업을 확장했다. 그 당시 그는 수마트라 섬 동해안에서 잡히는 새우를 모아 싱가포르에 있는 일본인 판매업자에게 팔고, 싱가포르에서는 어구(漁具)를 사와 다시 어민에게 팔러 다녔다. 태평양 전쟁 무렵, 그의 활동에 대해서 알려진 것이 없지만, 전쟁이 끝나고 곧바로 중국인 소유의 대형 화물선을 탔다. 이 화물선은 자카르타와 티모르(Timor. 인도네시아 소순다 열도에서 가장 큰 섬-역주) 사이를 운행하는 배로, 그는 이곳에서 서른한 살부터 3년 동안 부선장으로 있었다. 그리고 서른네 살에 이 일을 그만두고, 자카르타에서 조그만 무역업을 시작했다. 자바에서 고철을 모아 그것을 일본에 내다 팔고, 일본에서 못이나 시멘트를 구입해 오는 사업이었다. 그러나 이 사업은 실패했다. 그는 다시 서른여섯 살에 오스트레일리아로 가서 진주조개 잡는 일을 했다. 이 일은 몹시 힘들었기 때문에 일 년 만에 그만두고, 다시 싱가포르로 돌아가 어구(漁具)를 판매했다. 이 때 돈을 벌어 마흔세 살에는 숨바와에 어장을 차렸다. 그리고 1960년, 마흔여섯 살이 되었을 무렵, 브카완 근처의 습지림에서 코코야자가 재배되고 있다는 것을 알고 브카완으로 이주했다.

브카완으로 이주한 후, 동료 15명과 함께 습지림에 수로를 파서 코코야자를 재배하기 시작했다. 가푼 소유의 코코야자 농장은 3헥타르였다. 이 일을 하는 사이 1970년에 그는 촌장으로 추대되었고, 그 때 그의 나이는 쉰일곱 살이었다.

내가 브카완을 방문했을 때, 가푼은 촌장에서 물러나 주술사 노릇을 하고 있었다. 밤에 곧잘 우는 아기를 치료하기 위해 젊은 엄마들이 아기를 데리고 그를 찾아오는 것을 보았다. 내가 그를 만났을 때는 이미 일흔 살이 넘었는데도 기력이 정정했다. 마을 사람들은 그가 주술을 부리기 때문에 웬만한 도구로는 그의 몸에 상처 하나 입힐 수 없다고 말했다.

나는 그의 이러한 경력을 듣고 여러 가지 생각이 들었다. 수마트라 섬에서 태어났지만 몇십 년 동안 싱가포르, 자카르타, 오스트레일리아, 동인도네시아를 돌아다닌 이 사람에게 과연 고향이라는 것이 의미가 있을까? 그에게 가족은 대체 어떤 의미일까? 그가 활동한 지역은 일본으로 치자면, 대만에서 블라디보스토크(Vladivostok. 러시아 연해주 지방에 있는 항만도시-역주)에 이르는 범위가 된다. 더구나 이 범위를 단순히 돌아다닌 것만이 아니라, 각 지역에 대한 정보를 지금도 꿰뚫고 있을 만큼한 곳 한 곳에 정을 쏟으며 머물렀다. 이를테면 지금 어느 항구에서는 어느 생선이 킬로그램 당 몇 루피아(rupiah. 인도네시아의 통화 단위-역주)인지, 어느 마을의 다음 촌장은 누구인지를 아주 세세하게 알고 있을 정도였다. 마치 이 광활한 해역을 자신의 손바닥을 들여다보는 듯했다. 각지에서 여덟 명의 여성과 결혼했다면서 호기롭게 웃는 모습을 보며 그는 단순한 여행자가 아니라는 생각이 들었다.

말레이 사람들의 삶

가푼 씨는 다른 사람들에 비해 좀더 많이 돌아다녔던 것인지도 모른다. 하지만 결코 예외라고 볼 수 없다. 일반적으로 무라유는 일본인에 비해 이동이 훨씬 잦은 것이 사실이다. 다른 사람들에 비해 이동이 잦은 이유는 열대림이 풍토병의 땅으로 농업이 불가능하기 때문이다. 따라서 사람들은 식량을 구하기 위해서 여기저기 돌아다닐 수밖에 없었던 것이다. 이는 마치 조몬(繩文) 시대(일본의 선사 시대의 시대 구분으로 수천 년 전에서 기원전·후까지에 이르는 시대-역주)의 생활을 연상시킨다. 봄에는 나무의 싹이나 어린잎, 여름에는 강과 바다의 물고기, 가을에는 나무 열매나 과일, 겨울에는 동물을 사냥하는 식으로 이동 생활을 했을 것이다. 농업이 불가능한 열대우림의 다도해는 기본적으로 이와 유사하지 않을까?

가푼의 생활을 보면서 한 가지 놀라운 점은 직업을 쉽게 바꾸었다는 것이다. 이 역시 조몬 시대 사람과 동일한 점이다. 벼농사 같은 특별한 생업(生業)이 없는 한, 그때마다 임기응변으로 대처해야만 살아갈 수 있었다. 무엇보다 중요한 점은 열대림의 산물에 대한 거래가 활발해지면서 이 해역이 이후에는 상업 활동의 중심지였다는 사실이다. 무역업자가 값비싸게 쳐주는 산물을 구하러 다니거나, 무역업자가 제안하는 좀더 유리한 일에 뛰어드는 것이 습성처럼 되어 있어서 직업 이동이 더욱 잦아졌다.

한편 나는 브카완에 대해 의아하게 생각한 점이 한 가지 있었다. 이것은 130가구의 무라유 어민이 8가구의 푸젠 어민에게 자신의 새우잡이 어업을 전부 넘겨주고도 자연스럽게 살아간다는 것이다. 또한 브카완의 무라유들이 아무리 푸젠 어민들에게 고용되었다고 하지만, 모두 사람들이 일자리를 얻을 수 있었던 것은 아닐 것이다. 코코야자 농장이 생겼지만, 많은 노동력이 필요하지는 않았다. 그럼 대체 이곳 무라유들은 어떻게 살아갔을까? 이에 대해서는 과거의 촌장이든, 지금의 촌장이든 모두 유연하게 대처하고 있으며, 푸젠 어민의 활동에 대해서도 반감을 가지고 있지 않다는 것이다. 대체 어찌된 일일까?

이 의문에 대한 아직 정확한 답을 얻지 못했다. 하지만 그 후, 여러 군데를 방문하고 많은 사람들의 이야기를 들으면서 해답의 실마리를 찾을 수 있었다. 다음으로 그것에 대해 언급해 보고자 한다.

나는 말라카 해협의 해안에 수상가옥을 짓고 새우를 잡는 브카완을 어촌으로 알고 있었다. 인도네시아 사람들도 이곳을 어촌이라고 한다. 그러나 이것은 나의 착각이었다. 이곳에서는 분명 새우를 잡고 있었다. 하지만 동시에 그 외에도 여러 가지 일을 하고 있었다. 우선 코코야자 농장에서 일을 하고 있으며, 일부는 가족을 이곳에 남겨 두고, 싱가포르로 돈벌러 가거나 원양 어선을 타기도 했다. 그 중에는 술라웨시 섬 출신인 부기스 족도 이곳에 머무르고 있었다. 그들은 가족이 없는 듯했다. 어쩌면 이 수심 얕은 해안가 수상가옥에서는, 새우잡이나 코코야자 재배 말고도 '밀수'나 '해적' 행위도 있을지 모른다. 이곳 다도해에 사는 사람들은 어업, 열대림 산물 채집, 교역, 순례, 분쟁 등 한 사람이 다양한 활동을 하고 있었다는 것이다. 그러므로 어업은 그 다양한 활동 중의 한 가지였을 것이다.

그리고 다도해에 국경이 생기고 '근대적인 질서'가 확립되면서 그 때까지의 활동 중에 어떤 것은 '불법'이 되고 '폭력적인' 행위로 분류되었다. 또한 근대적인 체계하에서 일단 '불법' 행위가 일어나면, 사람들은 겉으로는 표현하지 않지만 근대적 질서의 중요성에 대해 인식하며 생활하고 있다는 사실을 이제 알 수 있을 것 같다.

나는 지금 가푼 씨의 모습을 회상하고 있다. 토고로 고기잡는 방법이 사라졌다고 가푼 씨가 서운해하는 모습을 본 적이 없었다. 그렇다고 푸젠 어민을 적대시하는 모습도 전혀 없었다. 오히려 아무 일도 없었던 것처럼 유연했고, 무슨 일이든 그것이 당연하다고 생각하는 것처럼 보였다.

그러자 나는 대체 무라유에게 정상적인 일이란 무엇이며, 외국인이란 어떤 의미인지 생각하지 않을 수 없었다. 그리고 명확하지는 않지만, 나는 그곳에서 묘한 혼돈과 조화를 보았다.

이야기를 조금 바꿔서 무라유에 관한 다른 문제를 언급하고자 한다. 그들은 신을 두려워하고 있었다. 그래서 신의 사자 노릇을 하고 있는 주술사를 두려워했다. 이는 아마 음산한 열대 우림이나 때로는 몹시 사나워지는 바다와도 관계가 있는 것 같았다. 음산한 밀림은 풍토병의 땅일 뿐만 아니라, 그곳에 들어가면 길을 잃기 쉬운 무서운 곳이다. 그리고 바다로 나가면 배의 판자 밑으로는 그야말로 지옥이 펼쳐져 있다. 이런 곳에서 살다 보면 당연히 신이 두려울 것이다. 따라서 그곳에서 남보다도 강하게 살아가려면 수행 말고는 방법이 없으며, 밀림에 들어가 수행을 쌓아 접신(接神)하게 되면 강해진다고 그들을 생각하고 있었다. 그리고 사람들은 이렇게 강해진 사람을 아름답다고 여겼다.

앞에서 말한 여러 사실에 비추어 보아, 무라유 세계에는 사회적인 규범이 전혀 없다고 생각하는 독자들이 있을지 모른다. 그러나 이는 틀린 생각이다. 물론 무라유 사회에는 일본에서와 같은 그런 엄격한 사회적인 제약은 없었다. 그러나 이곳에는 미의식이 존재했다. 신 앞에서 깨끗해야 한다는 자기 규율이 있으며, 남자들은 모두 '남자의 미학'에 매우 민감했다. 결과적으로 이 때문에 사회가 제대로 안정을 유지하고 있었다.

3. 반다르 사람들

반다르의 핵심을 이루는 사람들은 외부 세계에서 온 사람들이었다. 하지만 그들은 캄퐁 사람들과 단절된 존재는 결코 아니었다. 양자는 공존하고 융합해 다도해 세계를 이루어 왔다.

시아크 스리 인드라푸라

수마트라 섬 동해안의 시아크 스리 인드라푸라(Siak suri indrapura)는 전형적인 반다르이다. 이곳이 번영한 것은 18세기 초에서 19세기 말까지였다. 지금은 옛날의 왕궁이었던 건물이 박물관으로 쓸쓸하게 남아 있을 뿐이지만, 예전에는 성벽으로 둘러싸인 왕궁과 모스크(이슬람 사원)가 있고 바자르(시장)가 번영했다고 한다. 그리고 이곳은 수마트라 섬 동해안의 절반 가량을 지배하였던 시아크 왕국이 있었던 자리이다. 이 왕국에 대해서는 뉴웬하이젠의 《시아크 스리 인드라푸라》를 보면 잘 알 수 있다.

시크아 강줄기는 원래 미낭카바우(Minangkabau. 서 수마트라를 연고지로 하는 말레이 인의 일종-역주) 족의 지배지였는데, 이곳으로 나중에 왕이 될 사람이 들어와서 수장과 교섭해 항구를 열었다. 《시아크 왕국 연대기》에 따르면, 훗날 왕이 된 이 사람은 말라카 왕가의 왕자라고 한다. 사실 여부는 모르겠지만, 다른 지역에서 귀인이 찾아와 이 땅의 수장과 교섭해 새롭게 항구를 열었다는 이야기이다.

수장과 귀인이 합의한 내용은 이 강줄기에서 나오는 산물을 협력하여 출하해, 그 이익을 절반으로 나눈다는 것이었다. 두 사람의 합의에 의해 항구 도시가 생겨났는데, 이곳의 인구 구성을 살펴보면 매우 흥미롭다. 전체 인구가 1만 2,100명인데 그 내역은 다음과 같다. 수장 지배하의 미낭카바우 족 1만 명, 미낭카바우 족이 아닌 토착민 1,000명, 귀인이 데리고 온 타국인 1,000명, 그리고 아라비아 인 100명이었다.

항구가 생기자 귀인은 수장의 딸과 결혼했고, 이 때 시아크 왕국이 건국되었던 것이다. 수장의 지배하에 있던 1만 명이 열대림 산물을 모아 오면 왕이 그것을 수출하는 식이었다.

그러나 이 사업이 좀더 완벽해지기 위해서는 또 한 가지 일을 더 해야만 했다. 바로 시아크 강 하구에 군항(軍港)을 짓는 일이었다. 말라카 해협에는 해적이 자주 출현하는 지역으로 해군력을 갖지 않으면 수출을 안전하게 할 수 없었다. 왕은 먼 곳에서 해적을 데려와 군항을 지었다. 부키트바투(Bukitbatu)라는 이름의 이 군항에 모여든 사람들은 무라유와 오랑라우트로, 모두 550명이었다. 군항의 대장을 '라쿠사마나' 라고 불렀는데 이 사람 역시 왕이 데려온 용병이었다.

시아크 왕국의 무역 내용을 보면, 수출품은 향목이나 상아 같은 열대림 산물과 강 상류인 파당 고원(Padang. 수마트라 섬 중부의 서쪽 연안에 위치-역주)에서 나오는 황금이었다. 수입품은 소금, 철, 무명, 아편, 총 등이었다. 이 수출입 사업은 실제로는 합명 회사(合名會社. 모든 사원이 업무를 집행하고 대표하며 무한 책임을 지는 회사-역주) 같은 형태로 행해졌다. 왕과 수장과 라쿠사마나가 실질적인 경영권을 가진 합명회사였다. 반다르는 이처럼 출신이 다른 모험가들이 계약을 맺고 무역 사업을 하기 위한 기지였다.

하지만 반다르는 무역 기지라는 경제적인 의미뿐만 아니라 동남아시아의 다도해 문명을 생성해 내는 그 중심이었다. 무엇보다 동남아시아의 다도해 문명을 이끌었다는 데에 중요한 의미를 지닌다.

왕궁과 모스크와 반다르는 다도해 문명의 상징이었다. 반다르에는 아라비아나 페르시아, 또는 중국산 상품도 진열되었다. 사람들은 화려한 상품들에 매료되었고, 모스크는 사람들에게 새로운 신앙과 규율을 부여했다. 다양한 토착 신들을 초월한 강력한 알라의 존재를 가르치고, 하루에 다섯 번 기도를 한다는 규율을 부여했다. 희사(喜捨)와 금식 등 일상 생활에 필요한 행동 양식에 대해 구체적인 지침도 부여했다. 왕궁은 권위의 상징이었다. 그곳에 사는 왕은 수장이 지닌 주술을 뛰어넘어 좀더 강력한 힘, 즉 이슬람의 권력을 행사하는 사람이었기 때문이다.

반다르는 이슬람 세계의 핵심적인 부분이 잘 드러나도록 만들어졌다. 그리고 이 이슬람 문명은 그 후 캄퐁으로까지 점점 확산되어 갔다. 반다르는 단순히 상품을 출하하기 위한 항구가 아닌 그 이상의 의미를 지니게 되었다. 다도해 세계의 새로운 질서를 만들며 동남아시아 다도해 문명의 중심으로 떠올랐던 것이다.

스라트판장

네덜란드의 침입으로 시아크 왕국은 붕괴되었지만, 그 후손들은 그 뒤에도 살아남아 현재 스라트판장이라고 불리는 곳에서 번영을 누렸다. 여기에서는 스라트판장에 대해 소개하고자 한다.

시아크 스리 인드라푸라에서 100미터 가량 떨어진 곳으로, 말라카 해협 속의 조그만 섬에 19세기 초 부키팅기(Bukittinggi. 인도네시아 수마트라 섬 수마테라바라트 주에 있는 도시-역주)라는 소국이 세워졌다. 그곳은 그 때까지 아무도 살지 않는 맹그로브 해안으로 시아크의 한 왕자가 그곳으로 들어와 단숨에 일궈 낸 항구였다. 20세기 초에는 이 항구로 찾아드는 중국인의 수가 급증하여 중국인이 많은 반다르가 되었다. 내가 방문했던 1986년에는 '코타'라고 불리는 중국인 지구에 2만 명 가량의 중국인이 살고 있었다.

코타는 두 섬이 바싹 붙어 그 사이가 해협 형태로 된 지점에 위치한 마을을 가리킨다. 해협이라 수심은 꽤 깊으며, 그 위에 솟아오른 듯한 수상가옥이 길게 이어져 있었다. 해협에는 배가 몇백 척씩 늘 정박해 있었고, 조그만 배까지 포함하면 몇천 척의 배가 정박해 있는데, 그 많은 배들 사이로 엔진을 부착한 배가 위험할 정도의 빠른 속도로 달리고 있었다. 간혹 몇천 톤이나 되는 거대한 배의 모습도 보였다.

수상가옥 뒤로는 길이 있는데, 그곳이 육지의 상점가였다. 의류점에서부터 전기제품을 파는 가게, 이발소, 영화관 등 모든 상점이 빽빽하게 들어 차 있었고, 여기저기 한자 간판이 걸려 있는 것을 볼 수 있었다. 상점가를 지나면 공장 지구에 해당하는 곳이 나왔다. 조선소에서는 몇백 척의 크고 작은 배를 해안으로 끌어올리는 모습을 볼 수 있었고, 그 앞에 위치한 젓갈 공장은 젓갈 특유의 냄새 때문에 멀리서도 그 존재를 알 수 있었다.

중국인 네트워크는 코타를 중심으로 주변 해안이나 습지림으로 확산되었다. 중국인의 상업 활동에서 큰 부분을 차지하는 것은 사고 전분(사고야자 나무에서 채취한 쌀알만 한 전분으로 식품 또는 풀의 원료-역주)으로, 여기에서는 사고 전분의 집하(集荷)에 대해 살펴보고자 한다.

사고 전분은 사고야자 줄기에서 채취한 전분이다. 사고야자는 습지림에서 거의 자생하는 야자로, 농업이 불가능한 열대우림 지역에서 예로부터 흔히 이용되어 왔다. 육지 사람들은 이 야자를 베어서 줄기 속의 심에 함유되어 있는 전분을 주식으로 삼았다. 그런데 19세기에 들어와서는 영국에서 면직물 공업이

1-3 스라트판장에 있는 중국인들의 집

발달하면서 사고 전분이 면직물에 풀 먹이용으로 좋다는 사실
이 알려지면서 대량으로 팔려 나갔다. 처음 이 일에 눈을 돌린
것은 중국인들이었다. 원래 캄퐁의 무라유는 사고 전분을 식용
으로 이용해 왔기 때문에 채취하기가 어렵지 않았다. 중국인은
그들에게 사고 전분의 증산을 독려하고 이를 모으러 다녔다.

중국인들이 사고 전분을 증산하기 위해 처음부터 열성적으
로 일을 한 것은 아니었다. 고작해야 사고야자 줄기의 심을 수
동으로 갈아 내는 기구를 빌려주는 정도였다. 하지만 1930년경
에는 발동기로 사고 전분을 채취할 수 있는 기계를 발명해서
그것을 빌려주었다. 그리고 1970년 중반부터는 늘어나는 수요
를 전부 채우지 못하게 되어 중국인이 직접 전분 제조에 뛰어
들었다.

내가 1986년에 방문한 사고 전분 공장의 예를 소개하려 한다. 공장 주인은 스라트판장에서 영화관을 경영하는 사람이었다. 그 사람은 무라유에게서 100헥타르의 사고나무 숲을 사들여 그 중앙에다 월 100톤 정도의 양을 생산 가능한 공장을 세웠다. 그 다음 공장에 딸린 사택을 짓고 젊은이 13명을 자바 섬에서 데려와 숙식하면서 일하도록 했다. 사택 옆에는 따로 조그만 방을 만들어 공장 주인이 머물렀다. 감독은 영화관을 경영하는 자신과 아들이 맡았다. 공장은 광활한 사고나무 숲 속에 외롭게 있었기 때문에 공장에서 지내는 아들에게 적적하지 않냐고 물었더니, 그는 스라트판장과 언제라도 교신할 수 있는 라디오가 있으므로 괜찮다고 했다.

사고나무 숲을 공장에 제공한 캄퐁 무라유 중에는 마을을 떠난 사람도 있었다. 하지만 절반 정도의 사람들은 공장에 넘겨준 사고나무 숲을 돌보고, 다 자란 나무를 벌채해서 공장으로 나르는 일을 하고 있었다. 사고나무 숲을 매수했는지의 여부는 알 수 없지만 사실상 위탁 재배 형식으로 운영하고 있었다. 몇몇 무라유는 안쪽에 있는 습지림으로 이동하여 그곳에다 사고나무 숲을 조성하기 위해 개간 작업에 뛰어들고 했다.

중국인 중에는 여러 가지 일을 한꺼번에 하는 사람도 많았다. 예를 들면, 샛강의 합류점에 수상가옥 한 채를 지어 주유소와 커피숍, 잡화점을 겸한 상점을 하고 있는 중국인도 있었다. 그 사람은 또 근처에 있는 캄퐁으로 가서 사고 전분이나 생고

무를 사들이기도 했다. 때로는 무라유가 민물 새우를 잔뜩 가지고 오면 그 새우를 말려서 건새우를 만들기도 했다. 이렇게 여러 가지 일을 하고 있는 그 중국인이 일주일에 한 번 스라트 판장의 상점으로 갈 때면 어디선가 무라유들이 나타나 그의 배를 타고 함께 스라트판장으로 가곤 했다. 그 중국인은 이들에게 운임을 받는 것 같지는 않았다. 아마도 그냥 지역 서비스 차원으로 태워 주는 모양이었다.

중국인들의 활동은 실제로는 좀더 다양하다. 그러나 앞에서 언급한 이 두 가지 예를 보면, 그 활동을 대충 가늠할 수 있을 것이다. 지방에서는 중국인이 주축이 되어 지역 개발이 진행되고 있다. 무라유 자신들도 그것을 허용하고 오히려 환영하고 있다고 한다.

반다르의 외지인

시아크 왕가의 가계(家系)에는 아랍의 피가 섞여 있다. 즉 시아크 왕가는 아랍의 피가 섞인 외지인이라는 이야기이다. 스라트판장의 중국인도 인도네시아에서는 외지인이다. 그런데 이런 외지인을 이른바 외국인으로 볼 수 있을까?

사고나 고무를 만드는 캄퐁에서 개간 이야기를 듣다 보면, 불현듯 궁금증이 자주 생겼다. 중국인 행상이 나무 베는 칼을 공짜로 빌려줬다거나, 선물로 과자를 가져다 주었다는 이야기를 가끔 하면서, "저 사람들은 친척이나 마찬가지예요"라고 무라유들이 말하는 것을 들었을 때이다. 이런 말을 실제로 여러 번 들었다. 그럴 때마다 나는 무라유와 중국인과의 충돌이라느니, 부미푸트라(Bumiputra. 화교의 경제적 우위에 대항해 본토인 우선을 고취하는 입장에서의 호칭-역주)의 권리라느니 떠들어대는 신문 기사의 상반된 시각에 늘 당혹스러웠다.

생각해 보면 가푼 씨의 태도와 이 개간지 무라유들과는 어딘지 공통점이 있다. 신문에서 크게 떠들어 댔던 자카르타 소동과는 달리, 이 다도해 섬들과 깊숙한 습지림에서는 전혀 다른 상황이 실제로 존재하고 있다는 것이다. 그것은 한마디로 설명할 수 없는 중국인과 무라유의 공생이다. 적어도 내가 현장에서 눈으로 보고 다닌 1980년대 중반 무렵은 그랬다.

시아크 스리 인드라푸라 같은 반다르의 경우는 또 다른 형태의 공생이 있었다. 그것은 이슬람 문명의 도입과 이를 지방으로 침투시키는 형태로 외지인과 무라유의 일체화를 이룬다는 것이다. 스라트판장에서 그곳 역사를 말해 준 이브라힘 할아버지는 눈이 파란 것이 분명 외지인으로 보였다. 할아버지는 실제로 옛날 부키팅기 왕가의 고관 자손이다. 그러나 지금은 지역 향토사가로 부키팅기 왕가의 이야기나 스라트판장 이야기, 수마트라 이야기 등 모두 확고한 긍지를 지니고 나에게 말해 주었다.

이러한 사람들의 생활을 직접 보고 들은 나로서는 다음과 같이 말하지 않을 수 없다. 외지인은 분명 외부 세계에서 온 사람이지만 결코 외국인은 아니다. 교역만으로 끝났다면, 그리고 그냥 한 번 스친 것으로 끝났다면 그들은 외국인으로 끝났을 것이다. 하지만 다행인지, 불행인지 그들은 이 다도해에서 살게 되었다. 그리고 피가 섞이고 토착화되어 자신들의 문명과 토착 문명의 혼합물을 만들어냈다.

끝맺는 말

서두에서 나는 동남아시아의 바다는 다른 바다와 달리 '생활의 바다'라고 말했다. 동남아시아의 바다는 그 풍부한 자원으로 보면 세계 제일이기도 하지만, 반면에 가장 살기 어려운 곳이기도 하다. 사람들은 그 풍부한 자원을 찾아 이곳으로 들여오지만 그곳에 터를 잡고 살기에 쉬운 곳은 아니었다. 그러나 오랜 세월이 흐르면서 이곳은 '생활의 바다'가 되었다. 다른 바다가 교역의 바다였다는 사실에 비추어 보면 이는 큰 특징이다. 그리고 살아가기 쉽지 않은 이 환경에서 그나마 살 수 있게 된 것은 오랑라우트의 지혜 덕분이었다.

오랑라우트의 지혜에도 불구하고, 실제로 다도해는 사람들의 목숨을 끊임없이 앗아가는 지대였다. 그 다도해에서 인간 활동이 소멸하지 않고 계속 이어진 것은 외부 세계로부터 외지인들의 유입이 있었기 때문이다. 반다르 인구는 물론이고 캄퐁의 인구도 대부분 남중국에서 이주한 사람들이다. 이러한 상황에서 신을 두려워하는 마음과 손님을 기다리는 마음이 생겨났고, 결국은 이민족과 공생하는 지혜도 얻었다.

동남아시아의 다도해는 참으로 특이한 곳이다. 벌레를 꾀어 죽이는 등불처럼 사람들을 끌어들여 죽였다. 그러던 중에 세계 각지에서 찾아든 사람들과 공존하며 생활의 바다를 일구어 냈다. 더구나 이 범신론적인 세계에서 사람들은 또한 신들과도 공생하고 있다.

바다를 지키는 지혜

무라이 요시노리 村井吉敬

나폴레온피시(Napoleon Fish)는 산호초 물고기이다. 그 우아
하면서 씩씩한 자태 때문에 관상어로 인기가 높다. 그러나 이
우아한 산호초 물고기가 지금은 고급 해산물로 식용되고 있고,
홍콩이 주요 시장이다. 뉴기니 섬 서부(이리안자야라는 행정 명칭
이 있지만 최근에는 파푸아라는 명칭이 한때 인정되었다가 다시 이리안
자야라는 이름으로 돌아갔다. 여기서는 파푸아뉴기니와 혼동을 피하기
위해 서파푸아라고 부르겠다)의 서쪽 끝에 있는 소롱(Sorong)이라
는 마을은 석유와 물고기의 마을이다. 소롱의 해산물을 주 메
뉴로 하는 레스토랑에서 나폴레온피시 찜을 한 마리에 7만
5,000루피(일본 돈으로 약 1,000엔, 2000년 5월)에 제공하고 있다.

서파푸아 연안 지역 어민들은 외지인들이 나폴레온피시와
같은 식용어와 관상어를 마구 밀어(密漁)하는 상황에 분노하고

있다. 외지인들은 해군의 보호를 받으며 잠수기구를 몸에 착용하고, 포타스라는 독을 사용하는데 이것은 산호초를 파괴해 버린다. 포타스(potass)는 포타슘(potassium)에서 나온 말로 청산(靑酸) 종류의 독극물이다. 세계 인구의 절반을 차지하는 아시아에서의 급속한 경제 성장은 아시아 인의 '위주머니(胃袋)'를 한없이 늘려 놓았다. 일본인의 새우 요리나 다랑어의 소비량 증가도 아시아 인의 위주머니가 늘어났다는 것을 상징적으로 보여 주는 것이다. 홍콩, 싱가포르, 타이도 이러한 현상에 가세하고 있으며, 그 결과 동남아시아의 '바다'는 크게 흔들리고 있다. 향료 무역 이후에 다시 바다 쟁탈전이 일어나고 있는 것이다.

한편, 소롱의 해안에는 텐트를 치고 있는 무리를 볼 수 있었다. 소롱 서쪽에 위치한 섬과 나란히 줄지어 있는 섬이 라자 암파트 제도인데, 그들은 그 제도에서 가장 북쪽에 있는 와이게오 섬(Waigeo. 인도네시아 이리안자야 주에 딸린 섬-역주)에서 해산물을 팔러 온 사람들이었다. 한 마을의 촌장은 3주에 한 번씩 나폴레온피시, 해삼, 하타(농어목 바리과에 속하는 물고기-역주), 로브스터(lobster. 서양 요리에 쓰이는 바다 가재-역주) 등 상품이 될 만한 것을 팔러 온다고 말했다. 그 촌장은 소롱의 일류 호텔에서 홍콩 상인과 거래를 하고 있었다.

최근 이 해역에서 타이완과 타이 어선들이 곧잘 눈에 띄는데, 그들은 오징어와 이칸 메라라고 불리는 도미 비슷한 생선과 새우 등을 잡고 있었다. 아마 타이 어선이 아라푸라 해(Arapura Sea. 오스트레일리아 북쪽 해안과 뉴기니 섬, 소순다 제도 사이에 있는 해역-역주)에서 잡아 올린 오징어는 가공해 일본으로도 수출하고 있었다. 한때 성황을 이루었던 발리 섬(Bali. 인도네시아 소순다 열도에 있는 섬-역주)의 다랑어를 어획하고 있는 것은, 오키나와와 타이완의 소형 연승선(延繩船. 낚시에 미끼를 달아 표층 또는 심층에 던져 어획한다-역주)이었다. 이것이 항공 수송되어 '하늘을 나는 다랑어'로서 일본인의 식탁에 올려진다. 타이 어선은 미얀마에도 진출하고 있으며, 인도네시아에서 나포되는 경우도 상당히 많다.

해역 안에서 사람들의 쟁탈전도 벌어진다. 술라웨시의 부기스 족, 마카사르 족, 부퉁 족은 예로부터 이 해역을 널리 이동하며 어업을 해 왔다. 말루쿠나 서파푸아의 어민들은 '부기스'(그들은 마카사르 족과 부퉁 족도 '부기스'라고 부르는 경우가 많다)를 바강(bagang. 본 권의 다카야 요시카즈의 논문을 참조)이나 룸퐁(rumpong)으로 자신들의 어장을 못 쓰게 만드는 사람으로 인식하고 있었다. 아직도 관습법이 생활을 규제하고 있는 이 지역 사람들은 때로는 바강을 불태워 버리기도 하는데, 바강으로 어획한 멸치도 일본이 주요 시장이다.

소롱은 가다랭이가 많은 곳으로 규모가 작은 가다랭이포(가다랭이를 쪼개 발리어 쪄서 말린 포-역주) 공장도 있어서 이를 일본 회사들이 사들인다. 항구 옆에는 다진 가다랭이를 제조하는 공장도 생겼다. 동남아시아 해역은 '날로 성장하는 아시아'의 커진 '위주머니'를 채워 주기 위해 활발하게 움직이고 있었다. 어민이나 해양민의 역사는 과거에도 활력이 넘쳤는지 모르겠지만, 현재 벌어지고 있는 어업의 상업화와 대규모화, 기술 진보가 이 해역 사회에 과거에는 볼 수 없었던 커다란 영향을 끼치고 있는 것이 아닐까?

서파푸아 북쪽 해안에 위치한 첸드라와시 만(灣)의 북쪽에 자리잡은 비아크 섬(Biak. 인도네시아 이리안자야 주 북쪽 앞바다에 있는 섬-역주) 사람들은, 바다는 사람의 목숨을 앗아가고 배를 침몰시키는 공포의 장소이면서도, 사람들이 기대고 살아야 하는 곳이자, 친구이고 식량을 제공해 주는 어머니라고 말한다(Nari, 1994). 서파푸아나 말루크의 원주민들은 바다를 어떻게 대해 왔고, 그리고 요즘 시대는 어떻게 살아가고 있는지에 대해 자세히 살펴보고자 한다.

1. 열대림과 섬, 그리고 바다의 사회

예전에 쓰루미 요시유키(鶴見良行)는 "인도네시아에는 초본(草本. 풀 종류의 식물을 통틀어 이르는 말-역주) 문화와 삼림 문화가 있다"고 말했다. 초본 문화는 정착 농경 문화이고, 삼림 문화란 나무에 의존하여 살아가는 문화로 조그만 섬의 바다 문화를 의미하기도 한다. 더욱 중요한 점은 그 초본 문화와 바다 문화를 잇는 중간 지대로 '맹그로브 지대'가 있다고 한다(쓰루미, 1984).

클리포드 기어츠(Clifford Geerts. 미국의 인류학자이며 인도네시아 연구의 권위자-역주)는 인도네시아를 생태 환경에 의거해서 자바 내륙 문화(벼농사)와 자바 북부 해안 문화(습지 문화), 외도(外島) 문화(자바 이외의 화전 문화)로 분류했다(Geerts, 1963). 특히 기어츠는 바다 문화와 더불어 외도 문화로서 수마트라의 화전을 상정(想定)해서 이 같이 세가지로 분류했다는 데 큰 의미를 지닌다.

여기에서는 삼림 문화와 바다 문화에 대해 살펴보고자 한다. 동인도네시아의 말루크와 서파푸아는 전형적인 바다 문화 지역이다. 물론 삼림 문화와 수목 문화 지역이기도 하다. 지리적으로 말하면 자바와 말루크, 서파푸아 중간에 술라웨시가 이에 해당하는 지역이다. 남술라웨시의 부기스 족과 마카사르 족은 흥미롭게도 벼농사 문화와 바다 문화를 겸하고 있고, 인도네시아에서 이동성이 가장 높은 사람들이 그곳에 살면서 동서로 이주하거나 돈벌러 나갔다고 한다. 하지만 현재 남술라웨시 사람들의 동쪽으로의 이동은 여러 가지 문제를 일으키고 있다. 말루크와 서파푸아의 바다 문화와 남술라웨시 문화가 서로 만나면서 생기는 문화적 충돌이 바로 그것이다.

서파푸아까지 가면 자바나 수마트라에서는 별로 경험해 보지 못한 것을 접하게 된다. 두 지역 간에는 커다란 문화적 차이

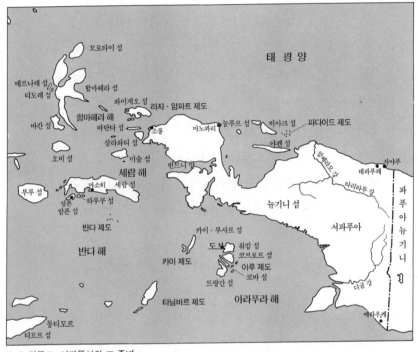

태 평 양

모로타이 섬

테르나테 섬
티도레 섬
할마헤라 섬
와이게오 섬　라자·암파트 제도
바칸 섬
할마헤라 해
바탄타 섬　소롱
살라와티 섬
오비 섬
미술 섬
빈트니 만
세람 해
마소히
부루 섬　세람 섬
암본
암본 섬　하루쿠 섬
반다 제도

반다 해

카이·부사르 섬
도보
카이 제도
워캄 섬
코브로르 섬
아루 제도
트랑간 섬　코바 섬
타님바르 제도
아라푸라 해

동티모르
티모르 섬

마노콰리
눔푸르 섬　비아크 섬　파다이드 제도
아펜 섬

맘베라모 강
데파푸레　자야푸라
타리타투 강

뉴기니 섬　서파푸아

파
푸
아
뉴
기
니

디굴 강

메라우케

1-4 말루크, 서파푸아와 그 주변

가 존재한다는 것이다. 서파푸아 주에 있는 자야푸라(Jayapura) 마을에서 북서로 약 40킬로미터 떨어진 타나메라 만(灣)(Tanahmerah)의 가장 안쪽이 군청이 있는 데파푸레이다. 군(郡)이라고 해 봤자 고작해야 200가구 정도의 집과 군청, 경찰서, 군인 주둔지가 전부이다. 이 데파푸레는 근처에 있는 어촌 사람들이 일주일에 세 번 시장(화, 목, 토)에 모이는 장소로 오히려 더 잘 알려진 곳이다.

시장이 서는 날은 아침부터 사람들로 북적거렸다. 사람들은 저마다 자기 마을에서 배로 상품을 싣고 와 노점을 차렸다. 도시 상품(비누, 쌀, 인스턴트 식품, 탄산음료, 밀가루, 소금, 화학조미료, 옷감, 플라스틱 용기 등)은 시장이 서는 도로변 상점에서 팔았다. 이 조그만 잡화점을 운영하고 있는 사람은 토착민이 아니라 대개는 화교나 부기스 인이었다. 근처에 사는 마을 사람들은 자신이 가져온 물건이 팔리면 그 돈으로 도시 상품을 사거나, 자신의 마을에 없는 노점 진열품을 샀다.

특히 사람들의 눈길을 끄는 물건은 빈랑(야자수과 열매), 킴마 (kimma), 석회, 이 세 가지로 구성된 세트 판매품이었다. 이 세트가 잘 팔리는 것은 인도네시아 어로는 시리 피낭(킴마와 빈랑), 영어로는 비틀 추잉(betel chewing. 씹는 킴마)라고 불리는 매력적인 기호품으로, 서파푸아 북부 해안 지역에서는 담배 이상으로 보급된 문화이다. 이 세트를 고작해야 10세트쯤 늘어놓고 파는 아줌마들이 많이 있었다. 또한 사고 전분을 파는 사람도 많았다. 말루크와 서파푸아의 전통적인 주식은 사고 전분이었다. 얌(외떡잎식물 백합목 마과 마속에 딸린 덩굴성 식물의 총칭-역주), 타로(외떡잎식물 천남성목 천남성과의 여러해살이풀, 땅속줄기에 많은 양의 녹말을 저장하며 이것을 식용-역주), 고구마, 바나나도 많았다. 사고 전분과 바나나를 반죽해 만든 단과자인 '엥 아우'는 인도네시아 서부에서는 결코 볼 수 없는 상품이었다. 살아 있는 멧돼지를 자루에 담아 파는 사람도 있었으며 티크스 타나(두더지)

라고 불리는 유대류 동물(有袋類動物. 밴디쿠트의 일종으로 여겨진
다)을 구워서 파는 아줌마도 있었다. 생선이나 꽃게를 가지고
온 사람도 많았다. 모래사장으로 올라온 게를 그대로 사는 사
람도 있다. 그러나 대부분의 생선은 물건을 구입하러 도시에서
온 부기스 상인이 부두 옆에서 사는 것이 일반적이었다. 이 주
변에서는 부기스 상인이 빈랑과 생선을 독점하고 있었는데, 대
부분의 원주민들은 이를 부당하다고 호소했다.

사람들이 각자 가져온 열대림 산물과 바다 산물을 중심으로
교역이 이루어지고 있었으며 열대림을 개간한 곳에서 농업이
행해지기 때문에 타로, 얌 등 감자류도 거래되고 있었다. 하지
만 열대림 속의 농업이니 만큼, 전체가 논이나 밭으로 쓰이는
경우는 드물었다.

열대림 상품과 바다 상품을 도시 상품과 교환하지만 기본적
으로는 거의 자급자족하고 있었다. 탄수화물은 사고 전분과 감
자류에서 취하고, 단백질은 어패류와 동물(멧돼지나 쿠스쿠스(유
대목 쿠스쿠스과 쿠스쿠스속에 속하는 포유류의 총칭-역주))에서 보충했다.
지방분은 곳곳에 심어져 있는 코코야자에서 채취한 야자유에
서 보충하며 향신료나 과일은 집 뜰 한 귀퉁이에 심어져 있는
각종 나무나 풀에서 취하고 있었다. 그러나 어느 사회든 자급
자족으로는 해결이 안 되는 부분들이 있기 마련이다. 특히 최
근에는 도시 제품이 점점 들어오고 있었다. 카세트 라디오, 비
디오에서부터 비누, 샴푸, 화학 조미료, 게다가 쌀도 대량으로

들어오고 있었다. 이렇듯 사람들은 이런 제품들을 통해서 바깥 세계와 이어져 있었다.

바깥 세계와의 연결은 최근 시작된 것은 아니다. 열대림과 바다 세계인 말루크와 서파푸아는 예로부터 특수한 교역품이 많이 나는 지역이기 때문이다. 쓰루미 요시유키는 이 지역의 교역품을 '남해 특수 생산품'이라고 불렀다. 뉴기니 섬 내륙의 일부 산악 지역은 외부 세계와 오랫동안 단절된 지역이지만, 적어도 서파푸아 북부 해안 지역은 열대림과 바다에서 나는 산물로 인해 예로부터 바깥 세계와 관계를 맺고 있었다.

그 관계는 자바 섬이나 술라웨시 섬 같은 가까운 지역뿐 아니라 중국이나 아랍, 유럽과 같은 먼 지역과도 연결되어 있었다. 가까운 지역의 최대 시장은 자바였으며, 자바와 동쪽 해역(말루크, 서파푸아)의 최대 교역품은 자바의 쌀과 동쪽 해역의 코프라였다. 코프라는 코코야자의 과육을 쪄서 건조시킨 것으로 유지(油脂)의 원료이다. 서파푸아 섬은 해안선이 길기 때문에 코코야자가 무수히 많이 재배하고 있다. 지금도 섬들을 여행하다 보면 수많은 야자나무에 놀라고 만다. 사실, 쌀과 코프라가 동서를 잇는 교역품이었지만, 이곳 사람들에게는 일상적인 일로 여겨 관심을 갖지 않았기 때문에 연구사에서도 이 교역은 소외되지 않았나 싶다.

앞에서 언급한 나폴레온피시는 '교역품' 리스트에 새로이 첨가된 것이다. 전통적인 교역 해산물로는 진주조개, 흑진주조개, 대모갑(바다거북의 등딱지), 산호, 해삼, 상어지느러미, 악어 가죽 등이 있다. 열대림 산물로는 정향(丁香), 너트메그(육두구 열매)와 메이스(육두구 열매의 껍질), 앵무새, 극락조, 화식조(火喰鳥), 향목, 다마르(樹脂), 비둘기집(이는 열대림 산물이라기보다 해안에 가까운 동굴 생산품) 등이 있다.

이 산물들이 언제부터 외부 세계와 관계를 맺기 시작했는지는 확실하지 않다. 가령 침향이나 각종 향료는 꽤 오래 전부터 중국이나 아랍에 전해진 듯싶다. 대모갑과 진주조개, 앵무새 등도 오래된 것으로 보인다. 토메 피레스가 적은 1520년 반다 제도(Banda. 인도네시아 말루쿠 주(州)에 있는 제도-역주)의 기록에는 극락조와 앵무새가 등장하면, T. 포레스트가 적은 1775년 몰루카와 아루 제도(Aru. 인도네시아 동부 아라푸라 해(海)에 있는 제도-역주)의 기록에는 대모갑, 말린 해삼, 비둘기집, 진주, 상어 지느러미 등이 등장한다. 해삼(말린 해삼)에 대해서는 중국 송나라 말기부터 명나라에 이르기까지 중국 황실의 식단에 들어가 있었다고 한다. 정향, 너트메그가 유럽에까지 전해진 것은 대항해 시대였지만, 그 이전에도 인도와 아랍을 경유해서 그 존재를 이미 알려져 있었다. 알프레드 윌리스(Wallace, Alfred Russel. 영국의 박물학자, 진화론자-역주)는 1857년에 아루 제도의 도보(Dobo. 인도네시아의 몰루카 제도 남동쪽 끝에 있는 아루 제도 제1의 항구 도시-역주)를 방문했을 때부터 말린 해삼, 진주조개, 대모갑, 비둘기집, 진주, 극락조 등을 교역품으로 기록하고 있었다. 이곳에서 가보(家寶) 또는 유산으로 물려주는 징, 중국제 도자기류, 상아, 유럽제 대포 모형 등은 외부 세계에서 이 지역으로 들어온 것이다. 붓으로 살짝 스친 것 같은 무늬의 천을 만드는 기술도 인도로부터 전해졌다고 한다.

안소니 리드는 "15~17세기에 동남아시아는 세계 무역 또는 세계 시장 형성에 결정적인 역할을 했다"고 말한다(Reid, 1999). 또한 그 과정 속에서 술라웨시의 마카사르(우중판당)는 교역 중심지로 커다란 역할을 했다고 한다. 이곳 산물들이 역사상 어떤 형태로 어디와 거래하기 시작했고, 어떻게 전개되었는지에 대해서도 그 대부분이 아직 역사 연구가의 성과에 의존할 수밖에 없겠지만, 내가 여기서 말하고 싶은 점은 서파푸아의 외진 해변의 조그만 마을일지라도 열대림이나 바다 산물을 통해서 밖으로 열린 세계를 형성해 왔다는 것이다.

2. 자연과의 교제

열대림과 바다에서 사는 말루크나 서파푸아 사람들은 풍요로움을 가져다 주는 자연을 교묘하게 이용하며 살아 왔다. 이것은 '사시(말루크 언어)'라는 관습법상의 제도 속에 잘 드러나 있다.

사시란 바다나 열대림 자원의 어획이나 채취를 일정 기간 금지하는 제도이다. 말루크와 서파푸아에서 볼 수 있는 제도로, 이 용어는 지역에 따라 다르다. 그러나 우리가 지닌 근대적 감각으로 사시를 단순히 '자주적인 자원 관리나 보전 제도' 정도로 생각한다면, 이곳 사람들은 조금 섭섭해 할지도 모른다. 예를 들면, 하루쿠 섬(Haruku), 하루쿠 마을에서는 멸치의 포획을 금하는 사시 제도가 있는데, 이 마을에서는 마을 사람들이 자연을 대할 때 행하는 모든 예절을 사시라고 한다. 하루쿠 마을의 관습법장인 에리자 키샤는, "사시는 본질적으로 사회 예절을 지키기 위한 방법이며, 자연의 혜택을 사회 구성원 전체에 균등하게 돌아가기 위한 방법"이라고 말했다(kissya, 1993). 또한 데파푸레 근처에 있는 타부라누스라는 마을에도 산호초 바다에서의 어획을 금하는 티아이티키라는 제도가 있다. 이 제도 역시 단순히 자원을 보전하는 차원을 넘어 그곳 바다를 마을 사람들의 공유 자산으로 인식하고 있었다. 또한 이것은 어느 한 사람이 바다 자원을 독점하지 못하게 하는 사회적 장치였다. 그리고 그 배경에는 사람들에게 풍요로움을 가져다 주는 바다를 '어머니'로 생각해 일종의 경외심 비슷한 종교적인 감정마저 들어 있는 듯했다.

사실 비아크 섬 해변이나 조그만 섬에 사는 사람들에게 '바다는 종교적이고 주술적이며 사회 문화적이고 경제적인 가치를 지니는 장소였다. 따라서 바다가 가진 잠재력을 이용하려면 조상 대대로 내려오는 규범과 행동 규칙을 따라야만 한다고 생각했다. 그렇지 않으면 바다에서 방향을 잃거나 배가 침몰하는 재난을 만난다고 여겼다. 사람들은 바다를 잘못 대하면 바다의 신인 파크니크(faknik)가 방해하거나 삼켜 버린다'고 믿고 있었다(Nari, 1994).

이렇게 말루크와 서파푸아에 퍼져 있는 사시 제도와 그 다양성을 지금부터 살펴보고자 한다.

아루 제도(諸島)의 사시

아라푸라 해에 위치한 조그만 섬에서의 '해삼 사시'가 나의 사시 관찰의 시발점이었다. 해삼은 움직이지 않는 생물이라서 잡으려고 마음먹으면 얼마든지 잡을 수 있다. 아루 제도 안에 있는 코브로르(Kobroor) 섬의 바라탄 마을에서는 해삼 금어(禁漁) 구역을 지정해 놓고 있었다. 이 마을에서는 진주조개도 채취하고 있었는데, 이곳 연안으로 새우 저인망어선이 몰려와 조업을 하자, 진주조개나 해삼을 채집하는 어민들이 분노하고 있었다. 그 후 나는 사시를 눈여겨보게 되었다.

바라탄 마을은 예로부터 자원을 자주적으로 관리하는 관행이 있다. 예를 들면, 마을 해변에서 약 5킬로미터 이내에서는 산소통을 사용한 어획 행위를 금지하고 있다. 만일 산소통을 사용해야 할 경우에는 미리 마을의 허가를 받아야 한다. 이는 진주조개, 해삼, 아가루아가루(우뭇가사리 같은 해조)를 지키기 위해서다. 해삼에 대해서는 마을 해변을 다섯 구역으로 나누고, 각각의 구역을 다시 둘로 나눈다. 그리고 일년마다 양분된 구역의 한쪽을 쉬게 한다. 진주조개에도 사시 제도를 적용하고 있다.

워루카이 수도(水都)의 중간 지점인 코바 섬 북쪽에 위치한 로란이라는 조그만 캄퐁은 비둘기집 채취를 하고 있는데, 사시라고 부르지는 않지만 엄격하게 채취하는 관행이 있다. 이 마을에서는 30가구 중 29가구가 비둘기집을 동굴에서 채취할 수 있는 권리를 가지고 있다. 이 권리는 가족에게 부여하거나 세습될 수는 있지만 판매할 수는 없다. 딸이 결혼해서 다른 집 식구가 되었을 때는, 딸의 채취권은 잃게 된다고 한다. 아들의 경우도 마찬가지이다. 그러나 이들을 맞아들인 배우자의 집에서는 그 채취권을 얻는 셈이 되는 것이다.

열대림에도 사시가 있다. 아루 제도 트랑간(Trangan) 섬의 페루니 마을에서는 코코야자에 대한 사시가 있다. 이 마을에는 700명 가량이 살고 있다. 생업은 농업(밭벼(붉은 쌀), 사고야자, 코코야자, 카사바(열대관목, 고구마 비슷한 커다란 덩이뿌리가 나는데, 열대 지방에서는 가장 중요한 주식의 하나-역주) 등을 재배), 어업(통나무배에서 하는 낚시, 해삼 채취, 상어의 자망(刺網. 그물을 수직으로 침)잡이, 진주조개 채취), 사슴과 극락조의 수렵, 그리고 베랑 선(船)이라고 불리는 배를 제조하고 있다.

페루니 마을의 코코야자 열매 채취에 대한 사시는 사시임을 표시하기 위해 가늘게 쪼갠 대나무를 직경 15센티미터 가량의 원형으로 묶은 표식을 야자 농원 바깥쪽 말뚝에 걸어 놓는다 (1-5). 또한 코코야자를 반으로 나눈 것을 말뚝에 매달아 놓고, 그 아래에 '교회(敎會)의 사시'라고 적고 시행 연월일을 기재한 판자를 박아 놓았다. 즉, 이곳은 현재 코코야자를 채취할 수 없다고 표시해 놓은 것이다.

사시를 행하는 이유가 무엇일까? 페루니 마을의 코코야자 사시는 생산량 조율, 가격 조정의 의미가 있다고 마을 사람은 말한다.

1-5 코코야자 사시의 표식(트랑간 섬 페루니 마을)

다시 말해서, 지나친 수확으로 가격이 폭락할 것을 막기 위해 채취를 못하게 하는 것이다. 이는 교회 소유의 야자 농원이지만 아마도 페루니 마을 주민이 공유하는 코코야자를 의미하는 것으로 보인다. 코코야자의 사시는 2~3개월 동안 이어진다고 한다. 무슬림 마을에서는 모스크 사시도 있다고 한다. 캄퐁의 교회나 모스크 사시는 어느 것이 사시인지를 마을 사람들에게 알리는 데, 알리는 방법으로는 사고야자 잎이나 코코야자 열매를 나눈 것, 가늘게 쪼갠 대나무, 창 등을 해당 지역에 걸어 놓는 것 등이 있다.

카이 브사르 섬의 사시

아라푸라 해의 카이 제도(Kai. 인도네시아 소순다 열도 동쪽 끝,
몰루카 제도 남동부에 있는 제도-역주) 중에서 가장 큰 섬인 카이 브
사르(Kai Besar)에도 사시가 있다. 카이 브사르 섬에서는 이 관
습법을 라르울 응가발(Larwul Ngabal. larwul은 붉은 피, ngabal은
발리의 창(槍)이라는 뜻)이라고 한다. 이는 사람과 사람, 사람과 자
연과의 관계를 규율하는 법이다. 이 법의 구체적인 내용의 하
나로 요트(yot. 카이 브사르 섬에서는 유유트(yuyut))라고 불리는 사
시에 해당하는 것이 있다. 요트는 '특정 기간, 특정 지역에서
어떤 것 또는 수확물을 보호하기 위한 금지'를 의미한다. 요트
를 행할 때에는 법적인 힘을 가지는 특별한 표식으로 사용하는
데, 카이 브사르 섬에서는 야자 잎을 엮어 요트가 행해지는 장
소에 세워둔다.

카이 브사르 섬에서 현재 행해지고 있는 사시에 대해 살펴보
면 다음과 같은 것이 있다.

(1) 개인적인 사시(sasi tetauw) : 이는 주인이 사고야자 나무
　　나 숲에서의 수확(벌채와 전분의 채취)을 타인에게 금지하
　　는, 어떤 개인 또는 마르가(marga. 씨족)에 의한 사시이
　　다. 사시를 행하는 경우는 소아라고 불리는 씨족의 장,
　　캄퐁(마을)의 장 및 토지 소유권자 케팔라 페투아낭

(Kepala Petuanan)에게 보고해야만 한다.

(2) 공공적인 사시(sasi hawear) : 마을 전체 주민의 협의로 행해지는 사시이다.

(3) 교회 사시(sasi gereja) : 이는 교구(敎區. jemaat) 회의에서 정하고 교회가 이를 관리한다. 무슬림 지역에서는 모스 크 사시가 이에 해당한다.

(4) 마을 사시(sasi negeri) : 현 행정 단위의 캄퐁이나 마을 간 의 분쟁의 결과로 행해지는 사시이다. 예를 들면, A 캄퐁 과 B 캄퐁 사이에 토지 경계선을 두고 분쟁이 일어난 경 우, 바람직하지 않은 일이 생기는 것을 방지하기 위해 마 을 관청이 일시적으로 그 분쟁이 해결하기까지 행하는 사시이다.

이 네 가지 사시에 관해 이를 범하면 관습법상의 형이 내려 진다. 이 형은 관습법 회의인 세니리(Seniri)에서 결정한다고 한 다(Rahail, 1993).

하루쿠 섬 하루쿠 촌의 사시

암본 섬(Ambon. 인도네시아 몰루카 제도에 속하는 섬-역주) 동쪽 에 있는 하루쿠 섬 하루쿠 마을의 사시는 앞에서 언급한 것처럼 단순히 어떤 생물의 포획이나 채취를 금지하는 것이 아니라, 사 람과 자연이나 인간 관계를 규율하는 모든 관습법상의 규칙 같 은 것이다. 하루쿠 마을의 사시는 하루쿠 섬 특유의 사시로 몰

1-6 하루쿠 섬 하루쿠 마을의 고기를 잡는 모습

루카 제도의 다른 지역에서는 볼 수 없다. 여기서는 정어리 일종인 롬파에 행해진 사시만을 예로 들어 살펴보고자 한다.

롬파도 연어처럼 강을 거슬러 올라오는 물고기다. 이 물고기는 새벽 4시부터 저녁 6시 반까지는 이 마을의 강 하구에서 1,500미터 지점까지의 영역에서 서식하며, 밤부터 동틀 무렵까지 먹이를 구하러 바다로 나간다.

롬파의 치어는 4~5월에 하루쿠 해안으로 떼를 지어 몰려든다. 이 시점부터 롬파의 사시(tutup sasi)가 시작된다. 사시를 시작할 즈음에는 파나스 사시(panas sasi)라고 불리는 의식(儀式)을 거행하여 마을 사람들에게 사시가 시작되었음을 알린다. 치어가 처음 눈에 띈 지 한두 달이 지나면 치어 떼가 하구에서 강으로 들어오기 시작한다.

마을 관습법 회의(케왕. kewang)는 롬파 사시를 행한다는 사
실을 알리기 위해 표식을 세우는데, 그 표식은 나무 막대기 맨
위에 코코야자의 어린잎을 감아 놓는다. 이 표식이 세워져 있
으면 사시 구역 안에서의 롬파 어획은 금지되고, 롬파를 방해
하는 행위도 금한다. 또한 모터 달린 배가 엔진을 켠 채 강에
들어오는 행위를 금하며, 강에다 쓰레기를 함부로 버리는 행위
도 금한다. 이를 어기면 벌금을 부과하고 아이들의 경우는 회
초리로 5대를 때린다.

파나스 사시는 사시가 해제될 때에도(buka sasi) 의식을 거행
한다. 치어가 처음 눈에 띈 지 5~7개월 후 롬파를 어획할 수
있는데, 케왕(마을 관습법 회의)이 매주 한 번 있는 정례회의(금요
일)에서 사시의 해제 날짜를 정한다. 사시가 해제되는 날 아침,
썰물이 시작될 무렵 북소리가 울리면 남녀노소 할 것 없이 모
두 강으로 향한다. 마을 유지들도 강으로 모인다. 그리고 마을
사람들 모두 저마다 가져온 그물을 던져 고기를 잡는다. 이 때
만큼은 롬파를 자유롭게 잡을 수 있다. 사시가 해제되는 기간
은 보통 하루 내지 이틀에 불과하다. 그 후에 바로 다시 사시가
시작된다.

라자 암파트 제도의 사시
인도네시아 행정 구역상 몰루카 주(최근 몰루카 주와 북몰루카

1-7 부두의 풍경(라자 암파트 제도)

주로 분리되었다)와 이 리안자야는 별개의 주가 되었다. 행정 구역상으로는 분리되어 있지만, 섬과 섬은 바다로 연결되어 있다. 뉴기니 섬 북서부 끝에는 라자 암파트 제도가 있다. 라자 암파트 제도의 섬들과 몰루카의 할마헤라 섬(Halmahera. 인도네시아 북동부 몰루카 제도에 있는 섬-역주)은 할마헤라 해를 끼고 서로 지척의 거리에 있다. 16~17세기의 테르나테 섬(Ternate. 인도네시아 몰루카 제도 중앙에 있는 작은 섬-역주)은 정향의 원산지로서 향료 무역의 중심지였다. 테르나테, 티도레(Tidore. 인도네시아 몰루카 제도에 있는 화산 섬-역주)에는 왕국이 생겨났고, 라자 암파트 제도에서 비아크 섬에 이르기까지 이 왕국의 영향이 미쳤다고 한다.(Andaya, 1993 : Reid, 1999) 이 라자 암파트 제도와 비아크 섬에서도 사시 제도를 볼 수 있다.

라자 암파트 제도의 와이게오 섬 북부에 사는 촌장의 이야기를 앞에서 언급했는데, 그 촌장에게 들은 사시 이야기는(2000년 5월 15일) 다른 지역의 사시와 사뭇 달랐다.

풀라우 판장(Pulau Panjang) 마을의 촌장인 다리우스 부르담 미요스베쿠산(Darius Burdam Miyosbekusan)은 우스바(Usba) 족이며, 이 마을에는 45가구가 살고 있다. 이 마을에서 사시는 코코야자의 열매, 해산물(하타, 해삼 등)에 적용된다. 사시 기간은 보통 두세 달 동안이다. 이곳에서의 사시는 교회에 기부를 하기 위해서 행하는 일이며, 교회를 위해서 모두 함께 일하는 것이 사시이기도 하다. 즉 사시 해제 후에 수확한 것을 팔아 교회에 기부한다.

사시를 어길 경우에는 제재를 가하는데, 요즘은 거의 벌금을 부과하고 있다. 사시는 교구 회의에서 결정하고 주(週)나 월(月)마다 해제된다. 이 마을에서는 관습법장을 쿠룽 디마라(kurung dimara)라고 부른다. 원래 티도레 왕 체제의 직위였다는 이 지위는 세습된다. 이 사시 제도를 자세히 조사한 것이 아니어서 확실하게는 말 할 수 없지만, 지금의 라자 암파트의 사시는 교회의 기부가 그 바탕이 되었다고 볼 수 있다. 그러나 역사적으로는 티도레 왕국에 바치는 공물인 우페티(upeti)와 관련 있는 것으로 여겨진다.

소롱에서 제일 가까운 살라와티 섬(Salawati)에서 NGO(Non-Goverment Organization. 정부 기관이나 관련 단체가 아닌 순수한 민간 조직을 모두 일컫는 말로 비(非)정부기구 또는 비(非)정부단체라 한다-역주)가 조사 · 보고한 바에 따르면, 라자 암파트 제도의 사시는 특정 생물에 적용하는 경우와 한 지역 전체에 적용하는 경우가 있고, 한 지역 전체에 적용하는 사시는 조건부의 사시와 무조건적인 사시가 있다고 한다. 조건부의 사시는 사회적으로 종교적인 의식, 결혼 의식, 할례 의식 같은 중요한 행사가 있을 때 실시한다. 이곳 역시, 사시에 대한 인식은 자원 보호라기보다도 오히려 공공의 이익을 확보하기 위해 자원을 축적한다는 의미를 갖는다.

비아크 섬의 사시

비아크 섬과 그 주변의 조그만 섬들은 산호초 섬들이다. 이곳에서는 외지 사람들의 밀어(密漁)나 다이너마이트를 사용한 어획의 영향으로 사시가 제 기능을 발휘하지 못하고 있다. 그러나 비아크 섬의 남동쪽에 위치한 파다이드 제도에서는 사시센(sasisen)이라고 불리는 제도가 아직 남아 있다. 앞에서 말한 NGO가 이곳도 조사하여 보고한 내용을 토대로 사시센을 살펴보고자 한다.

파다이드 제도에서는 일정한 지역에서 일정 기간 동안, 어획하거나 서식하는 생물을 포획하는 활동을 금지하는 것을 '사시센'이라고 한다. '사시센'이라는 말은 비아크 어로 '잠그다', '자물쇠를 걸다'라는 의미의 동사 '시센(sisen)'이라는 말을 어원으로 한다. 따라서 사시센은 폐쇄 또는 금지를 의미하는 명사이다. 이는 몰루카에서 행하던 사시가 선교사에 의해 전해졌던 것으로 보인다. 원래 사시센은 코코야자의 열매를 가꾸어

1-8 해변 풍경(파다이드 제도)

그 수확물을 비아크 섬이나 눔푸르 섬(Numpoor)의 교회에서 일하는 목사에게 바치기 위해 실시되었다. 또한 교회의 건축과 축제 행사를 위해서도 이용되었다.

사시센은 일반적으로는 공공 목적을 위해 행해지며, 코코야자 또는 그곳 주민이 재배하는 작물에 적용된다. 반면에 해산물에 대해서는 공공 목적이 아니라 개인에게만 적용된다. 고작해야 가족 또는 확대 가족에 적용될 뿐이고, 그 해역은 매우 한정되어 있다고 한다.

비아크의 요인(要人)에 의하면 사시센은 두 종류가 있다.

(1) 특정 지역의 모든 생물에 적용되는 사시센 : 이 사시센은 최장 6개월까지 행한다.

(2) 특정 생물에만 적용되는 사시센 : 이 사시센은 최소한 1

년간이다. 예를 들면, 해삼 어획을 2년 넘게 금지하는 경우이다. 진주조개에 대한 사시센도 있다.

사시센은 캄퐁의 장(長)인 푼(Fun)의 맹세로 실시되며, 캄퐁의 장은 주술적인 힘을 가지고 있기 때문에 캄퐁 주민들은 사시센을 어기면 주술에 걸린다고 믿고 있다. 하지만 현재는 관습법장인 캉카인 카카라(kankain kakara)가 제재를 가하고 벌금을 부과하고 있다.

파다이드에서는 다른 지역 사람이 자신들의 영역을 침입해 어획 활동을 했을 경우, 이를 스파이 행위로 간주한다. 최악의 경우에는 창으로 찔러 죽이는 불상사까지 일어난다. 이곳에 기독교가 들어오기 전에는 노예가 되는 경우도 있었다. 중국과 유럽이 구상무역(求償貿易)이나 선교를 위해 들어오게 된 뒤로는, 사시센을 위반하면 도둑으로 간주하여 얻어맞거나, 사람들 앞에서 창피를 당하거나, 벌금을 부과했다. 벌금의 경중(輕重)은 바다에서 어획한 수확물의 양에 따른다.

사시센은 관습법상의 축제 행사인 워르(Wor)를 유지하기 위해 행한다. 이 축제 행사는 캄퐁 장의 집에서 거행한다.

이곳의 사시센은 축제를 위한 저축이라는 성격이 짙다. 한편 파다이드 주민이 티도레의 술탄에게서 칭호를 얻으려고 별갑(鼈甲. 자라의 등 껍데기)을 바쳤다는 말을 듣고, 나는 공물 교역과 사시의 관계를 좀더 조사할 필요성을 느꼈다.

제일 동쪽 끝에 있는 마을의 사시

지금까지 서술한 몰루카와 서파푸아 중에서 제일 동쪽 끝에 위치한 타브라누스 마을의 사시(이곳에서는 '티아이티키'라고 부른다)에 대해서 마지막으로 살펴보고자 한다. 다음은 그곳에서 촌장에게서 들은 것을 토대로 내가 조사해 본 것이다.

티아이티키에는 세 가지 형태가 있다.

(1) 산호초 바다에서는 티아이티키를 행한다. 티아이티키는 씨족(마르가)이 가진 권리를 의미한다. 마르가가 여러 개 모이면 행정촌(行政村)인 데사(desa)가 된다. 산호초 바다에서의 티아이티키는 마르가 중에서 온도와피(ondowafi) 또는 온도아피(ondoafi)라고 불리는 티아이티키 장(長)인 케팔라 사시(kepala sasi)가 실시한다. 이는 일정 기간 동안 어획을 금지하는 것이다.

온도와피는 남자이고, 그 지위는 세습되는데 보통 장남이 상속한다. 그 지위는 마르가의 장(야로(yaro)라고 부른다)보다도 높다. 산호초 바다의 범위는 카누를 저어서 갈 수 있는 범위를 의미하며, 티아이티키를 행하고 있는 영역을 야티키(yatiki)라고 한다.

티아이티키에는 보통 1년에 한 번 실시하는데, 9~12월까지 3개월 간(서풍이 강한 흉어기) 정기적으로 실시하는 계절적인 것도 있고 금어(禁漁) 기간이 6개월에서 1년, 경우에 따라서는 2년이 되는 것도 있다. 이 기간 동안 산

1-9 사고야자와 감자로 만든 경단을 먹고 있는 모습(서파푸아의 타브라누스 마을)

호초 바다에서의 어획을 일체 금지한다. 티아이티키가 실시되면 그곳 바다에는 티아이티키가 실시중이라는 표시로 나무 막대기를 세워 놓는다. 나무는 목마황(木麻黃. 오스트레일리아 북부가 원산지. 열대 지방에 널리 재배하고 있으며 가로수, 방풍수로 이용한다-역주)을 쓰며, 코코야자나 사고야자의 잎, 대나무를 표식으로 쓰는 경우도 있다.

금어(禁漁)를 어기는 사람에게는 제재에 해당하는 상크시(sanksi)를 가한다. 한 번, 두 번, 그 횟수가 거듭할수록 제재는 점점 무거워진다. 산호초 바다에서는 여성도 어획을 할 수 있다. 또한 더블 아우트리거 카누(전복을 막는 현외(舷外)의 부재(浮材)가 달린 카누-역주)마다 친족 집단의 상징 마크인 람방 팜(lambang fam)을 조각한다.

(2) 산호초 바다 밖의 해역에서는 보통 티아이티키를 실시하지 않는다. 그러나 예외적으로 몇 가지 어류에 대해서 티아이티키를 행하고 있고, 온도와피의 권력도 미친다. 가령 날치의 일종인 이칸 사코(ikan sako)에는 티아이티키를 행한다.

(3) 육지에서의 티아이티키인 사시 다라트(sasi darat)가 있다. 이것은 코코야자, 선박재로 쓰이는 수목, 대리석, 모래, 사고야자 등에 적용한다. 또한 공중에서 행하는 티아이티키도 있다(예를 들면, 새의 수렵 등).

이러한 티아이티키 외에도 자원을 보존하기 위해 주의하는 것도 있다. 예를 들면, 부통 족이 1978년 이후 서파푸아에 들어오면서 가지고 들어온 바강을 금지하고 있다. 세로(고기를 잡는 발을 장치해 놓는 것)는 금지 대상이 아니다. 한편 물고기를 바다에다 함부로 버리면 파도가 덮친다는 전설도 있다.

티아이티키를 해제(buka)할 때는 성대한 축하연(pesta)을 연다고 한다. 마을 사람들이 모두 나와 흥겹게 고기를 잡고, 기쁨의 노래인 라구 겜비라(lagu gembira)를 부르며, 어획한 고기는 모든 사람이 똑같이 나눠 갖는다고 한다. 손님이라도 배당에 차별을 두지 않는다고 한다.

3. 동인도네시아 바다의 이동과 개발

몰루카와 서파푸아의 광활한 지역에서 볼 수 있는 사시 제도는 동기가 무엇인지 정확히 알 수는 없지만, 열대림과 바다 자원을 보전하는 역할을 해 왔다. 그 바탕에는 자연은 두려움의 대상이지만 한편으로는 모두가 공유해야 한다는 공동체적인 인식이 깔려 있다. 그리고 역사적인 배경으로는 이 주변에서 건국된 테르나테와 티도레 왕국으로 공물을 보내는 대신, 일종의 보호나 혜택이 주어진 것도 사시의 발전과 무관하지 않을 것이다. 즉 왕국으로 보낼 공물을 손쉽게 구하기 위해 사시를 행한 면도 있지 않았나 싶다. 더욱이 기독교의 포교와 선교사의 유입이 사시 계승으로 이어졌을지도 모른다.

몰루카는 현재 위기 상황에 처해 있다. 1999년 1월 이후, 곳곳에서 기독교도와 이슬람교도 간의 유혈 충돌이 일어나 이미 4,000명이 넘는 사망자가 나왔다고 한다. 수많은 가옥과 모스크와 관청이 불타고, 수만 명의 난민이 발생했다. 표면적으로는 종교, 또는 소수 민족 간의 분쟁처럼 보이지만, 사실 그 본질은 상당히 복잡한 정치·경제적인 이해 관계의 충돌로 해석해야 한다. 수십 년 동안 피로 물들이는 분쟁이 있었기 때문이다. 그리고 현재의 '유혈 사태'에는 인도네시아의 군인과 경찰이 깊이 관련되어 있고, 이를 선동하는 세력이 존재한다는 것이다.

또한 서파푸아도 독립 문제로 크게 흔들리고 있다. 2000년 5월 말에서 6월 초에 열린 파푸아 대의회는 인도네시아 공화국으로부터의 분리를 선언했다. 파푸아의 독립을 위한 투쟁은 오랫동안 심한 탄압을 받아왔지만, 압둘라흐만 와히드(Abdurrahman Wahid)정권이 들어서자 독립을 외치는 목소리가 한층 더 커졌고 파푸아 기(旗)도 게양되었다(12월에 다시 금지되었다).

현재 몰루카와 서파푸아의 정치 경제적 위기와 내가 지금까지 서술한 내용이 무관한 것은 아니다. 앞에서도 말했지만 이 해역, 즉 열대림과 바다 세계는 요즘 특히 수하르토가 정권을 잡았던 30년 동안 '개발'이라는 위협에 처해 있었다.

하지만 외부로부터 밀어닥친 물결은 이번이 처음은 아니다. 향료 무역 시대의 서양 열강의 진출 또는 그것과 전후한 이슬람의 물결, 기독교의 선교, 일본군의 침입 등 과거에도 커다란 물결이 밀어닥쳤다. 그 와중에도 주민들은 오랫동안 바다나 열대림에서 채취한 산물을 직접 교역해 왔다.

그러나 이번에 밀어닥친 물결은 '개발과 세계화'라는 좀더 커다란 물결이다.

몰루카와 서파푸아의 원주민들은 외지인들인 부기스 족, 마카사르 족, 부퉁 족 같은 술라웨시 사람들을 비난한다. 그들의 실생활과 밀접하게 관련되어 있는 사안, 즉 빈랑과 수산물을 지배하고, 자신들의 상품을 싼값에 사들이며, 고리대금업을 행하며 수확물을 뺏고 있다는 불만의 소리가 도처에서 들린다.

바다의 어획 활동에서도 원망의 소리가 높다. 다이너마이트나 포타슘을 써서 어획하는 것이나 자신들의 해역에 함부로 침입해 들어오는 것, 또는 근해에서 마구잡이로 바강(최근은 배로 이동하는 형태를 취하고 있다)이나 룸퐁으로 어획하는 것에 대해 우려의 목소리가 들린다.

분명 몰루카와 서파푸아 원주민들의 영역에서 행하는 외지인의 이러한 경제적 활동(유통, 운수, 어업 등)이 쉽게 눈에 띄기 때문에 그들은 원주민의 원망의 대상이 되기 십상이다. 특히 종교적 차이, 소수 민족 간의 차이(몰루카와 서파푸아의 지역 대부분은 개신교가 많다)를 이유로 원한이 가중되는 경우도 있을지 모른다. 하지만 문제의 근원은 좀더 멀리 있는 게 아닐까? 부기스, 마카사르, 부퉁, 또는 살라자르(Salarjarese), 그리고 바자우 같은 술라웨시 사람들은 꽤 오래 전부터 이 해역을 수시로 드나들고 있었다. 몰루카와 서파푸아 사람들은 자신들의 외부 세계와의 교역품을 이 술라웨시 사람들에게 맡긴 채, 다소 생활의 여유를 얻고 있었다. 물론 다툼이나 분쟁도 있었겠지만 지금 같은 이런 유혈 투쟁은 없었다.

현재 이곳의 열대림이나 바다에도 세계 경제의 흐름이 물결치며 밀어닥치고 있다. 더욱이 1980년대 말부터 이런 움직임에 가속도가 붙었다. 상업 목적을 위해 열대림을 벌채하고, 맹그로브 숲도 없애고 있다. 새우 저인망(底引網. 끌그물(曳網)류에 속하는 그물 어구-역주) 어선은 해안 가까이에서 조업을 하고 있다. 현대적 어획 도구를 갖춘 외지 사람들이 상어와 가다랭이, 또는 다랑어와 멸치를 모조리 잡아가고 있다. 서파푸아에는 세계 최대의 구리 산지와 금광이 있는데(미국의 프리포트 사), 그곳에 살던 원주민들은 땅도 잃고 공해에 시달리고 있다. 롬파 사시를 행하고 있는 하루쿠 마을에서는 뒷산에 금광이 발견되어 캐나다 자본이 개발에 나서려고 한 적도 있다. 또한 석유와 천연가스의 채굴로 어장에서 쫓겨나기도 했다.

자카르타 중앙 정부는 정책적으로 서파푸아와 몰루카의 세람 섬(Ceram. 인도네시아 몰루카 제도에 딸린 섬-역주)에 대규모의 이주민을 보냈다. 중앙 정부의 대규모 개발과 시장의 세계화로 공동체와 사시로 살아온 원주민들의 생활이 뿌리째 흔들리고 있다.

사실, 우리는 사시를 원주민들의 자연과 자원을 지키는 '지혜'로 받아들여 관심을 갖고 이를 칭송하고 있다. 자카르타의 환경 보호 단체나 환경 장관은 사시에 주목하여 이를 소개하는 책자를 계속해서 발행하고 있다. 일본에서도 산호초를 파괴하는 이시가키(石垣) 섬 공항 건설을 반대하는 목소리가 높아지면서 산호초 바다는 모두의 것이라는 데에 뜻을 모았었다.

하지만 이것은 단지 감상적으로 칭송해서 끝날 문제가 아니라고 본다. 세계에서 새우를 제일 많이 먹고, 동남아시아 산(産) 목재를 제일 많이 수입하고, 다랑어 세계 소비량의 절반을 먹어 치우는 일본인이 '사시는 훌륭하다, 사시를 지키자' 라고 아무리 외쳐 봤자 단순히 자기 만족에 불과하다는 것이다. 열대림과 바다에서 살아가는 사람들의 생활 원리와 우리의 생활 원리의 커다란 격차를 냉철하게 인식하여, 과연 우리가 무엇을 할 수 있을 지, 우리의 생활 속에서 생각하고 실천해야 할 것이다.

제2장

역사 속의 바다 세계

아무도 자연에 거역할 수는 없다. 자연은 강한 인간보다도
더욱 강하다.
- P. R. 피카소(Pablo Ruiz y Picasso)

앞 사진 | 해양민 바자우족의 마을, 투캉베시 제도

동남아시아의 바다와 육지

모모키 시로우 桃木至朗

참 족(族)은 베트남 중남부에서부터 캄보디아에 걸쳐 거주하고 있으며 그 인구는 대략 30만 명이다. 참 족의 어(語)는 캄보디아의 크메르 어와 같은 계열이라는 설이 유력했지만, 지금은 말레이 어나 인도네시아 어 같은 오스트로네시아 어족에 속한다고 알려져 있다. 그들의 선조가 중심이 되어 세운 참파(Champa. 2세기 말엽~17세기 말. 현재의 베트남 중부에서 남부에 걸쳐 인도네시아 계인 참 족이 세운 나라-역주)라는 왕국의 역사와 그들이 남긴 힌두 사원 등의 문화 유산과 현재 그들 사이에 토착화된 브라만 교(Brahmanism. 고대 인도에서 불교보다 먼저 브라만 계급을 위주로 하고 《베다》를 근거로 해 생성된 종교. 바라문 교라고도 한다-역주)나 이슬람 등이 연구가와 일부 언론에 주목받고 있다. 여기에서는 참파라는 왕국과 참파를 세웠던 사람들의 네트워크,

그리고 참 족의 다양한 삶의 방식을 역사적 시각에서 조명해 보고자 한다.

1. 동남아시아 해역사 속의 참파 왕국

동남아시아 해역과 베트남 중부

동남아시아는 보통 인도차이나 반도의 '대륙 지역'과 말레이 반도를 포함하는 '도서(島嶼) 지역'으로 나눈다. 도서 지역과 대륙 지역의 연안을 포함하여 '동남아시아 해역'이라고 일괄하는 경우도 있다. 한편 연안저지(沿岸低地)라는 곳에는 맹그로브 지대와 모래 언덕만 있는 것이 아니라 삼각주도 있지만, 분지나 평원의 내륙 농경민이 이곳까지 내려와 경작하고 싶어할 만 한 장소는 아니었다. 그러므로 벼농사 같은 수출용 대규모 재배가 시작된 근세 이전까지, 대륙 지역의 연안은 내륙 세계와 연결되었다기보다는 도서 지역을 중심으로 이루어진 바다 세계에 가까웠다. 타이 만 동쪽 연안의 주민들 또한 도서 지역과 마찬가지로 오스트로네시아 계의 사람들이 주역이었다.

그 중에서도 산으로 막혀 드넓은 평야가 없고, 남중국해의 간선항로(幹線航路)에서 멀리 떨어져 있는 현재의 베트남 중부는 도서 지역과 매우 흡사한 조건을 지니고 있다. 옛날에 그곳에는 평지민인 현재의 참 족과 산악민인 자라이(Giarai) 족, 에

데(Ede) 족, 쭈루(Churu) 족 등의 선조에 해당하는 오스트로네시아 계의 주민이 살았다. 신석기 시대에 타이완에서 필리핀·인도네시아 군도(群島)로 남하한 오스트로네시아 어족의 선조 중의 일부가 바다를 건너 서쪽으로 갔고, 베트남 중부에 정착한 것으로 보인다. 아마 이 사람들이 기원전 말 무렵, 필리핀과 많은 공통점을 지닌 금속기 문화인 '사핀 문화'를 베트남 중부 전역에 전파했던 것으로 보인다. 사핀 계 유물이 베트남 남부와 타이의 중부, 남부에서 출토된 점을 보면 해상 교류가 활발했다는 것을 알 수 있다.

임읍(林邑)에서 참파로

'바다의 실크로드(The silk voyage. 중국의 남동해안에서 시작하여 동중국해, 인도양, 페르시아 만 또는 홍해를 거쳐 중동 여러 나라에 이르는 바닷길-역주)'가 성립한 시기는 기원전 이후로 보고 있다. 중국이 한때 이곳을 지배하려고 베트남 중부의 하이반 고개 남방까지 그 세력을 펼쳤는데, 2세기 말 그 부근에 임읍(林邑)이라 불리는 독립국이 출현했다는 기록이 중국의 역사책에 나와 있다. 임읍이라는 나라 이름을 어떻게 부르게 되었는지, 초기 중심지가 어디였는지, 정치 형태가 어땠는지에 대해서는 알려진 것이 없다.

4세기 말에는 칸남(Quangnam. 베트남 중부) 지방에 인도풍의 이름을 가지고 인도식 비문(碑文)을 남겼고, 힌두 사원을 지었

2-1 산과 바다가 어우러진 베트남 중부를 대표하는 하이반 고개(맞은 편은 10세기까지 참파의 중심이었던 칸남 평야)

던 왕이 등장한다. 7세기에는 베트남의 비문이나 인접국인 캄보디아의 비문에서 '참파푸라'라는 수도명과 참파라는 국명이 등장한다. 원래 목조 건물이었던 사원은 이 때부터 벽돌과 사암(砂岩)을 이용하여 건축하기 시작했다. 임읍은 캄보디아와 자바 왕조처럼 힌두·불교 건축을 추구하며, '인도화한 국가' 참파로 변신했다. 중국에서는 참파를 가리켜, 8세기 말에서 9세기 초까지 환왕(環王. 유래는 불분명), 그 후 멸망까지는 점성(占婆城의 약칭)이라고 공식적으로 표기하였지만, 참파라고 자칭하는 국가는 19세기까지 존속했다. 8세기 무렵에는 오늘날의 칸빈(Quang Binh)에서 빈투안(Binh Thuan)까지 참파의 세력 범위에 속해 있었다.

근대 이전까지 동남아시아 국가는 보통 독립성이 강한 지방

정권의 연합체로 강력한 왕
이 나오면 많은 지방 세력이
그 왕 밑으로 들어가지만,
왕의 세력이 약해지면 그들
은 모두 독립적으로 활동했
다. 또한 왕이 어디 출신이
냐에 따라 중심 지방도 달라
졌다. 변경 사람들은 바로
이웃하고 있는 타 세력의 영
향을 받는 일도 많았다. 이
렇듯 이곳은 '만다라'라고
불리는 국가 구조를 갖고 있
었다. 참파에는 전체의 수도
역할을 많이 했던 칸남 지방
의 아마라바티와 남부 지방

베트남의 성
① 타인호아(Thanh Hoa) ② 게안(Nghe An)
③ 하틴(Ha Tinh) ④ 칸빈(Quang Binh)
⑤ 칸남(Qunag Nam) ⑥ 빈 딘(Binh Dinh)
⑦ 닌투안(Ninh Thuan) ⑧ 빈 투 안(Binh Thuan)
⑨ 람동(Lam Dong)

2-2 베트남 중부

의 중심이었던 판랑(Phan Rang) 등 대략 10개 이상의 지방 정권
이 있었다. 이를 도식화하면 수마트라 섬처럼 하나의 지방 정
권이 하나의 강줄기를 지배하고 있었고, 어느 정권이든 해상
교역이 중요한 권력 기반이었다. 강줄기마다 하구에는 항구 도
시, 좁은 내륙 평야에는 정치 거점, 강 상류에는 종교 성지, 이
렇게 세 가지를 형성하고 있다(물론 정치 중심지나 항구 도시에도
종교 건축을 세웠다). 예로 들면, 아마라바티는 훗날 일본 마을에

서도 볼 수 있는 항구 도시 호이안, 도성(都城)인 차큐, 성지인 미손으로 형성되어 있는 것을 알 수 있다.

물론 다른 지방 정권도 이러한 구조로 되어 있어서 강 상류의 산이나 삼림 세계와의 결속은 약했다. 그러나 라오스로 통하는 국제 교역로가 지나고 있기 때문에 산악민 수장과의 우호적인 관계는 각 지방 정권의 사활이 달린 문제였다.

영광과 몰락

10세기 말부터 참파의 중심은 비자야(Vijaya. 지금의 빈딘 성(省))로 옮겨간다. 비자야 시대의 참파는 중국에서 독립한 베트남 북부나 캄보디아의 공격을 자주 받았다. 하지만 이 무렵부터 아시아의 해상 교역은 폭발적으로 발전했다. 참파의 농업이나 농촌에 대해서도 알려진 것이 없다. 그러나 남중국의 광저우(廣州)나 취안저우(泉州) 같은 거대 항구 도시와 말라카 해협의 중간에 위치한 참파의 각 지방 정권이 그 유리한 위치와 향목 등의 수출품을 이용해, 남중국해 교역의 주역 노릇을 했다는 점은 틀림없는 사실이다.

13~14세기 무렵, 동남아시아 여러 나라의 수출품은 열대림과 산, 바다에서 채집한 산물뿐만 아니라, 직접 재배한 상품작물이나 무명, 도자기 등의 수공업 제품도 등장하는데, 참파도 무명(점성포(占城布))이나 도자기를 수출했다. 14~16세기 무렵에는 수출된 참파 도자기가 맘루크 왕조(시리아, 이집트를 지배한

오스만 투르크 계 이슬람 왕조-역주) 지배하에 있던 이집트의 카이로와 일본의 다자이 부(太宰府. 후쿠오카 현에 위치-역주)에 이르기까지 여러 지역에서 출토되었다. 특히 필리핀 군도에서 자주 출토되는데, 사핀 문화 이후, 남중국해를 횡단하는 교류 덕분이다.

참파의 전쟁 상대였던 캄보디아나 대월(大越)도 만다라적인 국가 구조를 취하고 있었기 때문에, 참파 만다라를 오랫동안 점령한다거나 해체시킬 만한 힘을 갖고 있지 못했다. 앙코르 왕국이 전성기에 있었던 캄보디아는 별도로 치고, 신흥 국가인 대월은 참파의 문화를 열성적으로 수용했다.

그러나 대월은 13세기부터 급속히 성장하기 시작했다. 홍하(紅河. 베트남 북부를 흐르는 강. 송코이 강이라고도 한다-역주) 삼각주를 대대적으로 개발하여 농업 지역으로 만들었으며, 중국식 국가 체제를 도입하여 체제를 정비하였다. 그 후, 14세기말부터 참파와의 세력 균형이 무너지기 시작하면서 1471년 대월은 마침내 참파의 비자야 이북을 완전히 점령하였다. 참파의 힌두 건축은 16세기 무렵까지만 만들어졌고, 17세기에는 대월의 남북 분열로 인해 칸빈 이남에 세워진 구엔(阮) 정권이 남방으로 진군하여 메콩 삼각주까지 진출했다. 1697년 이후, 참파의 판두랑가 왕권은 '순성진(順成鎭)'이라는, 구엔 왕조(베트남 최후의 왕조. 1802~1945-역주)의 특수한 속국으로 전락하여 지금의 닌투안과 빈투안의 원주민을 지배할 뿐이었다(같은 지역에 사는 베트족 등의 신주민은 구엔 왕조의 지방관이 통치했다).

무엇보다도 참파와 참 족의 활약이 두드러진 것은 16~17세기의 대항해 시대였다. 동남아시아를 방문한 유럽 인은 항구에서 참파의 배와 수군을 목격했고, 도쿠가와 이에야스(德川家康)도 가라(伽羅. 최고급 침향)를 구하려고 참파 왕국에 편지를 보냈다고 한다. 또한 구엔 왕조와 아유타야 왕조(Ayutthaya. 훗날 방콕 왕조)는 모두 참파 계의 강력한 수군을 지니고 있었다.

하지만 17세기 말, 대항해 시대가 막을 내리면서 참파의 명맥도 끊긴다. 유럽 세력이나 아시아의 여러 나라는 교역이나 유통만으로는 부가 축적되지 않자, 지상에다 상품 작물을 재배함으로써 이윤을 얻는 방법으로 바꾸기 시작했다. 하지만 참파는 그런 상황에 대처할 여력이 남아 있지 않았다. 순성진의 닌투안과 빈투안의 기후는 몹시 건조해서 농업이 발달하기에 어려운 기후 조건을 가지고 있었다. 만일 왕권이 강력했다면 람동 성(省) 산지에다 강제로 후추를 재배하도록 시켰을지 모르지만, 참파는 그럴만한 힘이 없었다. 18세기 말, 타이손(西山)의 반란(18세기 말, 베트남의 레 왕조 말기에 타이손의 구엔 반약(阮文岳) 3형제가 일으킨 농민 전쟁 사건-역주)으로 순성진은 황폐해졌다. 남북으로 분열된 대월국을 통일한 구엔 왕조(월남국이라고 칭한다)는 1832년 지배권 강화에 힘쓰던 민망 제(明命帝. 베트남 구엔 왕조 제2대 황제. 재위 기간 1820~1841-역주)가 그 때까지 자치권을 가지고 있던 남부 지역과 순성진에 대해 왕이 직접 통치하겠다

는 명을 내렸다. 이에 반대하여 남부 지역에서는 대반란이 일
어났지만, 결국 1835년에 대반란은 진압되고, 참파 왕국은 마
침내 멸망하고 만다.

2. 네트워크의 확산

네트워크의 중요성

참파의 역사는 지금까지 동남아시아사에 '해상 교역이나 해
적 활동은 활발했지만', '넓은 평야가 없었기 때문에 농업 생산
력이 낮고 인구가 적어서 국가 통합이 약했으므로', '대월이나
캄보디아 같은 농업 대국에 견줄 수 없었다' 라는 식으로 불행
한 소국의 역사로 인식되어 왔다. 하지만 정말 그럴까?

동남아시아 해역사는 오히려 슈리비자야(7~14세기 수마트라
섬 남동부의 팔렘방을 수도로 하여 번영했던 왕조-역주)나 말라카 왕
국(1400년경~1511년까지 말라카를 중심으로 번영한 왕국-역주) 같은
'소국' 을 중심으로 전개되어 왔다. 또한 세계사 속에서 살펴보
면 동남아시아사는 해역을 중심으로 움직여 왔다. 이 나라들의
'불행' 이라면 16세기에 포르투갈이 말라카를 점령한 것처럼,
이 지역이 매우 중요한 네트워크의 중심지였기 때문에 주변 국
가들의 침략이 끊이지 않았다는 점이다. 참파 역시 그러한 위
치에 있었기 때문에, 13세기에 송나라를 평정한 뒤에 남해로

진출한 원나라의 쿠빌라이칸(몽골 제국 제5대 칸(汗)이며, 중국 원나라의 시조. 재위 기간 1260~1294-역주)은 우선 참파에 '점성행성(占城行省)'이라는 지배거점을 만들어, 그곳을 발판 삼아 동남아시아와 인도양을 정복하려고 했다.

참파와 같은 나라가 갖고 있는 이점은 영토의 크기와 인구, 강력한 국가 조직이 아니라, 네트워크와 명성이나 신용의 확산에 있었다. 수많은 국가가 난립해 있는 동남아시아나 유럽에서는 어떤 민족이나 국민의 활동이 국경 너머까지 확대되는 일을 당연하다고 생각하는데, 참파의 네트워크 역시 스스로 밖으로 나가기도 하고 많은 '외국인'을 끌어들이기도 했다.

남중국해 교통로로서의 절대적인 위치나 세계 각지에서의 참파 침향에 대한 명성, 세계 각지에서 출토되는 참파의 도자기, 반대로 참파가 있었던 지역에서 출토되는 다양한 외국의 도자기 등은 아시아 해상 교역에서 차지하는 참파의 위치를 잘 보여 주는 증거이다. 또한 캄보디아와 타이 동북부나 자바 등의 사원 건축에 참파 풍의 건축이 발견되기도 하며, 한편 참파는 자바와 캄보디아, 중국과 대월 등의 다양한 건축과 조각 양식을 받아들였다. 승려나 기술자, 직인 등 판매되거나 공물로 바쳐진 노예나 포로를 포함해서 다양한 계층의 사람들이 여러 나라를 왕래했다.

왕족의 교류

6세기 중국 남조의 정사인 《양서(梁書)》(629년 당나라 요사렴(姚思廉)이 편찬한 양(梁) 나라의 정사(正史)-역주)의 임읍전에는 5세기 초에 왕자인 '적개(敵凱)'가 어머니와 함께 '메콩 삼각주의 국가인 부남(扶南)으로' 도망쳐 행방을 감췄다는 기록과 또 5세기 말에 '부남 왕자 범당근순(范當根純)'이 임읍의 왕위를 찬탈했다는 기록이 적혀 있다. 적개의 어머니는 임읍 왕에게 시집간 부남 왕족의 여성이었던 것으로 여겨지며, 범당근순은 그 자손으로 임읍 왕위의 계승권을 주장한 것이라 추측된다. 3~6세기 무렵의 부남과 임읍에 관한 중국의 기록에 범(范)으로 시작되는 왕명이 자주 등장하는데, 범 씨를 이 두 나라의 왕비로 삼는 모계 씨족의 이름이라고 보는 설이 있다.

또한 《양서》의 임읍전에는 적개가 도망친 뒤, 왕위에 오른 '적진(敵眞)'이 '어머니와 동생이 도망가 버린 것에 후회하며 조카에게 왕위를 물려주고 인도로 갔다'라는 기록이 있다. 바로 이 왕이 7세기의 미손 비문(碑文)에 '강가(갠지스 강)를 보고 싶어 그곳으로 여행 갔다'라고 새겨져 있는 강가라자 왕인 것 같다. 또 다른 정사인 《남제서(南齊書)》의 임읍전에 따르면 범당근순은 구(舊) 왕족의 자손인 범제농(范諸農)이라는 사람에게 살해당했는데, 그 범제농은 498년에 직접 중국으로 조공을 바치러 가다가 해상에서 폭풍을 만나 익사했다고 한다. 군사 원정이나 결혼 목적 이외에도 왕이나 왕족이 국외로 나가는 일은 종종 있었던 것으로 보인다.

왕족의 '국제 결혼'에 관해서는 많은 기록이 남아 있다. 7세기의 비크란타바르만 1세는 캄보디아로 망명한 왕자와 캄보디아 왕녀 사이에 난 아들이었다. 또한 원나라와의 전쟁을 지휘하고, 훗날 마르코 폴로가 알현(謁見)했다는 13세기 말의 심하바르만 3세는 자바의 왕녀와 대월의 왕녀를 아내로 삼았다. 그 아들인 체낭(制能)은 1318년에 대월이 공격하자 자바로 도망갔다. 반면 근세의 자바에서는 이슬람 전래에 관련하여 14~15세기에 번영한 마자파히트(1293년부터 1520년대까지 동자바 섬을 지배한 힌두 계 왕조-역주) 국왕에게 시집온 참파 왕녀의 전설이 널리 퍼져 있다. 대표적인 것으로는 이 왕녀의 언니가 참파로 온 아라비아 인 무슬림과 결혼했고, 그 사이에 태어난 아들 스난 암페르가 이모를 따라 자바로 이주하여 마자파히트 왕을 섬겼다는 이야기이다. 또한 스난 암페르와 그 아들인 스난 보난이 자바에 이슬람교를 전파했다고 전해진다.

15세기 말라카 왕국의 번영을 전하는 《스자라믈라유(Sujarah Melayu. 15세기 말레이 반도에서 번영한 말라카 왕국의 역사를 말레이 어로 기술한 편년체 역사서-역주)》의 어떤 기록에는 1471년에 대월에 비자야를 빼앗긴 참파 왕 포 크바가 '류큐(琉球)' 왕의 딸을 아내로 삼았다고 한다. 참파와 류큐의 친밀한 관계는 중국의 공식 기록인 《대명실록(大明實錄)》의 안남(安南. 대월)국 왕의 보고와 류큐국 왕의 외교 서간집인 《역대보안(歷代寶案)》에 수록

된 말라카의 라쿠사마나(해군 장관)가 보낸 편지에서 잘 나타나 있다. 또한 1470년대 말에 류큐의 표류선에 타고 있던 선원들이 참파를 도와 대월과 싸웠던 이야기로도 가늠할 수 있다. 그러므로 류큐국 왕과 혼인 관계가 있다 해도 이상할 것이 없다.

이 같은 혼인이나 교역 관계로 미루어 보아, 실각(失脚)하거나 외국의 침공을 받은 참파의 왕족은 여기저기로 도망을 갔던 것 같다. 대월과의 관계에서도 14세기까지는 이 두 나라의 왕족이 상대국으로 서로 망명하는 경우가 빈번했다. 《스자라믈라유》에는 비자야가 함락되자 두 왕자가 말라카로 도망간 이야기가 나온다. 그 중 한사람이 수마트라의 아체 왕국(Atjeh. 16세기 초부터 20세기 초까지 수마트라 섬 북서쪽에 있던 이슬람 왕국-역주)의 조상이라는 설도 있다. 아체 왕국은 포르투갈을 괴롭히고 네덜란드에 끝까지 저항한 강국이었다. 한편 사람들 역시 해로를 통해 동남아시아 해역 각지로 도망쳤다. 또한 캄보디아에는 수로나 육로, 산을 넘어 도망친 이야기가 근세까지 되풀이하며 전하고 있다. 그보다 앞선 10~13세기에는 난민이나 포로가 참파에서 하이난 섬로 건너간 이야기도 간혹 등장한다.

대월이 받은 영향

참파 네트워크의 막강한 영향력에 놀란 것은 베트남 북부에 위치한 대월이다. 대월은 중국식 국가 체제 정비로 유명하지만, 리 왕조(李王朝. 10세기 중엽 중국으로부터 독립한 베트남 최초의 영속 왕조-역주)와 쩐 왕조(陳王朝. 쩐까 인이 세운 베트남의 왕조-역주)의 초기 왕조 문화에는 참파 계나 타이, 라오스 계의 영향을 많이 받았다.

당시 불교 사원의 대표적인 특징 중 하나는 불상대좌(佛像臺座)의 네 구석에 사암(砂岩)으로 만든 가루다(인도 신화에 나오는 상상의 큰 새-역주)를 조각하여 넣었는데, 이것은 참파의 영향을 받은 것으로 널리 퍼져 있었다. 인드라 신(힌두교의 주신, 베다 신화의 최고신) 신앙, 라마야나(인도 고대의 대서사시) 등도 참파로부터 전해진 것 같다. 근세에 북부 지역에 퍼진 여신 신앙은 리 왕조 시대에 참 족이 전해 준 포 나갈 여신의 신앙이 베트남화한 것이라는 설이 있는데, 바 다인 또는 바 바인이라고 불리는 참파의 여신 자체를 모신 사원은 19세기까지 각 지역에 퍼져 있었다. 지금도 견직물의 시조를 모신 사원이나 덴(神社)을 흔하게 볼 수 있는데, 그 전설의 대부분은 참파가 견직물 기술을 전했다는 이야기가 주를 이룬다.

이것은 대월과의 전쟁에서 포로로 끌려가 조정이나 고관에게 분배되어 북부 각지에서 살게 된 참 족이 남긴 것들이다. 현재 북부의 평야는 화교를 제외하면, 전부 베트남 인(킨 족) 들로, 북부 평야에 널리 퍼져 있는 전설에 의하면 이곳으로 끌려온 참 족 포로가 이들의 선조라고 한다. 하지만 그 이전부터 양국의 교류나 사람들의 왕래가 빈번했기 때문에, 대월의 지배층이 참 족의 포로나 노예를 원했다고 생각할 수도 있다. 게다가 근대 이전, 아시아의 해역 세계는 서아시아의 맘루크 왕조처럼, 포로나 노예라도 능력이 있는 사람은 지배자를 어릴 적부터 길러준 보답으로 중요한 자리에 등용하는 등 출세도 가능했다.

대월의 왕들은 참파의 무용이나 음악을 매우 좋아했다. 참 족 마을은 하노이 서쪽 교외나 호타이의 서북에 위치한 후자, 남해안의 코뉴, 홍하에 걸쳐 있

2-3 하노이 북부 본라 촌에서 대대로 모셔 온 포 나갈 여신(사진의 상(像)은 최근 새로이 만든 것)

는 탄롱 다리를 건너 바로 동쪽에 위치한 본라처럼 왕궁 가까이에도 있는데, 그들은 건축이나 조각, 예능, 코끼리 사육, 조선(操船) 등 특기를 발휘하는 직업에 종사하며 왕실에 소속된 중요한 집단이었던 것 같다.

리 왕조가 멸망하고 쩐 씨(氏)가 내란을 평정하며 권력을 잡기 전까지 그의 강적으로 대두되었던 구엔 농(阮嫩)의 진영에는, 라오스로 장사하러 갔다가 노예가 되어 구엔 농에게 넘겨진 후안 마로이(潘麻雷)라는 참파 출신 명장이 있었다고 한다.

대월이 중국 못지않은 중화 문명의 담당자라는 민족 의식이 높았던 14세기 말에 국민이 참 어(語)나 라오 어를 배우지 못하게 금지시킨 것도 그만큼 많은 사람들이 이 언어로 사용했다는 증거일 것이다. 1154년에 참파 왕인 하리바르만 1세가 딸을 리 왕조의 영종(英宗)에게 보냈을 때도 리 왕조는 기꺼이 받아들였다고 한다. 대월이 참파를 제압한 15세기에도 참 족의 노동력과 군사력은 큰 역할을 하고 있었고 킨 족과 참 족의 결혼은 흔히 있었던 일로 보인다.

이슬람을 돌아보고

참파의 네트워크는 대항해 시대의 이슬람과 기독교의 항쟁에도 영향을 줬다. 17~18세기의 동남아시아 해역에서는 술라웨시 섬의 부기스 족이나 마카사르 족이 네덜란드와의 전쟁에서 크게 활약했다는 사실이 알려져 있는데, 그들을 중심으로 한 '말레이 계' 무슬림 세력(대륙 지역에서는 '자바'라고 부르는 경우가 많다)의 대활약 덕분에 말레이 계 언어를 쓰는 참 족을 흔히 볼 수 있었다. 참 족이 모두 이슬람교도가 된 것은 아니지만, 17세기에는 참파 왕국에서도 무슬림 왕이 등장하고 있고 대월의 지배를 피해 해역으로 도망간 사람들 중에는 개종하는 자가 많았다.

1594년, 말라카의 포르투갈 군대와 전쟁중인 조호르 술탄에게 참파 왕이 원군을 보냈다고 한다. 1599년 캄보디아에서는 왕궁에 영향력을 행사하던 스페인 사람(포르투갈 인, 일본인도 협력하고 있었다)을 참파 인과 말레이 인이 같이 공격해서 친(親)스페인 성향이었던 왕 바롬 레아체아 2세를 암살했다. 1642년에 그들의 후원으로 즉위한 바롬 레아체아 6세는 이슬람으로 개종하여 술탄 이브라힘(Ibrahim)이라고 칭했으며, 이듬해 네덜란드의 상관원(商館員)을 살해했다.

1660년, 당시 반(反)네덜란드 세력의 기수였던 술라웨시 섬의 마카사르 왕국을 네덜란드 군이 공격했을 때, 마카사르 국왕의 군대에는 스리 아마르 디라자라는 참파 출신의 지휘관이 있었다. 그 무렵 시암(Siam. 타이 왕국의 옛 이름-역주)의 아유타야(Ayutthaya. 타이 남부에 있는 도시로 약 400년 동안 아유타야 왕조의 역대 수도-역주)에서는 여러 외국 세력과 균형을 취하면서 독재 권력을 확립한 나라이 왕(Narai. 재위 기간 1657~1688년)이 페르시아의 사파비 왕조(Safavid. 이란의 이슬람 왕조. 1502~1736-역주)와도 관계를 맺고 있던 무슬림 세력이 약해지자 그리스 인 파울콘의 중개로 프랑스의 루이 14세와 연합했다. 한편 1687년에는 이에 반발한 말레이 마카사르와 참 족 거류민(居留民)이 반란을 일으켰으나 나라이 왕에 의해 진압당하고 만다. 그런데 그 반란의 주모자가 당시 아유타야에서 살고 있던 참파 왕의 세 형제였다고 한다.

3. 다양한 후예들

남아 있는 참 족, 사라진 참 족

참파의 민족 구성에 대해 알려진 것이 아무것도 없다. 임읍 (林邑)을 건국한 사람으로 알려진 구련(區連 또는 구달(區達), 구규 (區逵))은 중국인일 수도 있다. 4세기 말 이후에는 '고(古)참 어' 의 비문이 많이 남아 있는 것으로 보아, 지금의 참 족의 선조들 이 중심이었다는 것은 틀림없는 사실이지만, 그밖에 오스트로 네시아 계나 오스트로아시아(몬 크메르) 계의 다양한 집단이 활 동했다는 것도 부정할 수 없다.

17세기의 포 로메 왕은 산악민 출신으로 알려졌고, 1834년 마지막 왕에 올랐던 포 바르 파리는 라구라이 족이었다. 이는 현재에도 이어져 국조(國組)를 모시는 '참의 민족 제사'인 카테 제(祭)에는 라구라이 등의 산악민도 참여하고 있다. 또한 언어 학이든, 형질인류학이든 '참'과 '크메르'의 구별은 그리 명료 하지 않다. 근대 이전의 중국인의 기록에도 이 둘을 같은 종족 으로 다룬 경우가 적지 않다는 것이다. 따라서 '참 족의 국가 참파'라는 표현은 위험한 발언이 아닐 수 없다.

원래 다민족 국가인데다 국경을 초월한 네트워크를 갖고 있 고, 더욱이 멸망한 국가의 후예라는 것으로 인해 참으로 다양 한 운명을 겪고 있다.

판두랑가 지역(지금의 닌투안 성과 빈투안 성)에 남아 있는 참 족은 현재 대부분이 몹시 건조한 기후의 내륙 평야에서 농사를 짓고 있다. 판랑과 판티에트(Phan Thiet. 베트남 남부에 있는 도시-역주)처럼 역사적으로 알려진 입지 좋은 항구는 근세 이후 킨족(베트남의 다수 민족)과 중국인 소유가 되었다. 현재는 유적이나 축제 등의 관광 상품과 관광 기념품인 직물, 그리고 포도와 탄롱(선인장의 일종)이라는 과일 재배로 활로를 찾고 있다. 모계 친족 집단이 부계보다 중요시하는 사회로 묘(墓)는 모계 집단 쪽에 만든다. 종교는 다수파인 '브라만교'와 '바니'라고 불리는 이슬람 집단으로 나뉘는데, 둘 다 외부와 교류를 갖지 않아서 토착화 현상이 뚜렷하다. 가령, 바니는 메카 순례에 가지 않는데, 아주 최근에 외부의 포교에 의해 일부가 정통파 무슬림으로 개종했다고 한다.

그들과 달리 캄보디아나 베트남 남부로 도망간 사람들은 바다 세계와 더불어 살아간다. 지금도 강가에 살며 어업이나 상업에 종사하는 사람이 많다. 19세기에 참파가 완전히 멸망하자 도망간 사람들 중에는 바니교도가 대다수였던 것 같다. 그러나 20세기에서 현재에 이르기까지 말레이 반도나 브루나이로부터 포교 노력이 이어진 결과, 수니파 무슬림이 다수파가 되었다. 메카를 순례하는 '하즈(이슬람교도가 행하는 성지 순례-역주)' 칭호를 지닌 사람도 많아졌으며 사회적으로는 부계제가 강해졌다. 한편 참 족은 이슬람 세계와의 관계 때문에 폴 포트 정권 아래에서 무참하게 학살당했다. 베트남 남부에서 도망친 베트남

2-4 닌투안의 포 로메 사원에서 참 력(曆) 4월의 기우제를 치르는 브라만 참의 장로들

난민' 중에도 참 족의 대부분 사람들은 말레이 반도로 들어갔으며, 지금도 말레이시아로 건너가 이슬람을 배우거나 그곳에서 말레이 인과 함께 메카 순례를 행하는 참 족이 적지 않다.

19세기 말, 이 지역을 지배한 프랑스 인은 이 바나나 무슬림들을 어떻게 분류해야 할지 난감했다. 이들의 조상을 따지면 말레이 각지나 브루나이, 심지어 수마트라의 미낭카바우 출신 자까지 다양하기 때문이다. 19세기 베트남의 기록에도 '자바인'이 자주 나온다. 결국 오늘날에는 이들 모두가 '참 족'으로 분류되고 있지만, 그 중에는 옛날에 참 족과 함께 캄보디아의 왕위를 좌우한 오스트로네시아 계의 여러 민족들이 포함되어 있다.

민족 분류에 관심을 쏟지 않았던 타이에서는 반대로 오스트로네시아 계를 모두 말레이 인으로 간주하는 경우가 많은데, '방콕에 사는 참 족'에 대해서는 잘 알려져 있다. 도서 지역으로 도망간 참파 사람들은 현재 각지의 토착 민족에 완전히 흡수되어 버렸다. 하이난 섬에서는 참파의 후예를 중앙아시아의 위그르 족(튀르크 계 언어를 사용하는 아시아 내륙 지방의 민족-역주)과 같은 회족(回族. 후이 족, 회족은 중국에 있는 9개의 무슬림 소수 민족 중에서 가장 큰 무슬림 종족-역주)으로 분류하고 있는데, 지금도 그들의 언어에는 참 어의 특징이 보존되어 있다고 한다. 이들 모두 이슬람화가 진행되고 있지만, 베트남 서쪽 산악 지대로 도망간 참 족은 대부분이 세계 종교를 받아들이지 않는 산악민에 흡수되면서 그 존재가 사라졌고 힌두교나 이슬람교도 소멸했다.

참 족에서 킨 족으로

판두랑가 이남을 살펴보면 대월의 지배하에 있는 평야에 살던 참 족은 한동안 민족 정체성을 유지하면서 서서히 킨 족에게 동화되었다. 현재 킨 족 중에 제(制), 다(茶), 옹(翁), 포(布) 등의 성을 가진 자는 조상이 참 족 계통이라고 한다. 그들 대다수는 농민이고, 해안이나 내수면(內水面)에서 어업에 종사하는 경우에도 킨 족과 마찬가지로 그 기술이나 생산성이 낮은 편이다.

원나라에서 쳐들어온 적과 싸웠던 쩐 왕조의 왕족 중에는 어학의 천재인 진일휼(陳日遹)이라는 사람이 있었는데, 망명해 온 중국인이나 투마시크(싱가포르 부근)의 사신과도 유창하게 이야기를 할 수 있었다고 한다. 그는 참 족 마을인 하노이 서쪽 교외의 바자 마을(지금의 후자 마을)에 자주 찾아가 참 족과 참 어로 이야기했다고 한다. 이 마을 사람들은 근대까지 노젓기와 수영으로 타 지역 사람들에게 잘 알려졌다. 1475년에는 옹의달(翁義達)이라는 사람이 1차 시험까지 포함하면 3,200명의 수험자 중에서 차석으로 과거에 급제했다고 한다. 중국식 법제와 과거 시험 제도를 정비하고 참파를 공격해서 비자야를 점령한 레 왕조의 성종(聖宗. 재위 기간 1460~1497년)시대였다. 후자 마을의 옹 씨 가문은 이후로도 문인을 배출했으며, 19세기에는 참 족 성을 버리고 공(公) 씨로 바꿨다. 스스로가 적극적으로 킨 족에게 동화해 간 것이다.

타인호아(Thanh Hoa), 게안(Nghe An), 하딘(Ha Tinh) 등의 북중부 성(省)에는 참 족 포로가 시조로 전해지는 마을이 특히 많다. 그들은 대개 해안이나 강가 등의 모래부지에서 살면서 수운(水運)과 수군(水軍), 또는 어업에 종사했다. 주로 삼각주에서 벼농사를 짓는 킨 족이 농지로 개발하기 힘든 지역을 이 곳 지형과 비슷한 참파에서 온 사람들에게 개발시킬 목적으로 그들을 데려온 것으로 여겨진다. 마을 축제에서 춤추는 '참파 무용'이 최근까지 여러 마을에서 전해져 내려왔지만, 지금은 춤

출 수 있는 사람이 거의 없다고 한다.

타인호아의 즈엔퍼 마을은 13세기에 참파의 왕비가 남편이
죽자, 이곳으로 와서 킨 족을 모아 마을을 형성했다고 전해진
다. 또한 게안의 콰로 해수욕장 근처인 키무오 마을은 제(制) 씨
가 많은 마을로, 제 씨 장로들의 말에 따르면 선조인 제봉아(制
蓬莪) 왕은 대월의 구엔 시(阮熾)에게 항복하고, 북부의 친(鄭)
씨와 중부의 구엔(阮) 씨가 싸울 때 구엔 씨 편이 되어 탄롱(하
노이)을 토벌했다고 한다. 그 공으로 제봉아의 아들이 구엔 시
의 양자가 되어 이 일대의 영지를 받았고 자신들은 그 자손으
로 19세기에는 구엔 성을 썼지만 1930년대에 다시 제 씨로 바
꾸었다고 한다.

제봉아는 14세기 말에 하노이를 세 번이나 공격한 참파 왕이
고, 구엔 시는 15세기에 레 왕조를 세운 개국 공신의 한 사람이
지만, 17세기에 친 씨와 싸운 타인호아는 돈손(宋山) 현의 구엔
씨와는 다른 계통이므로 이 이야기는 사실과 다르다. 하지만 16
세기 초 대월에 내란이 일어났을 때, 각지의 참 족 노예가 소요
를 일으켰고, 권력을 다투던 타인호아와 하이즈옹의 각 군벌에
도 참 족 군단이 가세했다. 그 중에서도 1509년에 돈손의 구엔
씨의 일족인 구엔 부안 랑(阮文郞)이라는 사람은 제만(制謾) 같
은 참 족 출신 명장이 이끄는 타인호아 군단을 거느리고 하노
이를 쳐들어가는 사건이 있었다. 제 씨 왕족이 구엔 씨의 편이
되어 하노이를 토벌했다는 이야기는 제봉아 왕이 아니라 1509

년의 이 사건을 두고 하는 말인지도 모른다.

한편 이 일족(一族)도 근세에는 한문으로 족보를 짜는 등 완전히 킨 족화 된 듯했지만 20세기에 들어오면서 다시 제 씨 성으로 복귀하여 자신들이 참 족 후예라는 것을 명시한 점이 흥미롭다.

근세 베트남 중부에서도 참파 계 주민은 구엔 씨 정권하에 수군으로 활약하면서 대부분 킨 족에 동화되었다. 참파의 선조라고 여겨지는 여신 포 나갈은 '티엔 이아나(天依阿那) 성모' 로서 킨 족의 여신이 되어 왕실에서도 숭배했다. 이 신앙이나 각지의 종교 건축과 성터, 중부 해안 곳곳에 남아 있는 벽돌을 쌓고 바닥에 마루가 있는 '참 족 우물' 등 옛날에 참파에서 자신들이 살았던 것을 킨 족에게 전수한 것이 중부에도 수없이 많지만, 각 성(省)의 산악 지대에 남아 있는 '참 프로이' 를 합쳐도 참 족은 소수파에 속한다.

망국의 비애인가

참파 후예의 이러한 모습은 망국민이 타민족에게 거의 동화됨으로써 힌두 문화나 해양민의 전통을 모두 잃어버린 것으로, 참으로 애석한 일이다. 민족에 절대적인 가치를 부여했던 19세기에서 20세기에 걸쳐 세계를 지배한 시각에 따르면, '민족성' 과 '민족 의식' 은 당연히 변하지 말아야 한다. 하지만 민족의 영속성(永續性)은 기껏해야 당사자들의 공동 환상에 불과하다는 것이다. 어느 민족이든 역사적으로 그 내용이나 성질, 이름 등의 변화만 반복해 왔다는 것을 알게 되었다.

20세기 초까지 하틴과 칸빈 부근의 해안에는 킨 족의 사람들이 보로 족이라고 일컫는 선상 생활을 하는 사람들이 있었다. 지금은 모두 육지로 올라가 보통의 킨 족으로 생활하고 있지만, 푸로(섬) 또는 푸라프(배)에 관계가 있는 듯한 이름을 보면 동남아시아 해역에서 유명한 오스트로네시아 계 표해민의 일부가 아닐까 싶다. 이러한 사람들은 참파 시대의 베트남 중부에서도 교역이나 어업, 수군이나 해적 등으로 활약하고 있었을 것이다. 만일 그들이 참파의 해상 활동에 매우 중요한 역할을 했다고 한다면, 반대로 참파 시대의 참 족은 오히려 농업이나 내수(內水)어업에 종사한 사람들이었을지 모른다.

어쩌면 '참 족' 자체에 수상민, 농민 등 여러 가지 집단을 포함하고 있는지도 모른다. 참파와 참 족의 과거에 대해 살펴보았지만, 그것에 대해서는 알 길이 없다. 민족 간의 불평등한 관계는 늘 있는 일이지만, 대부분의 참 족이 희생되었다는 것은 참혹한 일이다.

역사와 현대가 보여 주는 것

당사자가 아닌 우리가 현대 문제로 살펴보아야 할 것은, 결론적으로 다음 네 가지를 들 수 있다.

첫째, 참파의 후예도 상황에 맞게 다양한 종교와 생업, 정체

성을 가져왔다는 것이다. 물론 강요된 경우가 많았지만 그에
대응할 능력이 있었다는 이야기이다.

둘째, 근세 이후 민족을 근간으로 영토를 가진 국가가 지배
하게 되면서, 다른 해상 네트워크와 마찬가지로 참파의 네트워
크도 중간에 끊겨 참 족, 말레이 족, 킨 족 등 지역마다 다른 이
름으로 불리고 있다는 것이다. 식민지 시대 이후의 동남아시아
에서 그것이 전면적으로 진행된 것은 당연한 일일지도 모른다.
참파의 경우, 대월의 '중국화'와 대항해 시대가 끝난 뒤 근세
동아시아의 공동 해역의 단절, 그리고 육지에서 국민 통합의
강화라는 방향성에 희생된 역사에 대해 함께 살펴보아야 할 것
이다. 즉 여기서는 식민지 지배나 서양 근대사 문명에 모든 죄
를 전가(轉嫁)하는 '아시아주의' 논법은 통용되지 않는다.

셋째는 현대사이다. 베트남 전쟁 중에 참 족과 중부 고원 산
악민이 FURLO라는 조직을 결성하여 베트남 남북 양 정권과
대립했다. 그 가운데 참파를 근대 국민 국가처럼 확실한 영토
와 민족 구성을 지닌 국가로 오해하여 그 재건을 주장하는 움
직임도 볼 수 있었지만, 사회 정권이 들어서면서 FURLO는 해
체되었다.

도이모이 정책(개혁 개방 정책)이 본격화된 1990년대, 소수 민
족에게 가해진 일방적인 동화 정책이 비판을 받으면서, 참파와
참 족은 관광 자원이나 흥미로운 연구 대상으로 학자를 비롯하
여 킨 족에게 재인식되기 시작했다. 세계적인 베트남 붐에 힘

112

입어 참파와 참 족은 상징적인 의미를 추가하게 되었다는 것이다.

넷째, 요즘의 참파와 참 족의 붐은 동상이몽(同床異夢)에 불과하다. 동남아시아 국가끼리 교류하고 연합하여 서로 발전해 나가자는 의미에서 결성한 기구인 ASEAN에 가입한 도이모이 정책을 추구하는 베트남 입장에서는 과거의 베트남조차 국민 국가를 지향해야 했다. 따라서 참파나 참 족의 연구도 베트남 국가의 원류와 베트남 문화의 '풍부하고 다양한' 성격을 증명하기 위해서 행하고 있다. 그러나 선진국의 연구가들은 국가사관이 해체된 '바다의 아시아'의 상징으로 참파와 참 족을 주목하고 있다. 학자의 연구 과제를 현실에서는 서구에서 유행하고 있는 '헤게모니 다툼'으로 파악하는 시각이 여기에서도 잘 나타나 있다. 우리도 이 다툼과 무관할 수 없다는 점을 잊어서는 안 된다.

강 : 육지 속의 바다 세계

오오키 아키라 大木 昌

　특별한 의식 없이 아시아 세계를 떠올려 보면, 우선 대부분의 사람은 북쪽의 동해 부근부터 해안선을 따라 내려오기 시작하여 한반도를 돌아서 중국 대륙의 동쪽이 반달모양으로 부풀려진 모습을 연상할 것이고, 곧이어 인도차이나 반도 부분에서 안쪽으로 도려낸 해안선을 따라가다 말레이 반도의 돌출 된 모양을 상상할 것이다. 또한 아시아 지도에 익숙한 사람이라면 말레이 반도 서쪽의 미얀마 해안선을 따라 내려가다 인도 대륙을 떠올릴지도 모른다. 이처럼 육지의 윤곽이 완성되면, 이번에는 일본, 필리핀, 인도네시아 군도, 스리랑카 등의 섬을 그리고 나면 아시아 세계를 완성하게 된다.

　물론 일본을 출발점으로 한다면 섬 부분부터 떠올리는 사람이 없잖아 있겠지만, 일반적으로 아시아의 지리를 떠올릴 때는 앞에서 언급한 식으로 상상하는 사람이 많다. 지구가 바다와 육지로 이루어져 있는 이상, 우리가 어떤 지역의 지리적인 이미지를 떠올릴 때 바다와 육지를 나누는 해안선을 더듬어 가는 것은 매우 자연스러운 일이다. 하지만 그럴 경우, 육지를 중심으로 보고, 바다를 '여백'으로 간주하는 경향이 있다. 우리는 무의식적으로 중심 세계를 육지에 두고 있기 때문이다.

또한 같은 육지라도 대륙이 중심이고, 섬은 아무리 그 수가 많아도 역시 부차적인 존재로 간주한다. 중국과 인도가 고대 문명의 발상지라는 점, 대제국은 대부분 대륙에서 발생했다는 점, 아시아의 인구 중 압도적으로 많은 수가 중국, 인도, 인도차이나 반도 같은 대륙에서 살고 있다는 점을 생각하면, 이는 매우 자연스러운 발상이다. 대륙을 중시하는 관점에서 보면, 아시아의 섬들은 유라시아 대륙에 매달린 부속물처럼 보일지도 모른다.

하지만 최근에는 교통로(交通路)로서, 생활의 터전으로서 바다가 중요시되고 있다. 교통로로서의 바다는 대륙과 섬을 잇는 정치, 경제, 문화 네트워크를 형성하는 데 중요한 역할을 해 왔다. 이 네트워크는 거시적인 면으로 지역 간의 상호 관계나 역사적 전개를 살펴볼 때 유용하다. '해양사관(海洋史觀)'은 바다가 가진 이 기능을 기초로하여 발전한 것이다.

또한 바다는 생산의 터전이자, 생활 터전이기도 하다. 바다에서 어획 활동을 하며 살아가는 사람들과 배로 이동하며 살아가는 '해양민'의 생활도 우리의 눈길을 끌어왔다. 이것은 미시적인 안목으로 바다와 함께 살아가는 사람들과 동일한 시선으로 그들의 사회와 문화를 바라보려는 자세를 보여 주고 있다. 하지만 최근에는 바다의 환경 문제와 해양 자원(어패류, 해저 자원, 해수(海水) 등)의 개발과 같은 전 인류 차원의 거시적인 문제가 점점 더 중요해졌다.

그런데 네트워크 공간이든 생산이나 생활 터전이든 바다를 중시하려는 시각에는 해안선이라는 경계선으로 바다와 육지가 서로 다른 세계임을 엄격히 구별하고, 그 뒤에 다시 이 두 세계를 연결하고 있다. 이러한 시각은 역사의 전개를 대략적으로 설명할 경우에는 편리한 반면, 오해를 불러일으킬 소지가 있다. 육지 세계 안에는 바다 세계의 연장인 '강'이 있어서 육지 세계와 바다 세계를 확실히 구분하기 어렵기 때문이다.

육지를 흐르는 강은 인체의 기관지, 즉 폐라는 호흡 기관, 또는 식도나 위 등의 소화 기관에 비유할 수 있다. 그 기관들은 '내장'이지만 음식물과 공기, 또는 세균 같은 외부 세계와 직접적으로 접촉하고 있어서, 인체가 내부로 끌어들인 외부 세계라고 할 수 있다. 이와 마찬가지로 강은 내륙을 흐르고 있지만 바다라는 외부 세계와 이어져 있어서, 내륙이 끌어들인 또는 내륙으로 비집고 들어간 바다 세계라고 할 수 있다. 그리고 강은 내륙과 바다를 단지 지리적으로만 연결하고 있는 것이 아니라, 강의 선박 수송에 의해 사람, 물자, 정보, 문화가 내륙과 해외를 왕래하는 교통로이기도 하다.

여기에서는 바다와 육지에 걸쳐 있으면서 이 둘을 연결하고 있는 강이 동남아시아의 역사에 어떤 역할을 했는지 인도네시아 말라카 해협으로 흘러 들어가는 수마트라 중남부의 다섯 개의 강(시아크, 캄파르, 콴탄 인드라기리, 바탕 하리, 무시) 중에 남북으로 서로 인접해 있는 시아크 강과 캄파르 강을 그 예로 들어 설명하려고 한다. 우선, 동남아시아의 역사와 강이 어떻게 관련되어 왔는지를 살펴보고자 한다. 또한 하천의 역할 중에 주로 교통로라는 측면에 초점을 맞추어 설명하고자 한다. 농업 발전에 대한 하천의 공헌이라는 측면은 다루지 않는다는 것을 미리 밝혀 두는 바이다.

1. 동남아시아사와 강

동남아시아는 흔히 인도차이나 반도의 '대륙 지역 동남아시아' 와 '도서(島嶼) 지역 동남아시아'로 나뉜다. 이렇게 나뉘었을 때 우리는 암묵적으로 전자를 육지 세계, 후자를 바다 세계라는 이미지로 파악한다. 인도네시아 군도, 필리핀 제도, 말레이 반도 등 바다로 둘러싸인 섬과 반도로 이루어진 도서 지역을 바다 세계로 생각하는 데는 별 무리가 없을 것이다. 그러나 대륙 지역을 단지 외부와의 접촉이 적은 내륙 세계라고 생각하는 데는 문제가 있다. 대륙 지역이라도 하천의 선박 수송을 이용하여 연안 지역 또는 해외(海外)의 외부 세계와 연결하고 있기 때문이다. 더욱이 하천과 육로의 교통망은 서로 연결되어 있는 경우가 많아서 하천과 육로가 연결된 교통 네트워크는 도서 지역이든, 대륙 지역이든 예전에는 전 동남아시아에 걸쳐 상당히 큰 부분을 차지하고 있었다는 것이다.

현재 하천을 경유하는 선박 수송은 시대가 변하면서 점차 자동차나 철도 운송으로 바뀌었다. 이 변화가 언제부터 일어났는지에 관해서는 국가나 지역별, 또는 하천별로 다르지만, 대략 19세기 말까지는 동남아시아의 강이 매우 중요한 교통로였다는 것은 틀림없는 사실이다. 강의 이러한 역할을 고려한다면, 도서 지역뿐만 아니라 대륙 지역을 포함한 동남아시아 전체를 '해역 세계' 라고 부를 수 있다.

그런데 강이 동남아시아에서만 인간과의 관계에서 중요한 역할을 해온 것은 아니었다. 가령, 일본만 하더라도 도네 강(利根川. 일본 혼슈 중심의 미쿠니(三国) 산맥에서 발원하여 간토 평야를 남동류해서 태평양으로 흐르는 강-역주)은 에도 시대(도쿠가와 이에야스(德川家康)가 세이이 다이쇼군(征夷大将軍)에 임명되어 막부(幕府)를 개설한 1603년부터 15대 쇼군(将軍) 요시노부(慶喜)가 정권을 조정에 반환한 1867년까지의 봉건 시대-역주)까지는 운송의 대동맥이었고, 그 유역에는 마에바시(前橋. 일본 혼슈 군마현(群馬縣) 중심에 있는 현청 소재지-역주) 같은 강의 항구 도시가 여러 곳이나 번영했다. 또한 오늘날에는 상상도 할 수 없는 일이지만, 다이쇼 시대까지(1912년~1925년-역주) 덴류 강(天龍川. 일본 나가노 현(長野縣) 스와 호(諏訪湖)에서 발원, 남류하여 시즈오카 현(靜岡縣)을 거쳐 태평양으로 흐르는 강-역주)에서는 꽤 큰 범선이 강 중류의 덴류 해협 부근까지 왕래를 했다. 또한 유럽이나 중국에서도 강은 옛날에 교통과 운송의 대동맥이었고, 지금도 부분적으로는 교통로로 이용하고 있다. 그러나 동남아시아사에서 강의 중요성이 컸던 것은 무엇보다 다음과 같은 이유에서 찾을 수 있다.

동남아시아의 대부분 지역은 열대성 몬순 기후대에 속해 있으며, 그곳에는 열대림이 무성하게 자라고 있다. 이런 환경에서 길을 닦고 유지하는 일은 무척 힘든 사업이라 할 수 있다. 설사 많은 주민을 동원해서 길을 닦는다 해도 왕래가 빈번하지 않으면 길은 다시 초목으로 뒤덮일 수 있기 때문이다. 더구나 포장되지 않은 울퉁불퉁한 길은 사람이나 말이 짐을 지고 이동하는 데는 문제가 없지만, 소나 말이 끄는 수레에 무거운 짐을 싣고 운반할 때는 상황이 달라진다. 길이 질척해지는 우기에는 한층 더 곤란해진다.

열대 지역의 이런 문제와 아울러 도로의 건설과 유지, 이용에 대해서는 정치적인 문제도 있다. 하나의 정치 권력이 지배하는 영역(예를 들면 왕국) 안에 길이 건설된다면 문제는 없다. 그러나 내륙의 산악 지역에서 해안까지를 잇는 길이 몇 개의 왕국이나 민족의 영토에 걸쳐 있을 경우, 인접하는 왕국이나 민족이 서로 협력해서 길을 닦고 유지, 관리하는 일에 동의해야만 한다. 그러나 동남아시아사에서 장거리 육로의 경우, 그 시발점에서 종착점까지 하나의 정치 권력만으로 건설, 유지한 사례나 인접한 왕국끼리 협력해서 육로를 개척한 사례를 찾아볼 수 없다. 실제로 장거리 육로는 무수한 지방 교역로를 연달아 연결한 것이 대부분이다.

이런한 사정으로 인해 발생하는 중요한 문제 중 하나는 교통로의 치안이다. 교통로에서 중요한 것이 평화와 안전이라는 점은 두말할 필요가 없다. 만일 길이 여러 왕국에 걸쳐 있을 때, 이 인접국 사이에 전쟁이라도 일어난다면 교통로는 금세 위험해진다. 실제로 동남아시아의 내륙에서는 크고 작은 분쟁이 끊이지 않았다. 또한 육로, 특히 산악 지역에서는 강도나 산적에게 습격당할 위험성이 늘 존재했다. 이러한 위험을 피하기 위해서는 강력한 정치 권력이 육로의 안전을 보장해야 하지만, 대부분이 장거리인 육로의 안전을 충분히 보장하기가 쉽지 않은 것이 사실이다. 정치적인 안전성 문제 외에도, 육로를 통해 가축이 끄는 수레로 수송을 할 경우, 그 가축이 맹수에게 습격당할 위험성도 있다는 것이다.

이런 문제들이 없다고 하더라도 육로만으로 무겁고 부피가 큰 대량의 물자를 먼 거리까지 운반하는 일은 그 자체만으로 효율성이 떨어지는 일이다. 17세기 기록에 의하면, 소나 물소가 끄는 수레에 실을 수 있는 짐의 중량은 한 대에 240~360킬로그램, 소의 등에 실을 경우는 60~100킬로그램, 짐꾼이 질 수 있는 양은 35킬로그램 정도였다. 비엔티안(Vientiane. 라오스의 수도-역주)에서 아유타야까지 육로로 600킬로미터의 길을 소나 물소가 끄는 수레 60~100대로 가는 캐러밴(대상 통상(通商)이나 성지순례 또는 이 두 가지 목적을 겸하여 무리를 이루어 여행하는 상인-역주)의 여정은 5개월 가량 걸렸다고 한다. 즉 평균적으로 하루에 4킬로미터밖에 갈 수 없었다는 것을 알 수 있다. 또한 틈틈이 식량과 가축의 사료를 확보해야 하므로, 육로로의 이동은 여러 가지 문제점을 수반하고 있었다.

이러한 여정은 배로 갈 수는 없기 때문에 하천의 선박 운송을 이용한 경우와 직접 비교할 수 없지만, 육로로의 수송은 시간적인 면과 그 외의 여러 면에서 애로 사항이 많았다. 그 때문에 동남아시아에서는 설사 육로가 물자의 운반에 중요한 부분을 차지하고 있을지라도 하천의 선박 수송을 이용할 수 있다면 가능한 한 그 쪽을 택했다. 더욱이 해외와의 교역은 보통 바다에서 내륙으로 들어오는 항구를 경유해서 이루어지기 때문에, 육로도 결국에는 하천의 수송에 합류하는 일이 많았다.

하천이 대륙 지역이든, 도서 지역이든 중요한 교통로였다. 그러나 하천의 규모, 교통로의 통제, 이용 방식에는 차이가 있었다. 대륙 지역의 이라와디 강(Irrawaddy. 미얀마 최대의 강-역주), 살윈 강(Salween. 중국과 미얀마를 흐르는 강-역주), 차오프라야 강(Chao Phraya. 타이 만(灣)으로 흘러드는 타이 최장의 강-역주),

메콩 강(Mekong. 중국의 티베트에서 발원하여 미얀마, 라오스, 타이, 캄보디아, 베트남을 거쳐 남중국해로 흐르는 강-역주), 홍하 등 대하천은 동남아시아 북부의 산악 지역과 중국의 윈난(雲南. 중국 남서부-역주)과 히말라야에서 발원하여 그 길이가 매우 길기 때문에 지금까지의 역사에서 하나의 정치 권력이 일관해서 이 하천들을 지배한 적이 없었다. 반면에 이 하천들은 북으로는 중국, 동으로는 남중국해, 남으로는 인도양, 타이 만이라는 바다 세계로 통하는 교통로였고, 그들 유역에는 많은 왕국들이 있었다. 그러므로 대륙 지역의 하천은 역사적으로 광활한 지역에 걸쳐 사람과 문화 그리고 물자의 교류를 담당해 왔다. 반면에 도서 지역의 하천은 대륙 지역에 비해 강 길이가 짧아서 그 유역에 존재하는 왕국도 적었다. 하지만 하천이 교통로로서 교역이나 문화의 전파에 중요한 역할을 담당했다는 점은 대륙 지역과 마찬가지다. 이러한 차이를 염두에 두고, 지금부터 도서 지역 세계 중 수마트라 중남부의 사례를 통해 하천이 담당한 역사적 의미를 고찰해 보고자 한다.

2. 수마트라의 하천 교통과 역사

수마트라의 지리와 하천 교통

수마트라 섬은 예로부터 하천을 통해 외부 세계와 교류하고 있었다. 가령 수마트라 남부의 무시 강 상류에서 고대의 금속기(金屬器)가 발견되었는데, 이는 기원전 홍하 삼각주에서 발달한 통킹(Tonking. 베트남 북부 홍하의 삼각주를 중심으로 하는 지역-역주) 금속 문화에서 만든 금속 제품과 흡사한 것을 알 수 있다. 즉, 수마트라의 내륙 지역이 꽤 오래 전부터 무시 강, 콴탄 인드라기리 강, 바탄 하리 강을 경유해 인도차이나 반도와 교류하고 있었음을 시사해 주는 것이다.

2세기 무렵, 서쪽으로는 유럽과 아랍, 인도 동쪽으로는 중국에 이르는, 말하자면 동서 교역이 이루어졌다고 할 수 있는데 말라카 해협은 그 해상 교통의 요충지였다. 그리고 수마트라도 향료나 향목 등의 열대 산물의 수출과 인도의 무명, 중국의 도자기 등의 수입을 통해서 동서 교역에 깊이 관여하고 있었다. 이처럼 말라카 해협은 중요한 곳에 위치하고 있었기 때문에 이 지역을 지배하거나 동서 무역을 장악하는 것은 곧 막대한 부와 권력을 거머쥐는 것을 의미했다.

말라카 해협에 접한 수마트라 동해안 남부에 위치해 있던 슈리비자야 왕국(6세기 말~14세기 말)이나 15세기 말부터 시작된 교역 붐(교역 시대)으로 번영한 말라카 왕국(1511년에 포르투갈에 점령당했다)이 그 대표적인 예이다. 슈리비자야나 말라카 같은 큰 왕국만이 아니라 말라카 해협에 접한 수마트라에는 동서 교역으로 인해 번영을 누렸던 크고 작은 수많은 왕국과 토후국이 역사에 등장했다.

교역은 상품만이 아니라 종교와 문화도 전달되었다. 수마트라 중남부를 흐르는 하천의 발원지이자, 미낭카바우 족의 본거지이기도 했던 바리산 산맥(Barisan Mts. 인도네시아 수마트라 섬에 있는 산맥-역주)의 중앙에는, 아디티야바르만이라는 산스크리트 어명의 왕이 1347년부터 1375년까지 다스렸다는 내용이 산스크리트 어로 적힌 비석에 지금도 남아 있다. 또한 뒤에서 소개할 캄파르 강 상류의 무아라 타쿠스에는 불교 유적도 남아 있다. 이 힌두·불교 유적은 수마트라 섬의 내륙까지 강을 따라 사람과 물자 그리고 문화가 이동했다는 사실을 말해 준다.

그런데 말라카 해협에 접한 수마트라 동해안 지역, 특히 중부와 남부의 해안 지역은 교역에 있어서는 최상의 장소였지만, 살아가기에는 결코 좋은 자연 환경은 아니었다. 해안에서 내륙으로 100~150킬로미터 안쪽까지, 곳에 따라서는 150킬로미터보다 더 안쪽으로 들어가는 지점까지 맹그로브 숲으로 뒤덮인 습지대였기 때문이다. 대부분의 사람들은 수마트라 섬의 중남부 지역에서 생활하고 있었으며, 수출품인 안식향(安息香. 향료), 장뇌(樟腦. 휘발성과 방향이 있는 무색 반투명의 결정체로 방충, 방취제나 필름제조 등에 쓰인다-역주), 수지(樹脂), 다양한 향목, 목랍(木蠟. 옻나무의 익은 열매를 짓찧어서 만든 납, 양초나 성냥, 화장품 따위를 만드는 재료-역주), 밀랍(蜜蠟), 쌀, 목재, 상아, 금 등을 산출하고 있었던 곳은 습지대에서 내륙으로 들어간 삼림 지대로 수마트라 섬의 척량 산맥을 이루는 바리산 산맥의 산기슭이나 바리산 산맥의 고지대('보통 파당 고원' 특히 그 중심 지역은 현지 언어로 '다라트'라고 불리었다)였다.

수마트라 섬 중남부 지역의 최대 과제는 열대림 지대와 습지 지대를 무사히 지나 내륙의 산물을 말라카 해협까지 운반해가고, 다시 외부로부터의 수입품을 구입해 사람들이 사는 내륙으로 가져갈 수 있는 방법을 연구하는 일이었다. 이미 설명했듯이 울퉁불퉁한 열대의 삼림 지대에 길을 만들어 인마(人馬)나 수레로 대량의 물자를 운반하는 일이 쉬운 일은 아니었지만, 습지대에서는 아예 길을 만드는 일조차 불가능하므로 실제로 20세기까지 하천의 선박 수송이 유일한 교통 수단이었다. 이 같은 지리적인 조건을 염두에 두고 하천 교통로의 개요를 살펴보고자 한다.

하천 교통로의 개요

예로부터 수마트라에서는 하천이 교통로로 이용되었다는 사실을 이미 언급했는데, 그 구체적인 내용을 알게 된 것은 네덜란드 인이 이 지역을 방문한 기록을 남긴 19세기 말 이후였다. 2-5는 19세기 말부터 20세기 초까지 쓰여진 기록을 토대로, 다섯 개의 주요 하천에서 배가 이용되었던 최상류(最上流) 지점을 나타낸 것이다. 이 지도에서 알 수 있듯이 배는 이 하천들의 발원지에 가까운 곳에서도 이용되고 있었다.

수마트라 섬의 분수령을 이루는 바리산 산맥이 서해안 쪽으

말라카
말라카 해협
시아크 강
싱가포르
바리산 산맥
파타파한
캄파르 강
판카란 · 코타 · 바루
판카란 · 카파스
판카란 · 사리
판카란 · 인다룬
콴탄 · 인드라기리 강
파당 고원
무아라 · 푸란키스
바탕 · 하리 강
판카란 · 잠브
무시 강
무아라 · 무사우트
코타 탄중
루부크 쿤분
테빙 팅기
라하트
● 선박 수송의 최상류 지점
0
300 km

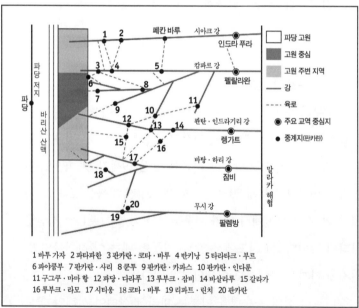

2-5 수마트라 중남부 지역의 다섯 개 하천(선박수송의 최상류 지점)

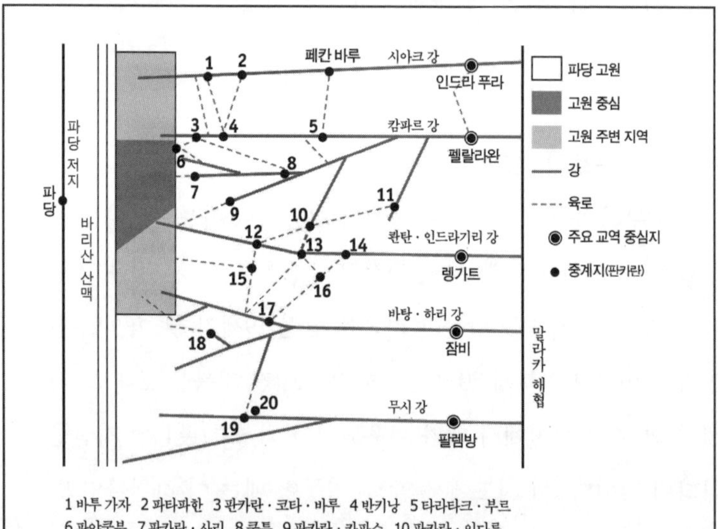

파당
파당 저지
바리산 산맥
페칸 바루
시아크 강
인드라 푸라
캄파르 강
펠랄라완
콴탄 · 인드라기리 강
렝가트
바탕 · 하리 강
잠비
무시 강
팔렘방
말라카 해협
파당 고원
고원 중심
고원 주변 지역
강
육로
주요 교역 중심지
중계지(판카란)
1 바투 가자 2 파타파한 3 판카란 · 코타 · 바루 4 반키낭 5 타라타크 · 부르
6 파야쿰부 7 판카란 · 사리 8 쿤투 9 판카란 · 카파스 10 판카란 · 인다룬
11 구그쿠 · 마마 항 12 파당 · 다라푸 13 루부크 · 잠비 14 바살라루 15 갈라가
16 루부크 · 라모 17 시티웅 18 코타 · 바루 19 리파트 · 린치 20 판카란

2-6 하천 교통로와 주요 육로망(陸路網)을 나타낸 개념도

로 치우쳐 있기 때문에, 그곳에서 발원하는 다섯 개의 하천은 그 지류의 지역까지 포함하면 수마트라 중남부 지역의 대부분 지역을 아우르고 있다. 강 유역에서 채취 또는 생산된 산물은 마치 무수한 지류가 합쳐져 대하(大河)를 형성하듯, 주류로 모아져 배를 통해 해외로 수출하고, 반대로 수입한 물건은 내륙으로 운반했다. 또한 바리산 산맥에서 동해안에 이르는 삼림 지대는 면적으로는 수마트라 중남부의 대부분을 차지하고 있었다. 한편 삼림 산물의 주요 생산지이지만 인구는 매우 적었다.

반면에 미낭카바우 족의 본거지인 파당 고원은 수마트라 섬에서도 인구가 가장 집중되어 있는 지역이었다. 더욱이 19세기 말에는 파당 고원의 상업권은 미낭카바우 족이 사는 서해안 연안의 저지대 지역(파당 저지(低地))과 일치하고 있기 때문에, 고지대와 저지대를 포함한 서수마트라 지방의 인구는 다섯 개의 하천 유역인 수마트라 중남부 지역은 총인구의 약 40퍼센트를 차지하고 있다. 따라서 서수마트라 지역은 수출품 생산지로도 수입품 소비지로도 이 다섯 개 하천 교통로의 가장 중요한 배후지였다.

2-6은 하천의 교통 구조를 도식화한 것으로, 이와 관련해서 다음의 네 가지 사항에 대해 설명하려 한다.

첫째는 각 하천마다 독립된 교통로로 이용된 것이 아니라 육로에 의해 서로 연결되어 있었다는 점이다. 즉 이 지역의 하천 교통로는 여러 강과 육로가 결합해서 네트워크를 이루고 있었다. 그리고 사람들은 그때그때 필요와 상황에 맞게 교통로를 선택하여 이용했다.

둘째는 강과 강을 남북으로 잇는 육로는 많았지만, 발원지인 바리산 산맥에서 해안까지를 동서로 잇는 육로는 전혀 없었다는 점이다. 즉 내륙에서 바다로 나가는 교통로는 하천밖에 없었다는 사실을 알 수 있다.

셋째는 각 하천의 가장 하류에 위치한 주요 교역 중심지가 하구에서 100킬로미터 가량 내륙으로 들어간 습지대나 습지대와 마른 땅의 경계 부근에 위치하고 있었다는 점이다. 이 교역 중심지는 하천 교역에서 직접 해외의 상인들과 접하는 국제 무역 항구이기도 했으며, 술탄이나 토후국의 수장이 있는 왕국의 수도이기도 했다. 나중에 시아크 스리 인드라푸라의 사례에서 자세히 설명하겠지만, 이러한 위치는 교역 면에서도, 왕도의 방위 면에서도 전략적으로 최상의 조건을 갖추고 있었다.

넷째는 하천 교통로에서 강과 강의 합류 지점이나 육로와 강이 만나는 곳에, 현지어로 '판카란'이라고 불리는 하항(河港)을 가진 교역 중계지가 발달했다는 점이다. 수마트라 중남부 지역의 하천 연안에는 상류에서 하류까지 '판카란'이라는 말이 붙은 지명이 매우 많다. 하천 교통은 한 척의 배를 이용해 상류와 하류를 왕복했다고는 볼 수 없기 때문에, 수출품의 집하(集荷)나 수입품의 판매를 위해 교통로의 중간에 중계할 장소가 필요했던 것으로 여겨진다. 이 중계지가 수마트라에서 언제쯤 형성되어 발전했는지는 분명하지 않지만, 판카란의 발전은 동남아시아의 해외 교역이 활발해진 15세기 말, 즉 '교역의 시대'가 시작되면서 함께 이루어졌다고 생각된다.

네덜란드 동인도회사(1602년 아시아 지역에 대한 무역·식민지 경영·외교 절충 등을 위해 이 방면의 여러 회사를 통합하여 설립한 독점적 특허 회사-역주)는 수마트라 중앙 지역의 풍부한 산물을 손에 넣기 위해, 서해안의 항구 도시 파당에 거점을 두고 교역을 했었다. 한편 17세기에 고원 지역에서 생산된 쌀, 커피, 향신료, 금의 대부분은 하천 교통로를 경유하여 말라카 해협 방면으로 수출하였다. 1786년에 말레이 반도의 페낭(Penang. 말레이 반도 북서쪽에 위치한 섬-역주)이 개항하자 이 경향은 한층 더 강해졌으며, 양 지역을 잇는 하천 교통로의 교역이 활발해졌다. 더구나 해외로부터의 수입품에는 소비재뿐만 아니라 이 지역 산업의 원료도 포함하고 있었으므로 하천 교역의 증가는 수마트라의 산업을 자극했다. 가령 하천을 경유하여 페낭으로부터 수입된 인도의 원면(原綿)을 이용하여 고원 지역의 직물 산업이 번성한 것이 그 일례라 할 수 있다.

싱가포르가 개항한 것은 페낭이 개항한 지 30년쯤 지난 후였다. 이는 파당 고원에서 동해안에 이르는 교역을 한층 더 말라카 해협으로 집중하게 한 동시에, 하천 교통의 중요성을 좀더 높였다. 18세기 말부터 19세기 초까지 해외의 수요 증가에 따라 커피와 감비아(염료, 가죽 무두질제, 기호품으로 쓰였다)가 고원 지역에서 대량으로 생산하여 역시 하천 교통로를 통해 싱가포르로 수출되었다.

1830년대에 파당 고원을 지배했던 네덜란드 세력은 고원 지역과 말라카 해협의 교역을 끊고, 고원 지역의 교역을 모두 자신들이 장악할 수 있는 서해안을 통해서만 할 수 있게 했다. 그러나 당시의 네덜란드 식민지 정부는 지류를 포함한 수마트라 중남부 지역의 모든 하천 교통로를 곧바로 자신들의 관리 체제로 전환하는 일이 쉬운 일이 아니었으며, 열대림과 습지대로 뒤덮인 동해안 지역을 지배할 수가 없었다. 네덜란드 식민지 정부가 하천 교통로와 동수마트라 지역을 완전히 장악한 시기는 19세기 말에서 20세기 초였다. 한편 19세기 말에는 파당 고원과 서해안의 파당 항구를 잇는 도로와 고원에서 채굴된 석탄을 파당 항구로 운반하는 철도가 건설되어, 동해안에 이르는 하천 교통로의 중요성은 조금씩 저하되었다. 그러나 하천은 20세기 초까지 주민의 중요한 교통로이자 교역로의 기능을 계속해 왔다.

그렇다면 하천 교통로에서는 배와 사람과 물자가 어떤 식으로 이동한 것일까? 구체적인 상황에 대해서는 앞으로 나올 시아크 강과 캄파르 강에서 설명하려 한다. 우선은 19세기의 일반적인 운수(運輸) 상황을 살펴보고자 한다. 당시에 말을 이용해서 짐을 운반할 경우 약 60킬로그램이 고작이었다. 또한 사람이 어깨에 지고 나를 수 있는 양은 본인이 먹을 식량과 의류,

야영 도구를 빼면 25킬로그램이 한계였다. 그러나 배를 이용하면 1톤 이상의 짐을 실을 수 있었다. 한편 배에 실은 짐이 강 상류에서 하류의 목적지 항구까지 줄곧 같은 배로 운반되는 경우는 적었다. 도중에 폭포 같은 장애가 있는 경우 그 곳에서 일단 짐을 내려 폭포 하류부터는 다른 배에 바꿔 싣고 가거나, 큰 배를 이용할 수 있는 지점에서 바꿔 실었다.

그리고 하천 교역이 순조롭게 기능하려면 선박의 통행 자유와 여행객의 안전이 확보되어야만 했다. 수마트라 중남부 지역의 하천은 특정 개인의 점유물이 아니라 누구라도 이용할 수 있는 통로라는 관념이 주민 사이에 잠재되어 있었다. 이 때문에 강 유역의 사람들은 적극적으로 하천 교역을 보호하고 장려했다. 그 중에는 하천 교통로에 형성한 마을에는 외부 상인과 그들의 상품을 도적에게서 지키기 위해 마을에 자경단을 두는 일조차 있었다. 아마도 권력자나 하천 교통로 주변의 주민은 자신들의 이익을 위해서는 이러한 자유와 안전을 보장해 주어야 한다는 것을 경험적으로 알고 있었다. 하천 교통에 관한 이러한 관념과 관행이 '하천 문화'를 이루었다고 볼 수 있다.

이상으로 수마트라 중남부 지역의 하천 교통의 개요와 그 역사를 살펴보았다. 다음은 시아크 강과 캄파르 강을 하천 교통로의 사례를 통해 하천의 교역과 교통이 구체적으로 어떻게 이루어졌는지 살펴보고자 한다.

시아크 강의 교통로

여기서 시아크 강과 캄파르 강을 예로 든 이유는 이 강들이 각자 독립된 교통로로 이용하면서도 동시에 서로 연결된 접점 (接点)이 있어, 사람들은 이 두 강의 교통로를 서로 대체하는 식으로 이용했기 때문이다. 캄파르 강과 콴탄 인드라기리 강처럼 서로 인접하는 다른 강도 마찬가지다. 따라서 여기서 소개하는 시아크 강과 캄파르 강은 서로 대체할 수 있는 하천 교통로의 일례로서도 큰 의미를 지닌다.

시아크 강 유역에 위치한 주요 마을과 도시는 상류부터 차례로 파타파한, 페칸 바루, 시아크 스리 인드라푸라, 이렇게 세 곳이다(2-7). 이 뱃길은 바투 가자까지도 가능했지만, 상류 지역에서 가장 중요한 상업 중심지는 파타파한이었다. 이 지역에서는 적재 중량이 1~2톤 가량 되는 배를 이용했다. 18세기 말에 시아크 강 상류와 파당 고원의 일부에서 감비아 재배가 시작되자, 파타파한은 감비아의 집화지(集貨地)로서 또한 해외에서 들어온 수입품의 집적지(集積地)로서 번영했다. 당시에는 파탄파한에서 상인이 강을 따라 내려와 말라카 해협을 넘어 페낭과 직접 교역을 했다. 파당 고원의 리마 푸르 코타 지역에 사는 미낭카바우 족은 예로부터 파타파한과는 우호 관계에 있었기 때문에, 그들은 먼 거리에도 불구하고 캄파르 강을 넘어 금과 그 밖의 수출품을 시아크 강의 파타파한을 경유해 수출했다.

그러나 19세기 초에 파당 고원에서 커피 재배가 번성하자,

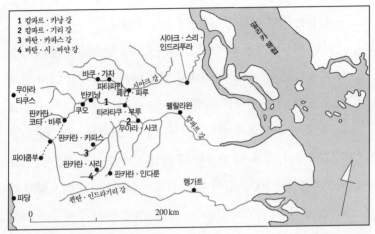

2-7 시아크 강—캄파르 강의 교통로

파타파한의 중요성은 조금씩 떨어지고 대신 페칸 바루의 중요
성이 커졌다. 금이나 상아 같은 값비싼 상품을 소량 운반하는
경우와 달리, 커피 같이 대량으로 수출하는 상품의 경우 거리
상 훨씬 가까운 캄파르 강을 이용하는 것이 더 편리했기 때문
이다. 이 경로는 파당 고원의 파야쿰부(Paya Kumbuh)에서 우선
캄파르 강의 하항(河港)인 판카란 코타 바루로 운반하여 그곳에
서 다시 타라타쿠 부루까지 배로 운반했다. 타라타쿠 부루에서
는 18킬로미터 떨어진 페칸 바루까지 육로로 운반했다. 1869년
에 수에즈 운하(Suez Canal. 지중해와 홍해·인도양을 잇는 운하-역
주)가 개통되자 유럽과 아시아 해운은 비약적으로 발전했다. 따
라서 커피보다는 좀더 무겁고 부피가 큰 등나무(야자나무과의 덩
굴식물, 줄기는 의자, 침대 등의 공예 가구를 만드는데 쓰인다-역주)나

목재 같은 삼림 산물도 다량으로 수출하였다.

페칸 바루에서는 배로 직접 싱가포르나 말라카로 가는 경우
와 시아크 스리 인드라푸라에서 짐을 내려 그곳에서 다시 말레
이 반도의 여러 항구와 유럽, 중국으로 운반하는 경우가 있었
다. 1878년에 영국의 선박 회사가 싱가포르에서 페칸 바루 간
의 항로를 개설해 이 때부터 증기선 시대가 시작되었지만, 그
때까지는 60~100톤 급의 대형 현지선(現地船)이나 적재량이 더
욱 큰 중국인의 정크 선(Junk. 중국의 범선-역주)이 항구의 해외
교역을 떠맡은 주요 운송 수단이었다. 페칸 바루에서 싱가포르
까지는 증기선으로 일주일이 걸렸다. 현재 이 항구 도시는 목
재나 그 외의 산물을 구입하러 외국 선박이 말라카 해협에서
직접 찾아드는 국제 무역 항구이다(2-8).

시아크 스리 인드라푸라는 18~19세기에 번영한 시아크 왕
국의 수도이자, 시아크 강 가장 하류에 위치한 국제 무역항, 즉
항구 도시였다. 19세기 말까지 술탄은 중류, 하류 지역에 대해
서 특정 수입품의 전매권을 행사하는 한편, 자신의 배를 이용
하여 무역 활동을 하고 있었다. 그러나 19세기 초, 영국과 네덜
란드의 간섭을 받으면서 술탄의 영향력과 왕실 교역이 쇠퇴해
갔다. 1881년에는 네덜란드의 증기선이 이 항구에 정기적으로
기항하였다. 그러나 시아크 강의 교역 중심지는 점차 중류의
페칸 바루로 옮겨갔다. 아마도 시아크 스리 인드라푸라의 지리
적인 조건 때문이었다.

2-8 페칸 바루를 찾아드는 대형 외양선

　시아크 스리 인드라푸라는 습지대 안에 있는 얼마 안 되는
마른 땅에 관세를 징수하거나, 수출입품을 장악하는 데는 매우
안성맞춤인 곳에 자리잡고 있었다. 더욱이 육로로의 밀수도 불
가능했으며, 감시의 눈을 피해 배로 밀수할 수도 없었다. 방위
(防衛) 면에서는 주위가 습지이기 때문에 육지로부터 외적에게
습격당할 일도 없었고, 배를 타고 강으로 들어 온 경우에는 바
다 양쪽에서 대포 같은 무기로 공격할 수 있었다. 그러나 네덜
란드 지배하에서는 이런 이점도 그리 중요하지 않았다. 육로가
없다는 점이나 많은 사람들이 살 수 있는 도시를 만들 토지가
충분하지 않다는 점 등은 이곳이 상업 중심지로는 오히려 부적
당한 곳이 되고 말았다. 현재 시아크 스리 인드라푸라는 도시
라기보다 오히려 '마을' 이라고 하는 편이 더 어울릴 정도이고,
주변의 마을이나 도시를 잇는 육로는 없으며 오로지 배만이 교

통 수단이다.

그런데 시아크 스리 인드라푸라라는 명칭 중 '스리'는 산스크리트 어의 경칭(敬稱)이지만 인드라푸라는 인도의 베다 주신(主神) '인드라'와 '도시' 또는 '도(都)'를 의미하는 '푸라'의 합성어이고, 말레이 세계에서는 '왕도(王都)'를 의미한다. 이는 단지 명칭 문제에 불과할지 모르지만 캄파르 강 상류 지역인 무아라 타쿠스의 사례로 살펴보면 옛날 인도 문화가 수마트라에 전파되었을 때, 이곳이 하나의 창구(窓口) 역할을 했을 가능성이 높다. 18세기 말에 세워진 시아크 왕국은 이슬람 왕국이었다. 왕국이 가장 번영하던 시기에는 아랍 인과의 혼혈이 술탄이 되었다는 사실에서도 알 수 있듯이, 시아크 왕국은 이슬람교나 이슬람 문화를 받아들였고 이 항구 도시는 그것을 지역 주민들에게 전파하는 거점이었을 것이다.

현재 이 도시에는 예전의 선창이나 외국 상인이나 외교관을 맞이한 영빈관(迎賓館)과 알현실(謁見室), 왕궁, 왕궁 앞의 대포, 이슬람 식 묘석 등이 남아 있다. 이들은 말라카 해협을 중심으로 한 말레이 세계의 왕국이 어땠는지를 구체적으로 알 수 있게 해 주는 얼마 안 되는 유적이다. 왕궁은 유럽 식의 석조 건물이고(2-9), 내부에는 유럽 식 군복을 입고 '카이저 수염(양끝이 치켜 올라간 콧수염. 독일 황제 빌헬름 2세의 콧수염에서 유래된 명칭-역주)'을 기른 술탄의 초상화가 걸려 있다. 또한 유럽에서 수입한 엄청난 수의 와인 잔과 대형 오르골(음악 상자) 등 역대 술탄

2-9 유럽의 성을 떠올리게 하는 시아크 왕국의 왕궁(시아크 스리 인드라푸라)

들이 수집한 물건이 진열되어 있다.

유럽 문화에 대한 이러한 취미나 동경이 왕도에 사는 왕후나 귀족 같은 상류 계급에만 해당되는지 아니면 내륙의 일반 주민에게도 어느 정도 확산됐는지 정확히 확인할 방법이 없다. 그러나 17세기 네덜란드의 자료에 수마트라 내륙 지방에 사는 사람들이 당시 말라카 해협 주변에서 유행하던 무늬 있는 옷감을 구하고 있다는 내용이 기록되어 있는 것을 보면, 일반 사람들도 현지의 지배층의 패션을 흉내 내거나 실제로 구입하지 않았어도 유럽의 문물에 대해 동경을 품고 있을 가능성은 충분하다. 아무튼 유럽과 동남아시아 여러 지역의 문화나 유행이 하천의 교통로를 따라 상류로 전해졌다는 사실은 틀림이 없다.

캄파르 강의 교통로

캄파르 강의 교통로에는 ① 파당 고원의 파야쿰부 판카란 코타 바루 타라타쿠 부루(육로), ② 파야쿰부 쿠오 무아라 사코 펠랄라완을 경유하는 캄파르 카낭 강 경로, ③ 파당 고원에서 캄파르 강, 기리 강의 지류를 지나 펠랄라완으로 나오는 캄파르 기리 강 경로, 이렇게 세 가지가 있다. 이 가운데 역사적으로는 두 번째 경로가 가장 중요한 교통로였다.

캄파르 강은 예로부터 수마트라의 내륙과 외부 세계를 이어 주는 중요한 교통로였다. 캄파르 카낭 강 상류에 위치한 무아라 타쿠스에는 불교 유적(사리탑과 사원)이 현존한다(2-10). 이 불교 사원들의 건축 연대는 정확히 알 수 없지만, 대략 12세기에서 15세기 사이에 지어졌을 것으로 보고 있다. 아무튼 이 하천 경로가 꽤 오래 전부터 교통로로 이용되었음은 틀림없는 사실이다. 주석이 나오는 이 지방은 17세기에는 하천을 경유해서 말라카와 직접 교역을 했다. 1830년대의 기록에 적힌 선박 수송의 실태를 보면, 파당 고원의 파야쿰부에서 육로로 판카란 코타 바루로 가서 그곳에서 다시 배로 싱가포르까지 가는 데 걸리는 시간은 도중에 짐을 옮겨 싣는 기간을 포함해 23~24일이고, 강을 거슬러 다시 돌아가는 데 걸리는 시간은 한 달 가량이었다. 이 교통로의 총 거리는 정확히 알 수 없지만, 지도상에서 대략 계산하면 550킬로미터 정도이다. 따라서 강을 거슬러 올라가는 경우와 내려가는 경우를 평균하면 하루의 이동 거리

2-10 무아라 타쿠스의 불교 유적

는 20킬로미터가 조금 안 된다.

캄파르 기리 강은 지류와 육로를 경유해서 수마트라 중앙의 대부분 지역과 연결되어 있었다. 파당 고원에서 이 강 상류에 있는 지류의 항구 도시까지 육로로 이틀, 그곳에서 하류의 주요 도시인 펠랄라완까지 배로 10일에서 11일 걸렸다. 여기서 선박 운송을 이용한 구간만을 대략 계산해 보면, 강의 굴곡진 부분까지 포함한 거리는 2백 킬로미터가 넘는다. 따라서 당시 배로 이동하는 거리는 하루에 20여 킬로미터라는 것을 알 수 있다. 이 사례와 앞에서 들었던 판카란 코타 바루 경유의 사례를 종합하면, 수마트라의 하천 교통의 하루 이동은 대략 20킬로미터 가량이라고 볼 수 있다. 이 수치와 앞에서 언급한 비엔티안에서 아유타야까지 하루 이동 거리가 육로로 4킬로미터인 것을 감안하면, 하천의 선박 운송이 얼마나 효율적인가를 알 수 있다.

배의 운반 능력을 보면, 상류에서는 고작해야 0.6톤급의 배만 사용할 수 있는 데 비해 중류 지역에서는 6톤급의 배를 이용할 수 있었다. 펠랄라완을 거점으로 한 수장(首長)은 펠랄라완-싱가포르 간의 해상 수송을 자신 소유의 대형 선박으로 독점하고 있었지만, 페칸 바루에 증기선이 기항하게 되자 타라타쿠 부르보다 상류 지역에 사는 사람들은 점차 페칸 바루를 경유하는 교역을 선호하게 되었다. 그러나 이는 캄파르 강 교통로가 이제 중요하지 않게 되었다는 사실을 뜻하는 것이 아니라, 최종 출하 항구가 펠랄라완에서 시아크 강 교통로의 페칸 바루로 옮겨갔다는 것을 의미한다.

캄파르 카낭 강에서는 지금도 하천 교통을 이용하고 있다. 예를 들면, 중류 지역의 고무 산지인 방키낭(Bangkinang) 부근에서는 채취한 고무액을 건조시켜 고체 형태로 만든 뒤, 그 고무 시트를 끈으로 묶어 강에 띄운다고 한다.(2-11) 그곳에 배를 묶어 둔 것을 보면 이 고무 시트를 배에 실어 하류에 있는 공장으로 운반했을 것으로 보인다. 이 부근까지는 엔진이 달린 배도 운행중이다. 또한 무아라 타쿠스 근처의 상류에서는 지금도 배를 일상적인 교통 수단이나 운송 수단으로 이용하고 있다. 나는 예전에 열 사람과 짐을 실은 배가 뱃사공의 교묘한 장대 놀림으로 요리조리 나아가면서 상류로 올라가는 모습을 본 적

2-11 배로 운반되는 고무 시트(방키낭 부근)

2-12 배 만들기(무아라 타쿠스 부근)

이 있었다. 또한 이 지역에서는 강가 옆에 만들다 만 배(2-12)
나 완성된 배가 여러 척 놓여 있었다. 이 일대에서는 대부분의
가정이 배를 소유하는데, 주민의 말에 의하면 간단한 배는 2주
일이면 만들 수 있다고 한다. 아마도 배 만드는 기술은 수마트

라 강가에 사는 사람들에게는 일상적인 생활 기술이었는지 모른다.

맺음말을 대신하여

강을 '내륙으로 파고든 바다 세계'라고 한다면, 우리가 갖고 있는 폐쇄적인 내륙이라는 이미지는 수정할 필요가 있다. 수마트라 중남부 지역의 사례에서 봤듯이, 하천의 선박 운송은 내륙의 깊숙한 곳까지 운행되었다. 수마트라는 말라카 해협 주변의 국제 무역을 통해서 경제적인 번영을 누려 왔다. 이를 가능하게 한 것은 내륙과 말라카 해협을 잇는 하천 교통이었다. 또한 강은 사람과 물자뿐만 아니라, 힌두·불교 문화, 이슬람 문화 같은 해외 문화를 내륙으로 전파했다는 사실을 우리는 기억해야 한다. 경제적인 번영과 관련하여 등장한 정치 권력과 종교, 문화, 이슬람의 전파와 보급이 하천 교통과 깊이 관련되어 있다는 것을 고려하면, 수마트라 중남부 지역의 역사는 바로 강을 축으로 해서 전개해 나갔다고 해도 과언이 아니다.

수마트라 중남부 지역의 역사에서 강이 중요한 역할을 담당했던 한 가지 이유는, 이 지역이 습지림과 울창한 열대림으로 뒤덮여 있어 실제로 강이 유일한 교통 수단이었기 때문이다. 그러나 습지림이든, 열대림이든, 또는 수목이 전혀 없는 건조 지대이든, 강을 이용한 배의 운반 능력은 그 적재량이나 속도에서 가축이 끄는 수레를 이용해 육로로 이동하는 경우에 비해 훨씬 효율적이었다는 것을 알 수 있다. 수마트라만이 아니라 동남아시아에서는 설사 육로가 있다 해도, 하천의 선박 이용이 가능하다면 될 수 있는 한 배를 이용했다. 더구나 하천의 선박 운송에는 교통로에서의 정치적인 문제나 치안 문제가 비교적 적었다는 이점도 있었다. 강이 지닌 이러한 이점들을 생각하면 가령 왕도(王都) 같은 동남아시아의 정치 경제의 중심지가 하천 교통의 출입구에 해당하는 하류의 항구 도시였거나, 내륙에 있는 경우라도 하천 교통을 이용할 수 있는 강 유역에 위치하고 있는 상업 중심지였던 사실을 이해할 수 있다.

오늘날 우리는 강의 중요성을 느끼지 못하는 것 같다. 무엇보다도 현대에는 포장도로와 자동차에 의한 이동과 운반이 발전했기 때문에, 굳이 하천 교통을 이용하려고 하지 않는다. 그러나 예전의 동남아시아뿐만 아니라 오늘날의 세계 주요 도시를 봐도 그 대부분이 하구에 가까운 항구 도시이거나, 내륙의 경우라도 최소한 과거에는 하천 교통을 이용할 수 있었던 강 유역에 위치하고 있었다. 이는 세계 각지의 역사 과정에서 강이 얼마나 큰 역할을 해 왔는지를 말해 준다.

제3장

삶과 바다

우리가 자연으로부터 받은 수명은 비록 짧지만, 잘 소비된 일생의
기억은 영원하다.
- 키케로(Marcus Tullius Cicero)

앞 사진 | 상어지느러미와 해삼을 말리고 있는 모습. 부퉁섬

동아시아 어민들의 생활

기타마도 도키오 北窓時男

　인도차이나 반도에서 뉴기니 섬까지의 광활한 열대 해역에
는 크고 작은 섬들이 이어져 있고, 그곳에는 서로 다른 언어와
문화를 가진 수억의 사람들이 살고 있다. 바다는 삶의 터전이
고, 교역을 위한 항로이며, 생산의 대상이다. 사람들은 황토 바
다나 맹그로브 바다에서, 또는 산호초 바다에서 식량과 상품이
될 만한 수산 자원을 좇아, 그 속에서 여러 가지 묘안을 짜내면
서 어로 기술을 발달시켜 왔다.

　동남아시아의 어민과 어업을 한 마디로 표현한다면 '다양
성'일 것이다. 우선 그 의미에 대해 살펴보고자 한다.

　첫째는, 활동의 주체가 되는 사람들의 다양성이다. 그들은
각기 다른 언어와 문화를 가진 다양한 민족 집단에 포함된 사
람들이고, 지역 속에서 모자이크 식으로 살아가고 있다. 또한

각 지역의 기후, 기상, 지질, 지형, 바다의 성격, 경관 등이 그 곳에 사는 사람들의 생활과 문화에 영향을 주며, 인간과 자연의 상호 작용의 결과로서 풍토가 형성되었다. 그 때문에 각각의 풍토에 맞는 생산 방식이 다양하게 존재하고 있는 것을 볼 수 있다.

둘째는, 생산의 대상이 되는 자원의 다양성이다. 산호초 바다 속으로 잠수해 들어가면, 가지각색의 물고기가 떼를 지어 헤엄치고, 각종 갑각류나 패류와 해조 등 수중 생물의 종류가 다양하다. 맹그로브 지역은 여러 가지 치어의 생육을 유지하는 '요람'으로서 수산 자원의 다양성을 유지하고 있다. 반면에 생물의 종류가 다양하다는 것은 그만큼 동일 종의 생산량이 적다는 것을 의미한다. 따라서 수산 자원을 획득하기 위한 방법에서도 다양성을 띨 수밖에 없다.

셋째는, 생업 형태의 다양성이다. 이 지역에 사는 사람들은 모두 어민이자, 농민이고, 교역민이기도 하다. 그들은 지역의 자원 특성과 이해 관계를 파악하여 그 장소와 시간에 가장 적합한 생업을 선택하는 데에 이로운 점이 있다.

이와 같은 다양성에 관한 논의를 근거로, 여기서는 동남아시아 도서 지역에서 행하고 있는 몇 가지 어업을 예로 들어보고자 한다. 그것이 어떤 사람들에 의해, 어떤 현장에서 행해지고 있는지 옴니버스 형식으로 묘사했다. 이 바다에서 생활하는 어민들의 이미지를 한껏 떠올릴 수 있기를 바란다.

1. 노동과 놀이 — 갈렐라의 선망 어획

봉제직인에서 어민으로

할마헤라 섬의 북쪽에 위치한 갈렐라(Galela) 해변에서 스케치를 하고 있던 내 등 뒤에, 선량한 눈매에 콧수염을 멋있게 기른 압둘라 씨가 서 있었다. 그는 외국으로 바나나를 실어 보낼 큰 화물선이 들어오는 항구 앞에서 조그만 가게(와룬)를 경영하고 있다. 부인은 세제나 과자 같은 잡화를 팔면서, 배가 도착하면 하역을 위해 모여든 사람들에게 간단한 식사나 음료를 팔고 있다. 압둘라 씨는 이곳에서 하역을 하면서 짬짬이 선망 어획 (旋網. 한 장의 긴 그물로 되어 있으며, 어군을 둘러싸 감은 다음 그물의 끝단을 죄어 고기가 도망가지 못하게 해 놓는다. 그 다음 그물 속의 고기를 잡아 올리는 방법-역주)을 하는 어민이기도 하다.

압둘라 씨의 아버지는 테르나테(Ternate. 인도네시아 몰루카 제도 중앙에 있는 작은 섬-역주) 인이고, 어머니는 상기에(Sangihe. 인도네시아 셀레베스(술라웨시) 섬 북동 반도와 필리핀 민다나오 섬 남단 사이에 있는 제도-역주) 인으로, 1956년에 모로타이 섬(Morotai. 인도네시아 할마헤라 섬 북쪽에 있는 섬-역주)에서 태어났다. 테르나테인은 몰루카 북부의 중심지인 테르나테 섬에 거주하는 민족 집단이고, 상기에 인은 술라웨시 섬 북쪽에 떠 있는 상기에 제도를 본거지로 하는 사람들은 말한다. 모로타이 섬은 할마헤라 섬의 북쪽에 위치한 섬이다.

3-1 와룬 앞에 선 압둘라 씨와 부인

압둘라 씨가 철들 무렵, 이미 가족은 테르나테 섬으로 이주했다. 그는 그곳에서 중학교를 다니던 때부터 양복 만드는 기술을 배우기 시작했다. 그는 열여덟 살 때, 갈렐라에서 일하고 있던 형만 믿고 이곳으로 왔다. 압둘라 씨는 갈렐라에서 양복 봉제 기술자로 생활을 시작했다. 갈렐라에 온 지 일 년이 다 되었을 때, 당시 열세 살이었던 테르나테 인의 부인과 결혼했다. 압둘라 씨 부부는 그 후 이 년 터울로 아이를 낳아 모두 4남 4녀를 두었다.

그 후 압둘라 씨에게 전기(轉機)가 찾아온 것은 서른한 살 때였다. 허리를 다친 그에게 의사가 봉제 일을 그만두라고 충고했다. 그가 어업을 시작한 것은 이 때부터이다. 자린 쿠치루라고 불리는 소형 선망을 손에 들고 4~6명이 탈 수 있는 소형 배를 이용해 고기를 잡기 시작했다. 이 년 후에는 그물 아래쪽에 장치한 고리에 로프를 걸어, 그물로 가둬 놓은 고기떼가 아래로 빠져나가지 못하도록 로프로 그물 아랫단을 닫을 수 있는 선망을 만들기 시작했다.(3-2) 양복 봉제로 단련된 압둘라 씨

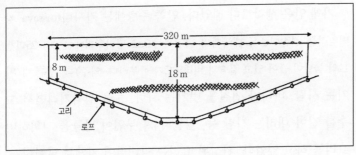

3-2 압둘라 씨의 선망

에게 이 일은 매우 쉬운 일이었다.

도시 생활과 촌의 생활

압둘라 씨의 선망 어획에 따라가 보려고 점심 식사 후에 압둘라 씨 가게로 찾아갔다. 전날에는 갈고등어를 260킬로그램이나 어획했다는 말을 듣고 기대에 부풀어 출어(出漁)만을 기다렸다.

가게에서는 항구에서 하역 일을 끝낸 몇 사람이 쉬면서 식사를 하고 있었다. 그 날의 메뉴는 고추와 붉은 양파와 토마토를 간 것에, 레몬과 약간의 조미료를 첨가해 만든 타레에 구운 생선 토막을 적신 요리와, 몇 가지 야채를 코코넛 밀크로 조린 것에 미펀(米粉. 쌀을 원료로 하여 만드는 건면, 불투명한 백색의 가늘고 긴 면으로 더운물에 말아먹는다-역주)과 밥이 딸려 나왔다. 이렇게 배부르게 먹을 수 있는 식사 한 끼가 4,000루피아(1999년 3월 기준으로 약 56엔)였다. 참으로 싸고 맛있는 음식이었다.

가게 안은 생각보다 넓었다. 안쪽 주방에는 카사바(cassava. 쌍떡잎식물 쥐손이풀목 대극과의 낙엽관목으로 덩이뿌리에는 20~25퍼센트의 녹말이 들어 있고 칼슘과 비타민C가 풍부하다-역주)를 기름에 튀기는 사람, 바나나 껍질을 벗기는 사람, 눈을 깜빡거리면서 고추를 갈아 내리는 사람 등, 압둘라 씨 부인이 딸들을 지휘하며 요리를 하고 있었다. 완성된 요리는 막내딸이 가게로 날랐다.

아이들이 나름대로 노동력을 제공하는 광경을 보니, 정부가 아무리 가족 계획(출산 억제 정책)을 추진해도 사람들이 자식을 많이 낳는 것을 선호하는 심정을 알 수 있었다. 이는 어업이라는 생업에서도 마찬가지였다.

한편 남술라웨시에서 칼리만탄 동해안의 저습지대로 가족이 함께 이주하는 부기스 인이 있었는데, 이주한 곳은 가옥 몇 채가 모여 있는 마을이며, 근처에 학교는 없었다. 아버지는 아들을 2년 동안만 초등학교에 보내고, 그 뒤로는 자신의 배에 태워 바다로 데리고 다니며 고기 잡는 일을 가르쳤다. 그런가 하면 근처 도시로 옮긴 다른 부기스 인 가족은 호텔을 경영하며, 딸을 고등학교에 보내고 있었다. 칼리만탄 동해안의 소도시나 그 주변의 마을을 봐도 촌의 생활과 도시 생활이 나름대로 성립되어 있었다.

아이들을 학교에 보내 기술자나 공무원으로 키우려는 도시의 생활과 마찬가지로, 부모가 자식을 직접 가르쳐 부모의 생업을 자식이 이어가게 하려는 촌의 생활이 있었다. 도시 생활과 촌의 생활이 똑같은 의의를 가지고 존재하고 있었으며 그 경계선 또한 희미했다.

노동과 놀이의 경계선

저녁 무렵이 되자 압둘라 씨의 배가 가게 앞으로 회항했다. 그물 도구를 정리하거나 연료용 기름을 보충하는 등 때마침 내리는 빗속에서 출어 준비가 시작되었다. 멤버는 압둘라 씨를 중심으로 중학생 5명과 고등학생 2명을 포함하여 10명이 있다. 소년들은 작업하면서 뛰어다니며 놀고, 놀면서 작업을 했다. 잠시 후 준비를 끝낸 배는 해변에서 바다로 미끄러지듯 나아갔다.

200미터 가량의 앞바다로 나아가 고기떼를 탐색했다. 압둘라 씨는 10센티미터 가량으로 자른 야자 잎을 바다로 훌훌 뿌렸다. 마른 야자 잎은 물위에 떠다니고 있었으며, 고기떼는 이것을 좋아한다고 했다. 5명의 연장자만 고기떼를 탐색할 수 있을 뿐, 소년들은 배에서도 재미있게 노느라 정신이 없었다. 그렇다고 이를 나무라는 연장자는 한 사람도 없었다.

수면 가까이에 날아드는 새를 관찰하고 고기떼를 발견했다. 고기떼의 이동 방향으로 배를 몰면서 고기떼가 가는 방향을 차단하듯 그물을 내리고 나서 모든 그물 장비를 바다로 던지기까지 7~8명이 바다로 뛰어들어 고기떼를 위협했다.

투망이 끝나고 바다로 뛰어든 사람들은 차례대로 다시 배로

3-3 그물을 정리하며 출어 준비를 하는 모습(놀면서 하는 작업)

올라왔다. 그들은 그물을 올리기 시작했으며, 석양에 빛나는 갈색 피부에서 물방울이 떨어지는 것이 보였다. 놀이 속에 진지함이 가득 차 있는 순간이었다. 붉게 물든 저녁 노을 너머로 모스크에서 이슬람교의 기도 시간을 알리는 아잔의 아름답고 한가로운 소리가 울려왔다.

근처에서 미끼 달린 줄을 수중에 끌고 다니며 혼자서 노를 저어 고기를 잡던 조그만 배는 고기 몇 마리인가가 걸려 들었는지 의기양양하게 끌어올리고 있었다. 우리 배는 몇 번인가 그물을 던지고 올리기를 반복했지만 수확은 별로 없었다. 성과는 신만이 알고 있을 것이다. 땅거미 내린 어둠 속에서 밝게 빛나는 바나나 적재 화물선을 등대 삼아 압둘라 씨의 조그만 가게로 돌아왔다. "오늘은 허탕이야" 하고 작게 말하는 압둘라 씨를 부인은 웃는 얼굴로 맞이했다.

배에 함께 탔던 소년들은 놀이 감각으로 노동에 참가하고 있었다. 어릴 적부터 취업 훈련을 받고 있다는 것이며, 노동과 놀이가 미분화된 상태가 일상화되었다고도 할 수 있다. 이런 상황은 갈렐라뿐만 아니라 동남아시아의 여러 지역과 현장에서 볼 수 있었다. 노동 속에 놀이 요소가 가득 있었고, 어디까지가 놀이이고, 어디까지가 노동인지 그 경계선도 뚜렷하지 않았다. 조직화된 선상 노동에서 아이들이 놀이 요소를 받아들이면서 활기차게 일하는 모습이 무척 인상적이었다.

나는 이러한 관찰로 노동과 놀이의 경계선이 없고, 새로운 어떤 분야로 쉽게 참여할 수 있는 그들의 풍토를 엿볼 수 있었다. 사람들은 놀이 감각으로 노동에 참여하고 체험을 통해서 스스로의 경험을 넓혀 가고 있었다.

2. 어민들의 가다랭이 외줄낚기 어업

몰루카 해의 두 종류의 어로 방법

일란통교조사회(日蘭通交調査會)의 명(命)을 받아 동남아시아 개척 조사를 기획한 에가와 순지(江川俊治)는, 1918년 10월에 일본을 출발해 이듬해 3월에 몰루카 제도의 테르나테 섬에 도착했다. 그는 할마헤라 섬에서 모로타이 섬까지의 탐색을 통해 가다랭이 자원이 풍부하다는 사실을 발견했다. 그는 일단 다시 일본으로 귀국했지만, 그 해 다시 이곳을 방문해 할마헤라 섬의 카우만 연안에 지낼 곳을 마련했다. 그는 그곳의 풍부한 사고 전분을 싱가포르에 판매하는 일을 모색하면서 부업으로 카우만에서 정어리 어업을 시작했다. 동시에 가다랭이 어업에 관한 조사를 실시하여 그 유망성을 확신했다.

이를 계기로 1925년에는 오사카 히무로(大阪氷) 조합의 히무로 마루(氷實丸)가, 1927년에는 가고시마 섬(鹿兒島)의 수산업자 하라코(原耕)를 이끌고 치요마루(千代丸)가 가다랭이 어업을 목적으로 찾아왔다. 그 후 태평양 전쟁이 일어나기까지 일본인에 의한 가다랭이 어업이 이 지역에서 성행했다. 훗날의 일이지만, 일본 선박에 의한 조업 방식은 인도네시아가 독립한 뒤 현지 어민에게 토착화되어 '후하테(Huhate)'라고 불리게 되었다.

한편 에가와 순지가 이 지역을 방문했을 때, 이곳은 이미 가다랭이 외줄낚기 어업(목적물을 한 마리씩 낚아 올리는 것을 주안으로 한 것이며, 구조상 한 가닥의 줄에 한 개의 낚시를 단 어구—역주)이 성행하고 있었다. 배 한 척에 10명이 타고 손으로 노를 저었고 바람이 있으면 돛을 달았다. 가다랭이 떼를 발견하면 전속력으로 달렸고, 고기떼에게 먹이로 활어(活魚)를 던졌다. 고기를 낚는 사람은 토모(배의 뒷자리)에 앉아, 한 손으로 낚싯대를 잡고 다른 손에 잡은 카이베라(물을 떠내기 위해 대나무를 국자 모양으로 만든 도구)로 물을 긁어 배 뒤쪽으로 물보라를 일으켰다. 고기가

3-4 모로타이 섬의 전통적안 가다랭이 외줄낚기 어법

걸리면 낚싯대를 위로 올려 겨드랑이에 고기를 바싹 끼고 낚시 바늘을 뺀다. 가다랭이를 낚는 동안에도 어선은 아주 느린 속도로 앞으로 나가고 가다랭이 떼가 항상 배 뒤쪽에 위치하도록 배를 조정했다. 이 어로 방법은 그 뒤 어선의 동력화와 카이베라에서 펌프에 의한 살수(撒水)로 바뀌었을 뿐, 푸나이(Funai)라고 불리며, 그 방법은 아직도 이용되고 있다.

아시아에서의 어법의 분포

카이베라를 이용한 어법(漁法)은 다이쇼 시대까지 재래식 목조선을 이용하여 일본 각지에서 행해졌다. 1913년에 발행된 《어로론(漁撈論) 전(全)》(가와이 카쿠야(川合角也) 저)에 따르면, 배후미에서 죽은 먹이를 끌면서 배가 달리다가 이것에 가다랭이가 유인되면 먹이로 활어를 바다에 던진다. 배의 맨 앞에 선 헤노리(배 선원 중 가장 낚시 기술이 뛰어난 사람의 직함)가 먼저 낚시바늘에 먹이인 정어리를 끼운 채 물위로 끌고 다니고, 카이베라로 물보라를 일으키면서 가다랭이를 유인한다. 처음으로 한 마리가 걸리면 배의 앞머리와 뒤쪽에 자리잡은 모든 어부가 앞다투어 낚시를 시작한다.

에가와 순지가 본 현지의 어로 방법과의 차이점은 낚시하는 사람의 배치와 배의 움직임이다. 몰루카 제도에서는 낚시하는 사람이 배 뒤쪽에 자리잡고서 가다랭이 떼를 배 뒤편에서 낚는 것에 비해, 다이쇼 시대까지의 일본 목선은 낚시하는 사람을 배의 앞부분과 뒷부분으로 나누어 배치한다. 가다랭이를 낚는 동안 배를 전진시키는 지의 여부에 대해서 가와이는 정확하게 서술하지 않았지만, 낚시하는 사람의 배치로 보면 배를 정지시켜 놓고 가다랭이를 낚지 않았나 싶다. 노를 저어 배를 앞으로 나가게 하면서 낚시를 하는 몰루카 제도와 다른 점이다.

가다랭이 외줄낚기 어법은 인도양의 몰디브 제도나 일본의 남서 제도에서도 찾아볼 수 있다.

1343년에 몰디브 제도를 방문한 이븐 바투타(1304~1368. 중세 이슬람의 여행가-역주)에 의하면, 몰디브 인은 아라비아, 인도, 중국(원나라)과 정기적으로 무역을 했고 이 나라들에 용연향(龍涎香. 향유고래에서 채취한 향료), 대모갑, 야자줄기와 함께 가다랭이

포를 수출했다. 또한 어로 문화인류학자인 J. 호넬은 몰디브 제도의 가다랭이 외줄낚기 어법에 대해서 '배는 고기떼를 향해 나아가며, 배에 탄 사람은 모두 낚싯대를 잡고, 고기떼는 배의 뒤쪽으로 오게 한다'라고 기록했다.

오키나와 현(沖縄県)에서는 1900년대 이후에 일본 본토식의 가다랭이 외줄낚기 어법이 보급되었다. 그러나 쿠로시오(黒潮. 일본열도를 따라 태평양을 흐르는 난류-역주) 해류를 따라 북상하는 가다랭이 떼는 그 이전부터 일본 남서 제도 각 지역에서 어획 대상이 되었다.《도가부간절유래기(渡嘉敷間切由來記)》(1725년)에 따르면, 게라마(慶良間)의 모(某) 씨가 오키나와 본섬에서 헤키라는 물고기를 그물로 잡는 방법을 익히고, 이 그물코를 좀더 촘촘하게 만들어 미나미키비나고를 잡아서 이것을 먹이로 유인하여 가다랭이를 낚았다고 한다(《자마미촌사(座間味村史) 상》). 나는 1999년 8월에, 다이쇼 시대부터 1962년까지 미야코 섬(宮古島)의 히사마쓰(久松) 지역에서 행해졌던 사바니(오키나와의 전통적인 작은 배)를 이용한 외줄낚기 어법에 대해 들었다. 그것에 따르면 사바니의 뒤쪽에 고기를 낚는 두 사람이 장대를 들어올리고 한쪽 손에 쥐고 있는 카이베라로 바닷물을 긁어 물보라를 일으킨다. 중앙의 한 사람은 활어를 배 뒤쪽으로 던지고 앞쪽의 한 사람이 노를 저어 사바니를 앞으로 나아가게 했다. 일본 본토식과는 다른 사바니를 이용한 어법이 존재했던 것이다.

몰루카 제도의 푸나이 어법, 몰디브 제도의 어법, 일본 남서 제도의 사바니를 이용한 어법, 일본 목선 시대의 본토식 어법, 이렇게 네 가지를 고기 낚는 사람의 위치와 배의 움직임으로 비교하면 앞의 세 가지가 유사한 것에 비해, 일본 목선 시대의 본토식 어법은 그 세 가지와 약간 다른 것을 알 수 있다. 몰디브 제도, 몰루카 제도, 일본 남서 제도에 걸친 광활한 해역에 일찍이 가다랭이 어법의 교류가 있었는지도 모른다. 그리고 그 결과로 몰루카 제도의 푸나이 어법이 생겨난 것이 아닐까? 반면에 일본 목선 시대의 본토식 어법은 시대가 바뀌면서 동력화되고, 동남아시아로 진출하면서 그 조업 형태가 몰루카 제도의 현지 어민에게 푸하테로 정착되었다.

가다랭이 잡이 어민 암만 비차라

할마헤라 섬의 북부에서 모로타이 섬에 이르는 해역은 지금도 푸나이 식 가다랭이 외줄낚기가 성행하는 지역이다. 바로 에가와 순지가 가다랭이 자원이 풍부하다는 것을 발견한 곳이기도 하다. 토벨로(Tobelo)의 앞바다에 떠 있는 토로누오 섬에는 이 풍부한 가다랭이 자원을 이용하는 어촌이 있다. 섬에는 탄중, 텡가, 이슬람이라는 세 개의 마을이 있고, 주민의 대부분은 토벨로 인이나 갈렐라 인이다. 어업 외에도 코코야자, 클로브(정향), 너트메그, 카카오, 바나나 재배가 섬의 중요한 생업이다.

암만 비차라는 이 섬의 전 촌장이었다. 양친은 모두 토로누오 섬 출신의 토벨로 인이었다. 암만 씨는 전쟁이 격렬해지자

양친이 모로타이 섬 근처의 코코야 섬으로 소개(疎開)했던 1945년에 태어났다. 그 후 5년이 흐른 뒤에 가족은 다시 토로누오 섬으로 돌아왔다. 암만 씨는 섬에 있는 초등학교에 5년 동안 다니고 부친의 가다랭이 외줄낚기 배에 타기 시작했다. 그 때가 열한 살이었다. 1972년 부친이 고령이라 배타는 일을 그만둔 후에 그는 선장이 되었다. 1978년부터 7년 동안 야자 농원을 만들기 위해 배를 타지 않았던 암만 씨가 1985년에 다시 배를 만들어 푸나이 조업을 시작했다.

1990년에 암만 씨는 마을 어민 단체의 지도자가 되었다. 이 시기에 메나도(Menado. 인도네시아 술라웨시우타라 주(州)의 주도(州都)-역주), 테르나테, 자카르타 등의 수산 회사가 자주 접촉해 왔다. 때마침 어업에 관해 수출이 활성화되면서, 굴지(屈指)의 수산 회사가 연안 어민의 다양한 생산력을 통합하려는 움직임이 확산되고 있었다. 각 수산 회사마다 수출용 수산물을 집하하기 위해 운반 선박을 이 해역으로 끌어들였다. 수산물 유통에 필요한 육상 시설이 이 지역에 없기 때문이었다. 1993년에 자카르타의 수산회사가 6개월 동안 매달 150~200톤을 집하했다. 1994년에는 우사하 미나라는 국영 회사와 전속 계약을 맺었다. 여러 회사들과의 거래에서 활약하는 암만 씨의 모습이 눈에 띄었던 모양이다.

한편 토벨로에서 어획한 가다랭이를 트럭에 싣고 다시 페리에 태워, 술라웨시 북부의 수산 회사로 수송하는 사업을 1995

년에 시작했다. 트럭에 실린 가다랭이는 한밤중에 토벨로를 출발해 덜컹거리는 길을 5~6시간 달리면 시당고리 항에 도착한다. 또한 가다랭이를 다시 오전 10시 이후에 출항하는 페리에 실어 보내면 정오쯤 테르나테 섬에 도착한다. 테르나테에서는 다시 냉동 트럭에 실어 가다랭이의 신선도가 떨어지는 것을 방지한다. 가다랭이는 그 날 밤 7시에 테르나테를 출항하는 페리에 실려 이튿날 아침 10시쯤 비퉁(Bitung. 술라웨시 북부-역주)에 입항한다. 토벨로를 출발한 가다랭이는 약 36시간 뒤에 비퉁 주변의 수산물 공장으로 반입된다. 여기서 냉동 가공, 또는 가다랭이 포로 가공되어 일본을 비롯한 여러 나라로 수출한다.

가다랭이와 사람의 관계

1980년대 말, 어업의 수출지향화 속에서 다양한 생업에 종사해 왔던 연안 어민이 대규모의 수산 회사 소속으로 통합하는 움직임이 가속화되었다. 수산물 수출 기업이 모여드는 술라웨시 북부를 시장으로 한 수산물의 유통망이 확대되고, 어민들은 그 흐름에 점점 휘말렸다. 이러한 흐름이 앞으로 어떤 방향으로 갈지 미리 속단할 수는 없다. 내 개인적인 생각을 말한다면, 이러한 흐름은 그리 과도하게 나가지 않으리라고 본다. 사회가 지나치게 일정한 방향으로 나가지 않도록, 어떤 사회적 장치가 이 지역에는 마련되어 있다고 믿고 있기 때문이다.

역사의 시간 축 안에서 가다랭이라는 지역 자원은 몇 세대에 걸쳐 이어져 내려온 사람들의 활동의 원천이었다. 암만 씨의 인생도 그러한 오랜 시간의 흐름의 일부로 자리잡고 있는 것이다. 다양한 인간이 태어나 그들이 생활해 가는 공간과 시간에 따라 그 사람의 삶이 달라질 뿐인 것이다.

이곳에는 가다랭이라는 자원이 있고, 가다랭이 외줄낚기 어업과 관련된 사람들이 있다. 또한 그곳에서 태어나 그곳에 관여하는 인생이 있다.

3. 부기스 인의 상어지느러미 어업

상어지느러미의 생산과 유통

상어지느러미의 생산자인 어민은 자망(刺網. 마치 테니스 코트에 치는 네트 모양으로, 어군(漁群) 통로에 띠 모양의 긴 그물을 쳐놓고 고기를 그물코에 꽂히게 하거나 얽어매서 잡는 방법-역주)과 연승(延繩. 낚시에 미끼를 달아 표층 또는 심층에 드리워 어획하는 방법-역주)으로 상어를 잡는다.

모래진흙 상태의 해저에서 생식하는 동수구리(연골어류 홍어목 수구리과의 바닷물고기-역주)와 목탁수구리를 겨냥한 자망 어업은, 그물코의 크기가 50센티미터나 되는 커튼 모양의 그물 장비를 해저에 설치하여 그물코를 동여매서 어획한다. 이들은 상어류에 포함되기는 하지만 가오리의 중간 형태이다. 연승으로 어획하는 귀상어(연골어류 흉상어목 귀상어과의 바닷물고기-역주) 같은 일반 상어에서 채취하는 지느러미보다도 품질이 좋아서 고가에 거래되고 있다. 이 때 동수구리 한 마리에서 얻는 세 장(제1등지느러미, 제2등지느러미, 꼬리지느러미)의 상어지느러미가 1세트이다.

연승에는 긴 모릿줄에 수백 개의 아릿줄이 일정한 간격으로 매달려 있다. 아릿줄 끝에는 길이가 10센티미터에 달하는 커다란 낚시 바늘을 매달고 여기에 미끼를 꽂아 바다 속에 넣는다. 보통 상어에서 얻는 상어지느러미는 두 장의 가슴지느러미와 등지느러미, 꼬리지느러미 모두 합해서 네 장이고 이를 한 세트로 해서 거래가 이루어지고 있다.

한편 상어지느러미를 요리 재료로 이용한 역사는, 지금으로부터 400년쯤 전으로 거슬러 올라간다. 장경(張競)에 따르면, 상어지느러미를 식용으로 이용한 기록은 1596년에 중국 명나라 때 간행된 《본초강목(本草綱目)》(중국 명(明)나라 때의 본초학자(本草學者) 이시진(李時珍, 1518~1593)이 엮은 약학서(藥學書)-역주)에서 찾아볼 수 있다. 또한 상어지느러미 말린 것을 이용하기 시작한 것은 18세기 이후이다. 그 당시 상어지느러미 생것을 멀리 떨어져 있는 지역까지 운반해 갈 수가 없었기 때문이다. 말린 상어지느러미가 보급됨으로써, 중국 시장을 겨냥한 상어지느러미 생산지는 비약적으로 확대되었다. 쓰루미 요시유키는 "몰루카 지방의 수출품은 대략 17세기에 별해삼, 진주조개, 상어지느러미, 비둘기집 등의 특수 해산물로 바뀌었다"라고 했다.

이러한 특수한 해산물은 다양한 사람들의 손길을 거쳐 몰루카 지방에서 중국으로 운반되었다. 그 중에서도 바자우 인, 부기스 인, 마카사르 인, 화교가 대표적인 사람들이다. 생산자와 교역자로서 상어지느러미의 유통에 관련된 사람들의 활동이 수백 년 동안 이어져 왔다.

부기스 인의 상어지느러미 어선

부기스 인의 상어지느러미 어선을 내가 만난 것은 1999년 3월의 토벨로 항구에서였다. 뉴기니 섬의 소롱(Sorong. 인도네시아 이리안자야 주(州)에 있는 도시-역주)에서 온 6~7척의 소형 배가 항구에 정박하고 있었다. 선원은 모두 부기스 인이었고, 더욱이 스무 살 전후의 젊은이들뿐이었다. 마로스(Maros)와 보네(Bone)는 남술라웨시의 고향을 떠나 직접 개척지를 찾아 소롱으로 향했던 바다 사나이들이다. 소롱을 근거지로 하여 20~30일 항해로 자망과 연승을 이용하여 상어를 좇았다.

수입은 연료비나 식료비 등의 경비를 전체 수익에서 빼고 남은 액수를 선주와 선원이 일정한 비율로 나누었다.

일반 선원이 한 번의 항해로 100만 루피아(당시 환율로 약 1.4만 엔)의 수입을 얻는 경우도 있었고, 수입이 전혀 없는 경우도 있었다. 수입이 없어도 배에서의 식사는 선주 부담이므로 굶는 일은 없었다. 흔히 어업 양은 수입이 좋을 때와 나쁠 때의 격차가 심했다. "2~3개월 사이에 1,900만 루피아를 올린 것이 지금까지 최고예요."라고 어떤 젊은이가 말했다. "수입의 격차는 심하지만 육지에서 일하는 것보다는 수입이 좋아요. 그래서 앞으로도 배를 계속 탈 거예요."

한편, 보네 출신의 루디 씨는 8년 전에 고향을 떠나 소롱으로 왔다고 한다. 햇볕에 그을린 다부진 체격을 지녔고, 매서운 생김새에 긴 머리는 바로 전형적인 부기스 인 뱃사람이었다. 그 반면에 수줍은 듯 미소 짓는 그의 눈이 붉고 탁해 보이는 것이, 뭔가 중병이라도 앓고 있고, 그것이 완치될 수 없는 병이 아닐까, 여겨졌다. 말을 걸어 보니 참으로 이야기하기가 편하고 사려 깊은 인품이 느껴졌다. 나는 그의 이야기에 빠져 시간 가는 줄도 몰랐다.

이동의 배후에 있는 것

"부기스 인은 왜 이동합니까?"

"불굴의 결단력을 갖고 싶어서요."

부기스 인에게는 한 번 마음먹은 일은 끝까지 해내겠다는, 경우에 따라서는 무모함으로도 비춰지는 성향이 있다. 이동은 그 표현 방법 중 하나였다. 루디 씨는 이렇게도 말했다.

"부기스 인은 예로부터 우수한 해양 기술을 지녔습니다. 옛날에는 다리만으로도 노를 저었고, 범선 시대에는 돛대가 부러지거나 돛이 망가져도 응급 처치를 통해 어려움을 극복했습니다. 부기스 인은 바다에 대한 강한 자신감을 지녔고 그것을 스스로 문화로 삼고 있었습니다. 사람이 배가 고프면 뭔가를 먹고자 하는 것처럼, 부기스 인은 파도가 거칠게 쳐도 바다로 나가면 배를 조종합니다. 그 판단은 딱 한 번뿐이고, 일단 결단을 했으면 그것을 행할 뿐입니다."

이런 말은 부기스 인들이 자신들을 규정할 때 쓰는 원형(原型)이라 할 수 있다. 그러나 이런 말을 할 때, 그의 몸 전체에서 풍겨 나오는 분위기가 매우 담담해서 나는 기분이 좋았다. 일종의 산뜻함마저 느껴지는 이런 생각은 대체 어떤 심지에서 나오는 걸까? 이것은 그의 개성일까? 부기스 인의 성향일까? 아니면 이 곳에 사는 사람들의 일반적인 성향일까?

이동과 분산이 사회의 특징인 동남아시아 해역의 세계, 그 공간에서 살아가는 사람들에게는 재물에 사로잡히지 않는 깨끗한 심상(心象)을 틀림없이 가지고 있었다.

이동하는 개척지

루디 씨를 비롯해서 지금까지 내가 만난 몇 명의 부기스 인들의 모습에서 개척 정신을 엿볼 수 있었다. 부모의 슬하를 떠나 미지의 곳으로 여행을 떠나는 그들에게서, 자신들의 개척지를 찾으려는 동기가 느껴졌기 때문이다.

동남아시아의 농경지 개척에서 개척 공간을 논한 다나카 코지(田中耕司)는 "새로운 이주자를 끌어들일 만한 충분한 토지가

3-5 건조 중인 상어지느러미(아루 제도의 도보)

있는 데다, 더욱이 출신지와의 왕래로 이주자의 유입이 더욱 늘어나서 그야말로 개척지라고 할만한 지역이 형성되었다"라고 말했다. 또한 개척지 성향을 띠고 있는 공간이 몇 겹으로 연결되었던 지역이 동남아시아라고 제시했다.

'충분한 토지'를 '충분한 해양 자원'으로 바꿔도, 이를 원하는 다양한 사람들이 모여들어 개척지가 형성된다는 것이다. 내가 1988년에 방문했던 도보(아루 제도)가 그랬다. 루피아의 절하(1986년)와 홍콩 시장에서의 상어지느러미 가격의 상승으로, 인도네시아에서의 상어지느러미 가격은 급등했다. 그래서 진주조개잡이에서 상어지느러미 어선으로 전환한 수많은 어선들이 도보 주변에 집결했다. 상어지느러미 붐으로 다양한 사람들이 아루 제도로 모여들면서 개척지 공간이 확대되었다.

그러나 이는 오래가지 않았다. 그 후 몇 년도 되지 않아 그 붐은 가라앉기 시작했다. 아루 제도 근해에서 상어를 지나치게 어획했기 때문에 자원이 감소했고, 어장의 원격화와 어획 효율의 저하로 채산(採算)이 맞지 않게 되었다.

농경지 개척 이상으로 어장 개척은 이동과 변화가 심해서 개척지 공간은 변하기 쉽다는 것이다. 아루 제도 근해에서 상어를 더 이상 어획하지 못하게 되면, 새로운 어장을 찾아 이동하거나 상어지느러미 잡이에서 손을 떼고 다시 진주조개 잡이로 돌아가는 업종 전환을 꾀할 것이다. 개척지 이동에 따라 생산에서 소비에 이르는 유통 체계가 다시 짜여지면서, 그곳에 새로운 기회가 생겨날 것이다. 또한 그 기회를 노리고 다시 사람들이 모여들 것이다.

바로 이것이 새로운 개척 공간의 탄생이다.

4. 자카르타 근교의 바강 어촌

새로운 인생을 열어 가는 '층계참'

바강은 부망 어법(敷網漁法. 물 속에 그물을 펼쳐 놓고 그 위에 대상물이 오도록 기다렸다가 그물을 들어올려 떠서 잡는 방법-역주)의 일종이다. 야간에 등불에 모여드는 조그만 물고기를 아래에 펼쳐 놓은 보자기 같은 그물로 건져 올려 잡는다. 부망 어법은 인도에서 일본에 이르는 광범위한 지역에 분포하고 있다. 그 중에서 인도네시아의 바강 어법은 남술라웨시의 부기스 인이 처음으로 시작했고, 그들의 이동에 의해 주변 지역으로 보급되었다.

자카르타에 곧 착륙할 비행기의 창 너머로 바강을 이용해 자카르타 만에서 조업을 하고 있는 모습이 보였다. 이들 대부분은 해저에다 야자 줄기를 파묻어 고정한 말뚝 위에 망루를 세운 고정식 바강이었다. 앞바다로 조금 시선을 돌리면 두 척의 배를 가로로 연결시켜 놓은 듯한 이동식 바강도 쉽게 눈에 띄었다.

자카르타 만의 바강 조업은 스스로 개척지를 찾는 부기스 인에게 새로운 인생을 열어 가기 위한 '층계참(긴 층계의 중간쯤에 있는 조금 넓은 공간)' 역할을 하고 있는 게 아닐까? 이런 생각이 든 것은 남술라웨시의 파레파레(Pare Pare)에서 칼리만탄 섬 동해안의 사마린다(Samarinda. 인도네시아 칼리만탄티무르 주(州)의 주도(州都)-역주)로 향하는 목조 화물선 안에서였다. 배 안은 마카사르 해협을 왕래하는 부기스 인들의 훈김과 배 아래에서 요리하는 고추의 자극적인 냄새로 후덥지근했다.

라탄두 씨를 만난 것은 신선한 공기를 쐬려고 갑판에 나왔을 때였다. 그의 첫인상은 매서운 눈을 하고 있는 남자였다. 그와

3-6 고정식 바강 조업(자카르타 만)

이야기를 나누다 보니, 그가 그 동안 살아왔던 인생 노정을 듣게 되었다.

1998년 당시 서른일곱 살이었던 그는 열일곱 살까지 고향인 보네에서 살다가, 그 후 친척에게 의지하기 위해 자카르타로 갔다. 친척은 자카르타 만에서 고정식 바강 조업을 하고 있었다. 그 바강 조업을 6년간 도와준 뒤, 그는 자카르타의 모아라 앙케 항구에서 세리부 제도로 쌀과 야채 같은 생활 식품을 운반하는 일을 했다. 그 무렵 그는 자바 섬 서부 출신인 자바 여성을 만나 결혼을 했다. 그 때부터 자카르타에서의 생활은 14년째 이어지고 있었으며, 그의 나이는 서른한 살이었다.

라탄두 씨의 말에 따르면 보네 출신 부기스 인은 자카르타로 돈벌러 오면, 처음 몇 년간은 바강에서 일하고 그 사이 자금을 모아 자신이 할 만한 일을 찾는다고 한다. 그가 찾은 일은 새우 양식 사업이었다. 자카르타에서의 생활로 얼마 간의 자금을 모은 그는 1992년에 보네로 돌아와 새우 양식 사업을 시작했다. 1996년까지 3년 반 동안 일곱 번 수확했지만 여덟 번째에는 새우 양식업에 전염병이 돌아 실패했다. 그 후 칼리만탄 동부로 장소를 옮겨 새로운 출발을 시도하고 있다고 한다.

자신의 개척지를 찾아 이동하는 부기스 인의 모습을 그에게서도 엿볼 수 있었다.

풍요로운 바다 자카르타 만(灣)

자카르타 근교의 바강 어촌이 라탄두 씨 같은 부기스 인에게 '층계참' 역할을 한다는 말은 두 가지를 의미한다. 첫째, 자카르타 만의 다양한 해양 자원이 토지를 갖지 못한 이주민에게 단기적인 생활의 양식을 제공한다는 것이다. 어촌 내부에는 생산 수단을 갖지 못한 어민과 수산물을 집하하려는 상인을 쉽게 연결시켜 주는 사회 체계가 이루어져 있다. 둘째, 이 지역은 날로 불어나는 수도의 주민에게 수산 자원을 공급하는 역할을 한다는 것이다. 다시 말하자면 다양한 해양 자원을 토대로 하는 어업 공간과 외부에서 유입된 인구를 흡수하는 도시 공간의 개척지 성향이 상승 효과를 가져오고 있다.

자카르타 북부의 카마르 촌은 바강, 고기잡이 발, 자망, 손낚시(낚싯대 없이 낚시 줄을 손에 잡고 하는 낚시질-역주), 새우나 조개 양식 등 자카르타 만(灣)을 생산 터전으로 삼고 여러 가지 바다 생업에 종사하는 어촌이다. 부타위를 필두로 순다(Sundanese.
자바 섬 서부에 거주하는 민족-역주), 자바, 부기스, 바자우 등 다양
한 부족 사람들이 섞여 있다. 촌은 11개의 말단 조직으로 나뉘
고, 각 조직은 30가구 가량으로 구성되어 있으므로 전체 약 330
가구가 모여 있다. 마을 안을 걷다 보면 최근 이곳에서 활발하
게 양식하고 있는 청홍합(홍합 껍데기가 청색을 띠고 있다)을 바구
니에 담아 길가에서 팔고 있는 모습을 자주 보게 된다. 또한 마
을을 흐르는 운하에는 수많은 어선이 묶여 있다.

바강에서 일하는 사람들을 만나기 위해 바다로 나갔다. 도시
에서 흘러든 하수 때문에 자카르타 만은 몹시 탁했고 고약한
냄새를 풍기고 있었다. 고정식 바강이나 청홍합을 양식하기 위
한 망루가 곳곳에 늘어서 있고, 그것에 섞여 어획물을 건져 올
리기 위한 고기잡이 발이 여러 개 보였다. 한창 툼반(밴댕이의 일
종)의 어획기라서, 운반선에는 고기잡이 발 여섯 구에서 쏟아
낸 10~15센티미터 크기의 물고기가 1톤쯤 쌓여 있었다. 오전
에도 이 정도 양을 집하했다고 한다.

이 곳은 참으로 풍요로운 바다라는 생각이 들었다.

머무는 곳, 떠나는 곳

자카르타 만의 고정식 바강에서 만난 사람은 사바리 씨였다.
1941년 생으로 쉰일곱 살이었다(1998년 당시). 중부 자바의 페마
랑(Pemarang)에서 태어난 그는 열두 살에 고향을 떠나 자카르

3-7 하구에서 바라본 카마르 촌

타로 왔다고 한다. 제일 처음 한 일은 파얀(전통적인 선망) 선의
선원이었다. 처음으로 파얀선을 탄 소년은 그물과 이어진 줄을
손에 들고 바다로 뛰어드는 역할을 담당했다. 이를 푸치렌이라
고 하는데, 푸치렌을 3년 동안 계속 할 무렵, 그 배의 선주가 고
정식 바강을 시작하여 그는 그곳에서 일했다. 그 당시 바강과
마을의 왕래에는 손으로 노 젓는 배를 이용했다. 저녁 무렵 배
를 타고 두 시간쯤 노를 저어야 바강에 당도한다고 한다.

스물한 살 때는 부타위 여성과 결혼했고, 서른한 살에는 직
접 고정식 바강을 지어 독립했다. 현재 사바리 씨와 부인 사이
에는 자녀 다섯 명과 손자 다섯 명이 있다. 사바리 씨는, "바강
은 힘든 일이라서 자식들에게 시키고 싶지는 않습니다. 예전에

건설 자재 장사를 반 년 정도 했는데, 구매에 실패해서 빚을 지게 되었죠. 나는 바강 말고는 아무것도 할 줄 모르니 바강 어업을 하고 있습니다"라고 말했다. 보통 둘이서 하는 바강 조업을 그는 오랫동안 혼자서 해 왔다. "램프가 친구고 물고기가 친구죠. 바강에서는 노래하거나 고기나 그물 상태를 살피며 지냅니다"라고 말하는 사바리 씨의 표정은 평온해 보였다.

고정식 바강 앞바다에 바강 배가 몇 척 떠 있다. 모두 무아라 바루(자카르타의 신항구 부근)에 사는 부기스 인 소유의 배로, 선주들은 직접 바다에 나가지 않고 운반선을 가지고 수산업을 하고 있다.

바강 선에서 만난 하무사 군은 수마트라 동해안의 페칸 바루 출신의 부기스 인이다. 1977년에 태어난 그는 초등학교를 졸업하고, 고향의 야자 농원에서 7년 동안 일한 뒤 열아홉 살에 자카르타로 왔고, 그로부터 10개월이 지났다고 한다. 늘 바강 선에서 머물고 있는 그는 자카르타 시에 나가는 일이 거의 없었다. 바강 조업으로 번 돈은 각종 경비를 제외하고 남은 돈을 선주와 선원이 반으로 나눈다. 선원은 두 사람이므로 하무사 군의 몫은 4분의 1인 셈이다. 수입은 은행에 저금하여 결혼이나 집을 짓기 위한 자금으로 쓰겠다고 말했다.

자카르타 만을 생산 터전으로 삼아 바강 어업에 종사하는 사람들의 모습을 보면, 그곳에서 인생의 대부분을 보내는 사람들도 있고 새로운 인생을 찾아 여행을 떠나는 사람들도 있다. 어느 쪽을 택하든 자카르타 근교의 바강 어촌은 어업 공간의 기능성과 도시 공간의 개척지 성향을 모두 지닌 탓에 앞으로도 다양한 사람들이 모여들 것이다.

끝맺는 말

나는 동남아시아의 바다를 여행하면서 내가 만났던 몇 명의 어민을 지금까지 소개했다. 그곳을 다니면서 많은 사람들을 만나 많은 이야기를 나누었고, 자극을 받았다. 그러면서 어떤 상념이나 발상이 떠오르기도 했다. 여기서 거론한 노동과 놀이의 경계선이나 지역 자원과 사람들의 삶과의 관계, 또는 개척지나 도시가 지닌 개척지 성향이라는 것도 여행중에 떠오른 상념의 한 토막이었다. 지금은 아직 단편적인 발상에 불과하다. 그러한 단편들이 직소 퍼즐처럼 연결되어 언젠가 하나의 형상으로 나타날 날이 오기를 기대하고 있다.

물고기의 유통을 따라가다

오카모토 가즈유키 岡本和之

타이는 세계 여러 나라에 쌀과 각종 식료 가공품을 수출하는 그야말로 식품이 풍부한 나라이다. 그러나 그 일부는 타이 이외의 지역에서 공급받아 가공품을 만들고 있다.

타이 남부에 있는 안다만 해 쪽의 어항에는 미얀마 국기가 게양된 어선이 자주 들어와 물고기를 어획하는데, 미얀마 어선이 잡은 것들을 타이의 수산 식품 공장의 트럭이 구입하러 온다. 서구와 일본으로 수출하는 주요 품목 중 참치 통조림의 원료인 다랑어는, 인도네시아 어선이 해산물 가공 공장이 밀집되어 있는 방콕 근교의 어항까지 들어와서 어획한 것이다. 일상생활 속에서도 대중적인 타이 요리의 하나인 톳만 쁘라의 재료이자, 인접국인 캄보디아에서는 푸로하로 먹고 있는 생선 트라이 사랏이 국경을 넘어오기도 한다. 그러나 이러한 사실들이나

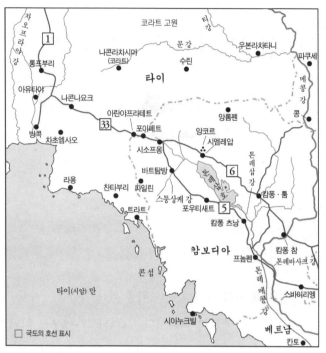

3-8 톤레삽 주변

여기에 관련해서 살아가는 사람들에 대해서는 거의 알려지지
않았다.

가까운 장래로 예정되어 있는 ASEAN 가맹국 간의 수출입
관세 철폐 등 아시아 권역 내 경제 세계화가 진행되면, 이 지역
에서 국경을 넘어 이동하는 식료의 동향은 더욱 커지게 될 것
이다. 아시아에서 다양한 식품을 수입하고 있는 일본을 비롯하
여 세계의 식문화가 이와 관련되어 있다고 본다. 환경이나 그
에 의거해 살아가는 사람들의 생활에 미치는 영향을 생각하면,

국경을 넘어 이동하는 식료의 동향에 대해 좀더 관심을 가질 필요가 있다.

캄보디아에서 타이로 들어오는 생선 대부분은 톤레삽에서 어획된 담수어이다. 사람들이 그 드넓은 호수로 인해 받는 혜택은 바다에 견줄 만하다. 여기에서는 캄보디아의 내륙에 있는 바다에서 타이의 시장까지 연결된 물고기의 유통을 따라가 보고자 한다.

톤레삽이란 캄보디아 말로 '담수의 큰 강'을 의미하는데, 엄밀하게 말하면 프놈펜에서 캄퐁 츠낭(Kampong Chhnang) 주까지의 강(톤레 강) 부분을 가리킨다. 특히 호수 부분을 가리킬 때는 분 톤레삽라고 한다. 여기에서는 강 부분만을 가리킬 때는 톤레삽 강, 호수 부분만을 가리킬 때는 톤레삽 호라고 쓰고자 한다.

1. 국경을 넘는 물고기

타이의 국도 33호선은 아란야프라테트(Aranyaprathet)에서 캄보디아의 국도 5호선으로 이어진다. 그러나 이곳에서 육로를 통해 국경을 넘어 인접국으로 가는 것을 한동안 금지했었다. 캄보디아에서는 제2차 인도차이나 전쟁이 끝난 후에도 내전이 오래도록 지속되어, 타이로 이어지는 국도 5호선 주변이 격전

지였기 때문이다. 캄보디아 국민 대부분이 전쟁을 피해 타이로 넘어갔으며 아란야프라테트 주변에는 난민 캠프나 난민촌이 늘어 서 있었다.

그러나 1991년에 마침내 파리 평화 협정 체결에 이르러 병력이 감소되던 중에, 캄보디아 인민공화국(프놈펜 정부)군이 이 국도 5호선 주변을 확보하면서 이 때부터 타이와 캄보디아의 육로를 통한 교역로가 재개되었으며, 국경 검문소 옆 들판에 시장이 형성되었다. 함석으로 지붕을 인 오두막 몇 동에 불과했던 국경 시장은 해마다 확장을 거듭하여, 현재는 광활한 부지에 콘크리트 건물이 즐비하게 늘어선 거대한 시장으로 성장했다.

이곳에는 수많은 캄보디아 인들이 매일 아침 국경을 넘어 일하러 왔다. 국경 검문소에서 하루 입국 통행료를 내는 사람도 있었고, 통행료를 내지 않으려고 지뢰가 남아 있는 들판으로 넘어오는 사람도 있었는데, 그 수가 하루 수천 명에 이른다고 했다. 그 가운데 몇십 퍼센트는 아이들이라고 한다. 어른과 체격이 큰 아이들은 짐수레를 끌거나 짐꾼 노릇을, 아직 체격이 작은 아이들도 시장의 허드렛일을 해 주면서 그 날의 식량을 얻고 있었다.

다양한 짐을 실은 짐수레가 적토(赤土) 길을 오가는 모습을 국경 검문소에서 볼 수 있었다. 생활 용품을 실은 거대한 짐수레 사이를 뚫고 나아가듯 캄보디아에서 온 비닐을 덮은 짐수레

3-9 국경 검문소의 캄보디아 아이들

가 자주 통과하고 있었다. 짐수레에서는 물이 떨어지고 있었으며 옆을 지날 때마다 비린내가 코를 찔렀다. 짐수레 안에 실려 있는 것은 톤레삽 주변에서 잡은 담수어로, 푹푹 찌는 날씨에서는 냉장용 얼음이 순식간에 녹아 버리기 때문에 캄포디아 인 짐수레꾼은 적토 길을 서둘러 가야 했다. 양철 용기를 몇 단이나 겹쳐 놓은 짐수레도 지나갔다. 그 용기 안에는 살아 있는 담수어가 들어 있었다.

타이를 지나 라오스와 캄보디아로 흐르는 메콩 강은 우기에 톤레삽 강을 거쳐, 자연적으로 홍수 조절을 하는 톤레삽 호에서 역류하여 다시 타이로 흘러간다. 타이 중앙에서 보면 톤레삽 호는 메콩 강과 가장 가까운 수계(水系)라고 할 수 있다. 조

3-10 국경 시장에서 햇볕에 말리고 있는 트라이 롯

금 오래된 타이 어인 무앙 푸라 쿠로프는 '파삭파삭하게 그을린 고기의 나라' 라는 뜻으로 캄보디아를 가리킨다. 그곳의 풍부한 수산 자원은 오래 전부터 인접국에도 알려져 있었다. 나이 지긋한 타이 인에게 물어보았는데, 그을린 고기의 최상품은 아란야프라테트 산 (産)으로 캄보디아에서 온 수입품이라고 했다.

톤레삽 호에 물고기가 모여드는 11월~4월까지의 건기 동안은, 물고기를 싣고 국경 검문소를 넘어가는 짐수레의 왕래가 더욱 활발해지는 시기라고 한다. 짐수레는 서둘러 국경 시장을 가로질러 어시장의 한 구석에 짐을 내렸다. 따가운 햇볕 아래 생선의 비린내가 배인 적토에서 코를 찌르는 냄새가 진동하고 있었다. 여자들은 생선을 분류하고, 남자들은 얼음을 채우는 작업이 한창이었다. 이곳에서 일하는 사람들도 대부분 그 날 아침에 국경을 넘어온 캄보디아 인들이었다.

트럭 한 대에 의지하며 살고 있는 타이의 중계 상인들은 방콕뿐만 아니라 중앙 지역의 몇몇 지방에서도 고기를 사들였다. 그들에 따르면 고급 생선을 레스토랑이나 호텔 등에 직접 도매로 넘기는 것이 가장 이익이 남는다고 한다. 트라이 쁘라(타이에서는 쁘라 사와이라 하며 맛있는 음식으로 알려진 대형 메기와 같은 종류), 트라이 롯(타이에서는 푸라 총), 트라이 차랑(타이에서는 쁘라 콧카랑이라 하며, 대형 메기의 일종) 등의 대형과 중형의 고급 생선이 그들의 가장 큰 목표물이었다. 어획량이 적은 트라이 차랑은 1킬로그램 당 150바트로 거래되고 있는 최고급 생선이었다(1바트=약 100리엘=약 2.8엔=약 0.025달러, 2000년 6월).

톤레삽 호 속에 오랫동안 살았을 것으로 추정되는 몸길이가 2미터도 넘는 트라이 카오(타이에서는 쁘라 카오라 하며, 대형 잉어의 일종)도 어시장에서 본 적이 있다. 그것은 저울 두 대를 연결해야만 무게를 잴 수 있고, 방콕의 중화 요리점에서 비싼 값으로 사들여 손님의 관심을 끄는 데 이용하고 있었다. 멸종할 염려가 있다고 해서 CITES(멸종 위기에 처한 야생 동식물의 국제 거래에 관한 협약)의 제1구분 보호 동물로 지정되어 있는 천연 트라이 트라사크(타이에서는 쁘라 이소크라고 하며 생선의 머리를 이용한 전골에 자주 이용되는 잉어 종류)도 간혹 비밀리에 거래되고 있다고 들었다. 1킬로그램 당 130바트가 넘는 가격, 즉 양식 트라이 트라사크의 몇 배나 되는 값을 지불하고도 천연 트라이 트라사크를 구하려는 고객이 타이에는 있는 것 같았다.

국경 시장의 확대와 더불어, 적토 위의 어시장을 방문할 때마다 그 규모가 날로 커지고 있었다. 캄보디아, 라오스, 미얀마, 그리고 말레이시아와 국경을 접하는 타이는 이들 나라와의 무역에서 육로를 통한 교역이 큰 역할을 차지했다. 1998년 타이와 캄보디아의 무역 실적이 약 134억 바트(타이의 화폐 단위) 중 100억 바트 가량이 국경 무역에 의한 것이었다. 또한 그 중 60퍼센트 가량이 아란야프라테트에 있는 사케오 지방을 경유하고 있었다. 사실, 양국 간의 무역은 캄보디아의 일방적인 수출로 국경 무역에서도 그 경향은 뚜렷이 나타났다. 1997년의 훈센 제2수상(현 수상)에 의한 쿠데타의 영향도 있어서, 1998년의 국경 무역 격차는 자그마치 9배에 달하고 있었다.

아무튼 국경 무역에 의한 물자의 왕래는 통계 수치로 나타낼 수 없는 것이 많았다. 양국의 국경까지 트럭으로 운반할 물자를 그곳에서 짐수레에 옮겨 싣고 국경 검문소를 통과하는 것은, 수출입업자 등록이 없는 개인 차원의 상인이 양국 검문소 관리의 특별한 양해를 받고 있기 때문이었다. 다시 말해서 애매한 무역이 이루어지고 있었다. 타이 말을 할 줄 아는 캄보디아 인 짐수레 대표자는, "생선의 관세는 1킬로그램 당 3바트 가량이지만, 상인들은 미리 비밀리에 약정하여 짐수레 1대 당 500바트 정도를 캄보디아 경찰이나 타이 검문소 관리에게 내고 있습니다"라고 말했다.

1999년에 캄보디아에서 국경 무역으로 타이에 수출된 냉장어(冷藏魚)와 활어는 타이 측 액수로 환산하면 약 326만 바트였다. 그러나 국제 기관의 집계에 따르면 1997년 수치이기는 하지만, 캄보디아는 1만 5,000톤, 금액으로 환산하면 900만 달러 상당의 비염장 담수어를 수출하고 있었다. 지리적 조건을 고려하면 인접국인 타이로의 수출이 그 중 상당 부분을 차지하고 있다는 사실을 쉽게 알 수 있다. 그러므로 타이에서 발표하고 있는 수입량이 상대적으로 적다는 것을 알 수 있다.

2. 일하는 캄보디아 아이들

국경 시장의 어시장 한 구석에는 비닐로 겨우 햇볕을 가린 천막 밑에서 열 살 남짓한 아이들이 땅바닥에 앉아서 일을 하고 있었다. 조그만 손에 숟가락을 들고, 넙치처럼 납작한 트라이 사랏(타이에서는 쁘라 차랏, 메기 종류)에서 흰 살만 솜씨 좋게 발라내고 있었다. 3대 1의 비율로 남자아이보다 여자아이가 많았다. 아이들의 엄마라고 여겨지는 여성들도 같은 일을 하고 있었다. 생선을 세 토막으로 가르고 양쪽 껍질 안쪽에 붙은 살과 등골 사이에 붙어 있는 약간의 살도 숟가락 끝으로 남김없이 발라내고 있었다. 마지막으로 살에 섞여 있는 가시를 조그만 손가락으로 빼내면, 한 마리의 작업이 끝나는 것이었다. 아이들은 떠들지도 않고 묵묵히 그 일을 하고 있었다.

트라이 사랏를 발라낸 살은 좀더 갈아서 여기에 각종 향신료

3-11 트라이 사랏을 발라내는 작업을 하는 캄보디아의 소녀들

를 섞어 톳만 쁘라, 즉 생선묵의 재료로 쓰였다. 타이에서는 이 요리의 재료로 쁘라 쿠라이(캄보디아에서는 트라이 쿠라이, 대형 메기의 일종으로 꼬리 부분에 특이한 반점이 있다)의 살이 부드러워 최고로 치고 있었다. 고급 레스토랑에서는 그것을 특별 메뉴로 손님에게 권하며, 손님 중에도 이 요리를 특별히 주문하는 사람이 있을 정도였다. 그러나 타이에서는 쁘라 쿠라이의 수가 점점 줄자, 비슷한 종류인 쁘라 차랏을 쁘라 쿠라이라 속여 팔고 있는 경우가 많았다. 그 일부가 톤레삽에서 어획한 트라이 사랏으로 아란야프라테트에서 국경을 넘어 들어오는 것들이었다.

전문 요리사가 재료를 구입하러 오는 방콕의 클롱토이 (Khlong Toei) 시장에는 쁘라 쿠라이를 발라낸 살을 파는 가게

가 여러 집 있었는데, 가격은 1킬로그램 당 140바트였다. 돼지 고기 중 가장 비싼 가격으로 판매하고 있는 붉은 살의 두 배에 해당하는 가격으로, 여러 종류의 생선을 발라내어 섞은 살이 1 킬로그램 당 40바트에 비해 쁘라 쿠라이 살은 상당히 높은 가 격이었다. 쁘라 쿠라이를 파는 가게에서는 쁘라 쿠라이 그림을 걸어 놓고 '진짜'라고 우기고 있지만, 안에서 살을 발라내고 있 는 생선은 조그만 쁘라 차랏이었다. 하지만 일단 살을 발라내 면 구별하기가 쉽지 않은 것이 사실이다.

캄보디아의 트라이 사랏이 타이에 들어올 때는 값이 1킬로 그램 당 30바트 가량인데, 살만 발라내 가공한 것은 국경 시장 에서 그 세 배에 해당하는 90바트에 거래되고 있었다. 그래도 이를 쁘라 쿠라이 살이라고 속여 레스토랑 등에서 140바트 안 팎으로 받을 수 있기 때문에 중간 상인들은 충분히 남는 장사 였다. 이렇게 많은 이익이 남기는 하지만, 품이 많이 드는 일을 이곳에서는 캄보디아 아이들의 조그만 손이 해내고 있었다.

캄보디아 아이들은 같은 나이의 타이 아이들에 비해 체격이 훨씬 작았다. 열 살인데도 대여섯 살 정도로 보이는 아이들이 많았다. 또한 성장기에 단백질 결핍으로 인해 머리색이 갈색인 아이들을 볼 수 있었다.

DK 파(Khmer Rouge. 캄보디아의 급진적인 좌익 무장 단체-역주) 에 의한 정치적 숙청과 오랜 내전의 영향으로 캄보디아는 세계 에서도 드물게 아이들이 많은 나라다. 1~14세가 총인구의 약

45퍼센트를 차지하고, 평균 취학 연령이 10.4세였다. 5~17세의 아이들 중 18퍼센트가 어떻게든 일거리를 얻어 가족의 생계를 부양하고 있었다. 캄보디아 법률에서는 15세 이하의 아동은 학업을 방해받지 않을 정도의 가벼운 작업 이 외에는 일을 할 수가 없다고 명시되어 있지만, 이 규정은 공문화(空文化)되다시피 했다. 아동 노동 이외에도 구걸, 쓰레기 줍기, 소년소녀 매춘, 아동군인 등 캄보디아 아이들이 직면하고 있는 현실은 가혹했다.

국경 시장에서 아이들이 온종일 생선살을 발라내고 받는 돈은 많아야 20바트였다. 이 돈은 타이에서든, 캄보디아에서든 국수 한 그릇 먹을 수 있을까, 말까 할 정도의 돈이었다. 인플레가 날로 심해지는 캄보디아의 생활 물가는 타이 못지않게 높은 편이었다. 한편 어른 여성들은 발라낸 살 1킬로그램 당 2바트를 받는다고 했다. 만일 이 일을 해서 타이의 법정 최저 임금을 받으려면 하루에 80킬로그램의 살을 발라내야 했다.

최근 몇년 사이에 세계 각국에서 비난의 소리가 높아지면서 타이에서는 어린이 노동을 꽤 엄하게 단속하여 열악한 아동 노동은 줄어들었다고 한다. 하지만 캄보디아의 국경에서 불과 수십 미터만 들어가면 아직도 어린이 노동은 현실적으로 존재하고 있었다.

아이들이 온종일 일하고 받는 작은 돈이 아이들의 가족에게는 매우 소중하다는 것도 엄연한 사실이었다. 캄보디아의 말단

공무원의 월급은 10달러, 즉 4만 리엘 안팎이었다(교원과 경찰관만 최근 대폭으로 인상되어 8~10만 리엘). 가계를 유지하기 위해서는 가족이 모두 밖에 나가 일해야만 하는데, 고정적인 일을 구한다는 것이 여간 쉬운 일이 아니었다. 따라서 불규칙적인 일일 고용 노동으로 식량을 얻을 수밖에 없는 것이 현실이었다. 소비 경제도 급속히 침체되고 있어 농민들도 생활하는 데 필수적인 것이 현금이었다. 1993년 제1회 캄보디아 총선거 때부터 진행되어 온 난민의 정주(定住) 프로젝트로 타이의 사케오 현과 국경을 접한 반투이 미얀추아이(Banteay Mean Cheay) 주로 약 7만 명이 귀성했다. 그러나 농사만으로는 먹고살 수 없어 식량을 얻을 수 있는 국경으로 되돌아오는 사람도 적지 않았다. 그들은 습지 위의 빈민가나 폐허가 된 건물에 가족과 살며 짐수레꾼, 오토바이 택시 운전 등의 일을 해서 얼마 안 되는 품삯을 벌고 있었다.

3. 밀크 커피색 바다

캄보디아의 수도 프놈펜에서 앙코르 유적(Angkor. 캄보디아에 있는 앙코르 문화의 대표적 유적-역주)으로 알려진 시엠레압(Siem Reap. 캄보디아 시엠레압 주의 주도-역주)까지의 여행에서 가장 쾌적하고 상쾌한 기분을 맛볼 수 있는 교통 수단은 톤레삽을 가로지르는 쾌속선이었다. 울퉁불퉁한 육로처럼 힘들지도 않았으며 비행기처럼 운임이 비싸지도 않았다.

우기가 시작될 무렵, 프놈펜에서 톤레삽 강을 북서로 거슬러 올라가는 배는 몇 시간 후, 베트남 어민들의 수상 가옥이 많이 들어 차 있는 캄퐁 츠낭 어항을 지나고 있었다. 이곳은 톤레삽 호와 강이 접하는 지점으로 병으로 치자면 꼭 목 부분에 해당하는 곳으로, 건기가 되면 주위가 온통 물고기가 뛰어오르는 풍부한 어장이었다. 캄보디아에서 가장 활기 있는 이 어항을 지나면 강은 여러 개의 강 줄기로 나뉘어져 강폭이 넓어지는 것을 볼 수 있었다. 이윽고 배는 물에 잠긴 관목림이 드문드문 있는 곳으로 들어갔다. 어디가 강줄기이고 어디가 물에 잠긴 들판인지 구별할 수가 없었다. 잠시 후 풀밭만이 조금 보일 뿐 사방이 온통 밀크 커피색으로 펼쳐진 물 위를 배는 힘차게 나아갔다. 이곳이 바로 톤레삽 호수였다. 이 톤레삽에서 배 여행으로 맛볼 수 있는 경관의 변화는 감동적이기까지 했다.

호수를 들여다보면 이곳이 바다 같은 생각이 들었다. 호안선(湖岸線)은 육안으로 구분할 수 없을 정도였다. 이 거대하게 펼쳐진 담수는 지금까지 사람들에게 한없는 혜택을 부여했다. 우기가 되면 메콩 수계(水系)로부터의 역류와 많은 강우로 갈수기(渴水期)의 5배 가량 되는 면적으로 늘어나고 침수된 맹그로브 숲은 치어들의 공간이었다. 또한 건기가 되면 메콩 수계로 흐르는 물 흐름에 실려 돌아가는 은빛 물고기 떼를 사람들은 그

3-12 쾌속선에서 바라본 톤레삽

물로 잡아 올렸다. 메콩 수계의 어느 지류에서든지 이와 똑같은 현상으로 물고기를 어획하고 있지만 그 규모 면에서 톤레삽의 어획량을 따라갈 수 없다고 한다.

캄보디아 인은 세계에서 생선을 가장 많이 먹는다고 흔히 알려져 있는데 실제로는 어떨까? 1997년의 캄보디아의 총어획고(시장경유분)는 11만 4,600톤으로 그 중 8만 4,434톤, 즉 74퍼센트 가량을 담수어가 차지하고 있었다. 이 가운데 수출되는 약 1만 5,000톤을 뺀 6만 9,400톤 가량이 캄보디아 국내에서 소비되는데, 이를 단순 계산하면 국민 1인당에게 연간 약 6.5킬로그램의 담수어가 돌아가며, 바다 생선과 기타 어제품 소비는 1인당 연간 약 2킬로그램에 지나지 않아, 캄보디아 인이 먹고 있는 생선의 4분의 3 이상이 담수어라는 것을 알 수 있다. 이웃 나라인 타이와 비교해 보면 생선과 생선 제품의 소비가 1인당 연간 33.1킬로그램으로 이는 캄보디아보다 4배가 넘는 양이지만, 그 중 담수어는 8.1킬로그램이라고 한다. 생선 소비량은 타이가 월등히 많지만 바다 생선을 훨씬 많이 소비하고 있는 것을 알 수 있다.

그러나 캄보디아 어업국(漁業局)은 시장에 나오는 어획량의 수배에 달하는 연간 29만 5,000~42만 톤이나 되는 담수어가 전 국토에서 어획되고 있다는 놀랄 만한 데이터를 발표했다(나오 투크 어업국 부국장.《Watershed》지 1999년 3-6월호의 인터뷰). 어업국이 1995년 이후에 도입한 지역별, 어로 방법별로 자세히 분류한 데이터를 살펴본 결과, 예상을 훨씬 뛰어넘는 양이 어획된다는 사실을 알게 되었다. 이 수치가 정확하다면, 캄보디아의 생선 소비량은 ASEAN 중에서 제일 많은 말레이시아에는 미치지 못하지만, 타이나 필리핀 같은 다 소비국에는 견줄 만하다는 것이다.

하지만 어업국이 말하는 잠재적인 물고기의 생산력이 캄보디아에 있다고 해도 '고기가 잡히지 않는다', '고기가 부족하다'는 소리를 최근 들어 자주 들었다. 한편으로는 이 와중에도 캄보디아 담수어의 수출량은 계속 늘어났다고 한다.

앞에서 말한 1997년의 담수어 어획량 8만 4,434톤 중에 각종 잔생선이 7만 3,820톤으로 압도적으로 많았다. 이 중 몇 종류의

3-13 노천에서 프로호크를 파는 모습(시엠레압의 신시장)

생선이 캄보디아 인의 식탁에서 빼놓을 수 없는 요리 재료이자, 중요한 단백질 공급원으로 발효 식품인 프로호크의 주재료로 쓰인다. 건기에 해당하는 12월에서 1월까지 보름달이 뜨는 밤을 전후로 톤레삽의 어민들은 모두 모여, 트라이 리엘이나 트라이 스라크 루사이이라 불리는 잉어 종류의 조그만 물고기를 잡기 위해 그물을 설치한다. 이 때 톤레삽 호의 물은 톤레삽 강을 거쳐 톤레메콩 강과 톤레바사크 강(Tonle Basak)으로 흘러가며 일 년 중에 물고기가 가장 많은 시기라고 한다.

그러나 1998년부터 1999년까지의 건기에 톤레삽에서의 이 조그만 물고기들의 어획량은 급격히 감소했다. 여느 때 같으면 1만 5,000~2만 톤에 달했던 어획량이 40퍼센트 가량이나 떨어졌다. 생선 시장에서는 프로호크의 주재료인 잔 생선의 가격이 급등해서 전년에 1킬로그램 당 80리엘이었던 것이 300리엘 안팎으로 값이 올랐다고 한다.

캄보디아의 프로호크는 라오스나 타이 동북부의 파데크, 타이 중앙부의 프랄라와 마찬가지로 더운 나라에서 동물성 단백질을 장기간 보존하기 위해 고안한 발효 식품이었다. 캄보디아의 어시장에서 생선을 발효한 식품의 종류가 너무 많아 놀라는 사람들이 많다고 한다. 만드는 법, 재료의 차이에 따라 그 종류는 다양했다. 프로호크에는 트라이 리엘 같은 잔생선을 통째로 으깨서 만든 것뿐만 아니라 트라이 롯의 흰 살만을 이용한 고급품도 있었는데, 시내의 규모가 큰 시장에서는 이를 자주 볼 수 있었다. 푸 오크라는 쌀을 섞어 담근 나레즈시(생선 배의 창자를 빼내고 밥으로 채워 무거운 돌로 눌렀다가 간을 한 초밥-역주) 모양의 발효 식품도 있었다. 이 발효 식품은 그대로 끓여서 쌀과 야채를 곁들여 먹으며, 여기에서 우러나온 국물은 조미료로 이용한다. 시내에 사는 경제적으로 여유가 있는 가정에서는 다양한 재료를 이용해 요리를 만들지만, 농촌에서는 이 프로호크에다 약간의 야채와 밥만으로 식사를 때우는 가정도 적지 않았다.

예전의 동남아시아의 농민들은 벼 수확을 끝낸 다음, 우차 (牛車)를 마련해 가까운 강이나 호수 근처로 모두 이동해 잔 생선을 잡아 일 년 정도 먹을 만큼 발효 식품으로 만들어 집으로 돌아갔다고 한다. 현재는 이 같은 건기의 대이동을 동남아시아에서 거의 찾아볼 수 없었으며, 시장에서 산 생선으로 담거나 만들어 파는 제품을 사는 사람이 많았다. 이렇듯 대량의 생선이 프로호크 발효 식품으로 모습을 바꿔, 장기 보존이 가능한 귀중한 단백질원으로 소비하고 있다는 사실만은 틀림이 없었다. 하지만 프로호크의 재료가 되는 잔 생선의 흉어는 캄보디아 인의 생활, 특히 가난한 농민과 소규모 어민의 생활에 큰 영향을 미친다는 것을 알게 되었다.

4. 메콩 수계의 대형 개발과 물고기의 남획

잔 생선의 어획량이 급격히 감소한 직접적인 원인은 우기가 되어도 톤레삽 호가 예전에 비해 60퍼센트 정도 밖에 물이 불어나지 않아서 수위가 평소보다 3미터 가량 내려갔기 때문이다. 그 결과 치어가 자랄 맹그로브 숲의 면적이 크게 줄었고, 그것으로 인해 트라이 리엘이나 트라이 스라쿠 루사이 같은 잔 생선의 어획량이 급격히 감소했다고 볼 수 있다. 무엇보다도 메콩 수계의 물이 줄어든 가장 근본적인 원인은 엘리뇨에 의한 세계적인 기상이변을 들 수 있다.

그러나 톤레삽를 포함한 메콩 수계의 물고기 생태에는 1998년 이전부터 이변이 일어나고 있었다. 잔 생선 뿐만 아니라 이 지역 어민들은 그들이 잡을 수 있는 고기의 양이 점점 줄어든다는 사실을 깨달았고, 환경 연구가들은 메콩 수계에서 진행되고 있는 대형 개발이 그곳에서 생식하는 물고기 생태에 큰 영향을 미치고 있다는 사실을 지적했다. 메콩 수계의 담수어는 대부분 회유하여 생식하는데, 산란기인 우기와 건기에 생식 장소가 전혀 다른 경우도 있었다. 댐 건설 등으로 그 회유로가 끊겨 버리면 물고기 생태가 크게 달라지고, 최악의 경우 멸종되는 종류가 속출하게 된다는 것이다. 앞에서 말한 트라이 트라사크의 급격한 감소도 메콩 수계의 댐 개발에 따른 생태계의 변화와 밀접하게 관련되어 있다고 알려졌다.

라오스의 남튠 댐이나 타이의 파쿠문 댐 등 물고기의 산란 장소인 메콩 수계의 지류에는 세계 은행(국제 연합 산하의 국제 금융 기관-역주)과 아시아 개발 은행(국제적인 지역 금융 기관. 아시아 지역의 경제 성장과 경제 협력을 증진하고, 지역 내 개발도상국의 경제 개발을 촉진하기 위하여 설립-역주) 등의 원조로 많은 댐이 건설되어, 그 지역의 어업에 이미 심각한 영향을 끼치고 있었다. 대형 개발이 메콩 수계에서 앞으로 계속 진행되면 세계적인 톤레삽의 어종이 소멸되고, 더욱이 한없이 많던 물마저 고갈시킬지 모른다는 우려의 목소리가 높아지고 있다.

정치적인 긴장이 사라진 후에 성장 가능성을 보여 주고 있는 캄보디아의 상업적인 어업도, 톤레삽의 물고기 생태에 커다란 영향을 주고 있다. 캄보디아에서 내수면(內水面)의 상업적인 어업이 허용되는 시기는 그 해 11월에서 이듬해 5월까지이며, 톤

3-14 카누를 만들고 있는 모습

레삽을 둘러싸고 있는 6개 주에서는 어업국에 따라 입어권(入漁權. 공동 어업권자의 어장에서 공동 어업을 할 수 있는 권리-역주)이 필요한 어장을 자세하게 구분해 놓았다. 캄보디아의 입어권 설정의 역사는 오래전으로 거슬러 올라가는데, 예전에는 남획을 막아 톤레삽의 자연을 지키는 역할을 했다. 입어권은 정치적인 불안이 이어지던 1992년 무렵까지는 이 지역 어민과 주둔하는 군대의 조합에게 주어진 적도 있었지만, 이후로는 완전한 자유 시장이 되어 어업국이 2년마다 경매에 붙였다. 캄퐁 츠낭 주처럼 좋은 어장에는 당연히 많은 응찰자가 몰렸고, 어선단을 이끌고 대규모 어업을 행하는 상인들이 그것을 장악하는 구조가 되어 버렸다. 거기에는 허가 사업에 따르는 부정부패도 존재했다.

이곳 어민 중에는 보통보다 비싼 값을 치르고, 입어권이 있는 상인에게 그 일부를 빌려 어업을 하고 있는 사람도 적지 않다. 이는 입어권이 필요한 어장이 점점 늘어나면서, 예전에는 자유롭게 양식을 얻었던 수역이 줄어들었기 때문이다. 톤레삽호의 어장이 점점 앞바다로 확대되면서, 상인이 이끄는 어선단 중에는 규정을 훨씬 웃도는 길이가 수 킬로미터인 유망(流網. 수건 모양의 그물을 수면에 수직으로 펼쳐서 조류를 따라 흘려보내면서 대상물이 그물코에 꽂히게 하여 잡는 어구, 어법-역주)을 사용하는 배도 많았다. 그러나 뇌물을 바치기 때문에 단속은 느슨했다. 반면에 그 지역 어민은 200미터 가량의 자망이나 낚시 도구를 사용하지만, 가족 어업은 10미터 이하의 망이어야 한다는 규정을 엄격히 적용하여 체포되는 일이 많았다고 한다.

입어권이 필요한 수역에서도 우기 동안은 그 지역 어민의 가족 어업은 허용하고 있었다. 하지만 실제로는 입어권을 가진 상인들이 어장을 그물로 둘러치는 경우가 많았다. 또한 톤레삽 연안 지역에서는 상품 가치가 높은 중대형 고기만을 포획하기 위해 수 미터 높이의 대나무 울타리로 맹그로브 숲과 호수나 강을 구획 지어서 수위가 어느 정도까지 내려가면, 펌프로 물을 퍼내고 전기 충격으로 물고기를 포획하는 어법이 널리 행해지고 있었다. 그 때문에 조그만 물고기나 치어는 호수나 강으로 돌아올 수 없어서 죽는 경우가 많았다.

우기에는 맹그로브 숲, 건기에는 강이나 호수에서 사는 물고기로 알려진 트라이 단크툰(타이에서는 쁘라 다쁘라, 갈치와 비슷한 물고기로 말린다) 등 예전에는 톤레삽에서 그물을 치면 가득 잡혔던 물고기가 점점 사라지고 있다고 한다. 풍부한 물고기를 유지해 주던 자연 구조가 파괴되면서, 여기에 의존하며 살던 이 지역 어민들이 생활 터전을 잃고 있었다. 상업적인 어업과 지역 어민의 이해 대립은 정치 문제로도 발전했다. 2000년 1월에는 캄퐁 툼 주(Kampong Thum)의 영세 어민들이 그들의 생활 수역과 인접한 수역의 입어권을 가진 어선단이 자신들의 구역을 침범하고 있다는 것을 호소하기 위해, 프놈펜으로 상경하여 6개월 동안 공원에서 숙식하면서 훈센 수상이 이끄는 정부에 문제 해결을 요청한 사태가 있었다. 하지만 정부는 여기에 전혀 응하지 않았고, 어민들은 결국 피곤에 지쳐 마을로 돌아갔다.

1992년부터 1997년까지 캄보디아의 담수어 어획량(시장에 출하된 어획량)은 7만 2,000~8만 4,000톤 안팎으로 추정했다. 그러나 수출량은 서서히 늘어나는 추세로 1996년에 처음으로 1만 톤 대에 이르렀고, 1997년에는 단숨에 1만 5,000톤에 달했다. 이 때 약간 감소하는 경향을 보였던 바다 생선의 수출량이 1만 3,000톤을 처음으로 웃돌았다. 수출형 중대형 고기를 특화한 내수면 어업이 활발해졌다고 볼 수 있다.

오랫동안 이어지던 내전이 종식될 조짐이 보이기 시작한 1990년대 말부터 캄보디아는 다시 쌀을 수출할 수 있게 되었다. 1960년대에는 연간 50만 톤 가까이 쌀을 수출하고 있던 캄보디아의 현재 수출 능력은 아직 수천 톤에 불과하고, 흉작이면 다시 쌀 수입국으로 전락할 가능성이 있다. 한때는 막대한 수출량을 자랑하던 콩의 생산도 정치 불안으로 감소 추세라고 한다. 그러므로 캄보디아의 식료 수출에서 담수어가 외화벌이의 선두격으로 나서고 있다. 뚜렷한 산업이 없는 캄보디아는 예전에 합법이든, 불법이든 마구잡이 목재 벌채로, 삼림의 대부분을 잃은 쓰라린 경험을 가지고 있다. 손쉬운 외화벌이 수단으로 담수어 수출이 지나치게 과열되면 똑같은 실패를 되풀이하는 셈이 될지도 모른다.

5. 물고기가 지나는 길

타이의 국경 검문소에서 출국 수속을 하고 국경 역할을 하고 있는 크롱루쿠(깊은 운하)라는, 작고 물이 말라버린 이름뿐인 강을 건너면, 곧바로 포이페트 거리로 들어선다. 국경 시장에서 야자 열매를 머리에 이고 나르는 소녀가, 기다리고 있던 캄보디아 사복 경찰관의 손에 1바트 동전을 쥐어 주었다. 이것은 바로 통행료였다. 백 개의 야자 열매를 운반하는 데에는 20바트가 들었다. 짐수레가 없는 아이들이 나를 수 있는 열매의 수는 한정되어 있으므로, 그나마 얼마 안 되는 품삯이 더욱 줄어드는 것을 감소해야만 했다.

포이페트에서 생선을 싣고 국경을 넘는 짐수레에는 두 가지 종류가 있었다. 생선 전용의 크고 단단한 짐수레는 양국 모두 검문을 당하지 않고 검문소를 빠져나갔다. 반면에 보통의 짐수레에 비닐만 덮은 것은 캄보디아를 나올 때, 경찰관에게 일단 제지당하고 통행료를 지불해야 했다. 생선 전용의 대형 짐수레는 포이페트(Paoy Pet)에서 유일하게 수산물 수출입업자의 간판을 내다 걸고 있는 회사의 데포(저장소)를 출발지로 하고 있었다. 타이어를 달 수 있는 오토바이 택시를 모는 젊은이가 생선 창고가 있다며 나를 데리고 갔다.

데포에는 마침 10톤 트럭이 한 대 들어와서 생선을 짐수레에 옮겨 싣는 모습이 보였다. 그러나 카메라를 의식했는지 관리인인 듯한 남자가 "No"라는 한 마디로 내가 안에 들어가는 것을 제지했다. 상업적인 어업을 금지하고 있는 우기에, 담수어를 타이로 수출하고 있다는 사실을 알리고 싶지 않았던 것이다. 하지만 데포에서 일하고 있는 사람들의 도움으로 잠시 후 그들과 함께 데포 안으로 들어갈 수 있었다.

담수어를 가득 실은 이 트럭은 저 멀리 수도인 프놈펜에서 왔다. 냉동 설비가 없는 보통의 트럭이었으므로 대량의 얼음으로 생선을 채우고 있었다. 데포로 들어오는 트럭의 출발지는 톤레삽 강가의 캄퐁 츠낭, 톤레메콩 강가의 캄퐁 참(Kampong Cham), 그리고 프놈펜(Phnom Penh. 캄보디아의 수도), 이렇게 세 곳이었다. 이 가운데 가장 먼 캄퐁 참 주의 생선은 톤레삽 북쪽 연안인 국도 6호선이 매우 험한 도로라서, 프놈펜을 일단 경유하고 난 뒤 5호선 국도를 통해 포이페트까지 갔다고 한다. 톤레삽 최대의 어항인 캄퐁 츠낭에서는 직접 트럭으로 출발하지만, 그 수에 있어서는 프놈펜에서 출발하는 트럭의 수가 가장 많다고 한다.

프놈펜은 톤레메콩 강, 톤레삽 강, 톤레바사크 강이 서로 만나는 지점에 위치한 도시로, 프랑스 식민지 시대에는 그 특이한 주변 지형으로 '네 개의 팔'이라는 별칭을 갖고 있었다. 프놈펜의 시가지를 조금 벗어나면 강가에서 생선을 말리거나 프로호크를 담그는 한가로운 광경을 볼 수 있었다. 물고기의 나라, 캄보디아의 수도는 물고기의 최대 집결지이기도 했다.

국도 5호선도 도로 사정이 좋지 않은 편이라, 프놈펜이나 캄퐁 츠낭을 떠난 트럭이 국경 도시에 포이페트까지 오는 데 꼬박 하루나 그 이상의 시간이 걸린다고 한다. 날씨에 따라 소요 시간이 크게 좌우되므로 정해진 도착 시간도 없었다. 상업적인 어업 금지 기간인 우기에는 하루에 2~4대, 건기의 풍어기가 되면 4~6대의 10톤 트럭이 이 데포로 들어온다고 한다. 80퍼센트 정도의 적재량에다 그 가운데 3분의 1이 얼음이라고 해도, 트럭 한 대당 5톤이 조금 넘는 담수어가 실려 있다고 볼 수 있다.

트럭 한 대 분의 생선을 대형 전용 짐수레 2대에 나눠 싣고 데포를 빠져나갔다. 이 데포를 통과하는 담수어의 양만 대략 계산해 봐도, 타이에서 말하는 수입량, 즉 캄보디아에서 들어오는 담수어 수입량의 수치가 지나치게 낮은 것을 알 수 있었다. 다른 곳에서는 트럭을 노상에 세워 재빨리 작은 짐수레에 생선을 옮겨 싣고 국경으로 향했다. 생선 반입량을 세고 있던 데포의 현장 감독은 "포이페트에서는 우리 회사만 관세를 지불하고 있습니다"라고 말했다. 그 의미는 관세를 사전에 지불하고 있기 때문에 국경에서 검문을 받지 않고 그냥 빠져나간다는 말인데, 그 액수에 대해서는 가르쳐주지 않았다. 트럭에는 여러 종류의 생선이 섞여 있었는데, 이미 비닐 봉지에 작게 포장해서 담아 놓은 트라이 사랏이 가장 많았다. 데포에서도 트럭에서 막 내린 생선의 살을 발라내 가공했다. 매일 아침 타이의 중계 상인이 어느 만큼 생선살을 발라내 가공할지 그 양을 휴대 전화로 주문한다고 한다. 장시간의 트럭 수송으로 상한 생선도 있으므로, 빌라낸 살은 일일이 냄새를 맡아보고 나서 새 비닐봉지에 담았다. 풍어기에는 트라이 켓(타이에서는 쁘라 뎬, 작은 왕메기과의 물고기)이 주를 이룬다고 한다. 이 물고기는 살이 연해서 흔히 훈제어로 쓰였지만 옛날에는 캄보디아의 훈제어로 이름을 날리던 생선이, 지금은 얼음에 채워져 대량으로 국경을 넘어가고 있었다.

생선을 싣고 오는 트럭이 아직 도착하지 않아 활어를 담을 양철 용기를 실은 짐수레 위에서 짐수레꾼들이 한가롭게 엎드려 있는 모습이 눈에 띄었다. 타이로 가는 활어는 주로 좁은 용기에 넣어도 죽지 않는 트라이 롯과 트라이 쁘라가 대부분이었으며, 간혹 앙톤(타이에서는 쁘라 라이, 뱀장어)도 있었다. 이 생선들은 양식으로도 가능한 것들이었다. 데포로 들어오는 활어는 캄보디아 제2의 도시인 바탐방(Battambang. 캄보디아 바탐방 주의 주도-역주)이 출발지이고, 그곳에서 이른 아침에 떠난 트럭은 정오 쯤에 도착한다고 했다. 타이 국경과 프놈펜을 잇는 교역의 중계지인 바탐방은 톤레삽 호로 흘러드는 스퉁상케 강(Stung Sangke. 스퉁은 톤레보다 작은 강을 가리킨다)에 접하고 있고, 호수 서부 지역에서 어획한 생선이나 양식어의 집적지이기도 했다.

프놈펜, 캄퐁 츠낭, 바탐방 그리고 포이페트를 잇는 톤레삽 남쪽의 국도 5호선이 현재는 국경을 넘어가는 생선의 주요 교통로였다. 톤레삽 호 북쪽의 시엠레압에서 어획한 고기는 국도 6호선의 웅덩이가 많은 도로를 빠져나갈 수 있는 픽업 트럭(소형 트럭의 일종)에 의한 수송만 가능하기 때문에 타이 국경으로 보내는 생선량은 아직 많지 않은 모양이었다. 그러나 타이에서 앙코르 유적 관광지를 육로로 가는 교통로가 현재 개발중에 있기 때문에 국도 6호선의 도로 상태가 좋아지면 시엠레압에서 국경으로 가는 수산물 수송이 좀더 활발해질지 모른다. 톤레삽의 어항 중에서는 시엠레압 근교의 총카니가 타이와 제일 가까웠다.

데포에서 작은 짐수레에 얼음을 날라와 채우던 열다섯 살 가량의 소년은 포이페트 거리에서 온종일 짐수레를 끌고 60~70

바트를 번다고 한다. 생선 전용 대형 짐수레꾼이 되면 하루 300 바트가 넘는 돈을 벌 수 있지만, 아무나 할 수 있는 게 아닌 것 같았다. 포이페트에는 2000년에 타이 인을 상대로 호화 카지노가 여섯 군데나 생겨났는데, 이 과정에서 빈민가가 철거되면서 여기에 살던 주민들이 항의 시위를 벌였다. 비가 내려 진흙탕이 된 조그만 거리에는 1,000대 가량의 오토바이 택시로 북적거렸다. 현대의 와일드웨스트라고도 말할 수 있는 이 거리를 경유하여 타이로 가는 수산물이 지나간다고 했다.

6. 생활에 빼놓을 수 없는 톤레삽의 물고기

프놈펜에서 출발한 쾌속선이 도착하는 시엠레압의 총카니 항도 캄퐁 츠낭 항처럼 베트남 어민들이 많은 곳이었다. 맹그로브 숲에서 호수로 들어가는 강 양쪽에 그들의 수상가옥이 늘어서 있었다. 어느 집이나 트라이 쁘라 등을 양식하느라 뜸 그물이 있었다. 베트남 여성들이 화덕에다 커다란 냄비를 가열하면서 물고기 먹이를 반죽하는 모습이 보였다. 그물에서 2년 이상 키워 조금 통통해진 트라이 쁘라는 타이로 수출했다. 베트남 어민의 수상가옥에서 조금 떨어진 상류에는 참 족 어민의 조그만 집들이 늘어서 있었다.

금어(禁漁) 기간인 우기이지만 총카니의 어민들은 이른 아침

3-15 베트남 어민의 수상가옥과 뜸 그물이 늘어서 있는 톤레삽 호로 흐르는 강

부터 악천후를 무릅쓰고, 톤레삽 호로 고기잡이를 나갔다. 자망 없이 낚시 도구만을 싣고 있는 배도 많았다. 조그만 배를 의지하여 하구에서 호수로 들어서면, 큰 파도에 배가 흔들렸다. 우기가 시작되는 초엽의 온화했던 톤레삽 호와는 분위기가 사뭇 달랐다. 그러나 그 파도에도 아랑곳하지 않고 조그만 어선이 밀크 커피색의 대해(大海)로 나아간다.

6~7미터 가량밖에 안 되는 조그만 어선이 항구로 돌아왔다. 배의 창고에는 타이 국경에서 자주 봤던 트라이 사랏과 트라이 쁘랄룬이라는 잉어 종류의 잔 생선이 들어 있었다. 강풍으로 고기잡이를 중도에 그만둔 모양인지 배의 창고 바닥에만 고기가 있을 뿐이었다. 이들을 기다리던 중개 상인은 그 자리에서

여성 손님으로 붐비는 저녁 무렵의 시엠레압 구(舊)시장의 어시장

저녁 무렵의 구시장에 진열되어 있는 트라이 쁘라

3-16 시엠레압 구(舊)시장

트라이 사랏만 현금을 주고 어민들에게 사들였고, 그들이 고용한 젊은 일꾼들은 이것을 비닐봉지에 담아 대형 아이스박스에 넣었다. 젊은 일꾼들은 목표량을 채울 때까지 사나운 바다를

3-16 프눔 클롱(Phnum Chhlong) 언덕에서 바라본 톤레삽 호와 맹그로브 숲

헤매다 하나 둘씩 항구로 돌아오는 어선을 기다리고 있었다. 비닐봉지에 담은 트라이 사랏의 행선지는 타이 국경이 아닐까 싶지만, 말이 통하지 않아 확인해 보지 못했다. 참 쪽으로 보이는 어민들의 표정이 밝지 않았는데, 흉어인데다, 상인에게서 제값을 받지 못했기 때문이었다.

시엠레압 시내에서 떨어진 프사 리우(신시장(新市場))를 아침 일찍 방문했을 때, 나는 연달아 운반되어 오는 톤레삽의 풍부한 생선에 압도당했다. 산더미처럼 쌓아 놓은 대형 트라이 쁘라의 머리를 연달아 토막내는 모습 등 타이의 어시장에서는 좀처럼 볼 수 없었던 호쾌한 광경이었다. 구(舊)시가에 있는 프사 챠(구(舊)시장)의 어시장에서는 저녁 찬거리를 사러 나온 여성들을 겨냥하여, 저녁에 새로이 트라이 롯을 들여오고 있었다. 손님들은 눈에 띄는 생선을 손과 육안으로 고르고, 머리를 쳐서 한 번에 죽인 생선을 통째로 가지고 돌아갔다. 도시와 농촌에서는 생선을 먹는 방법이나 그 양도 다르지만, 톤레삽에서 어획한 생선이 캄보디아 사람들의 생활에 빼놓을 수 없다는 사실만큼은 분명했다.

총카니 항의 뒤쪽으로 우뚝 솟은 언덕 프눔 클롱에 오르면, 밀크 커피색으로 펼쳐진 톤레삽 호와 바로 앞에 펼쳐진 맹그로브 숲 일대를 한 눈에 바라볼 수 있었다. 건기에는 3.5미터에 불과한 수심이 우기가 되면 10미터 가량으로 불어나서 주위의 삼림이나 들판을 침수시켜 몇배의 크기로 팽창하는 경이로운 자연이 이곳을 세계적인 물고기의 보고(寶庫)로 만들었다. 그러나 지금은 여러 가지 요인으로 위협받고 있다. 무엇보다도 가장 고통을 받는 것은 이곳에 의지한 채 소박한 생활을 꾸려 가고 있는 사람들일 것이다. 그러므로 현재 이곳에서 무슨 일이 일어나고 있는지, 조금은 관심을 갖고 살펴보아야 할 것이다.

제4장

이동과 교류

결국은 바다로―시작부터 끝까지, 영원히 흐르는 시간의 강 같은,
바다의 강, 오케아노스(Oceanus)에게로―돌아간 모든 것을 위해
- 레이첼 칼슨(Rachel Carson)

앞 사진 | 해변에서의 조선소. 아루 제도의 도보

바다와 국경

나가쓰 가즈후미 長津一史

1. 사마 인에게서 무엇을 보려 했는가

'전통 예술'로 알려진 발리 인(Bali. 현재 발리 섬에 살고 있는 발리 족은 원래는 동부와 중부 자바에 살고 있던 자바 인으로 이슬람 왕국이 세력을 팽창하기 시작하면서 힌두교도들이 피신 와서 정착한 곳이 바로 발리 섬이다-역주)이나 토라자 인(Toraja. 술라웨시의 중·남부 산악 지역에 사는 종족-역주)에 비해 사마 인(Sama)은 우리에게 잘 알려진 민족이 아니다. 사마 인의 '전통 문화'는 관광화하지 않은 상태이며, 거주지도 관광지에서 한참 떨어진 곳에 위치해 있다. 그런데 의외다 싶을 정도로 일본의 텔레비전 프로그램에 사마 인이 여러 번 등장했었다. 거의 모든 방송은 필리핀 남부와 말레이시아와의 국경 지대에 사는 사마 인을 대상으로 하고

213

있었다.

사마 인은 필리핀 남부의 술루 제도, 말레이시아의 사바 주, 인도네시아 동부의 술라웨시 섬 등의 연안이나 도서 지역에 사는 사람들이다(4-1). 사마는 그들이 스스로 자신을 일컫는 말로, 일부 사마 인은 1960년대 무렵까지 집을 전혀 갖지 않고 배 위에서 생활을 했다. 최근까지 선상에서 생활했던 사마 인은 스스로를 사마 딜라우토(바다의 사마)라고 불렀다. 필리핀에서는 바다 사마 인을 바자우라는 이름으로 부르고 있다. 말레이시아와 인도네시아에서는 바다 사마 인뿐만 아니라 모든 사마 인을 보통 바자우(또는 바조)라고 부른다.

일본 텔레비전에서 사마 인의 생활을 처음으로 영상에 담은 것은 1987년의 몬덴 오사무(門田 修)의 작품에서였다. 몬덴은 술루 제도(Sulu. 필리핀의 남서부 민다나오 섬과 북보르네오 사이 약 270 킬로미터의 해상에 산재해 있는 400여 개의 섬들-역주)의 사마 인과 오랫동안 함께 생활한 자신의 경험을 토대로, 뛰어난 르포르타주(현지 보고, 기록 문학) 책과 영상 작품을 선보였다. 몬덴보다 뒤에 방송한 프로그램은 대체로 이를 재방영한 것들이었지만, 그래도 사마 인의 '인기'는 계속 이어졌다. 사마 인 마을이나 말레이시아 대학에서 연구하고 있었던 1999년까지 약 3년 동안, 방송국으로부터 '사마 인을 취재하고 싶다'는 내용의 연락을 받은 적이 있었다.

사마 인이 이토록 '인기'가 있는 이유가 뭘까? 작년에 방영

된 어느 방송에서 그 이유를 찾아보고자 한다('바다를 떠도는 가족 ― 술루 해 최후의 표해민(漂海民)' 다큐멘터리 저팬 제작, TBS텔레비전, 1999년 6월 6일 방송). 방송은 다음과 같은 시를 낭송하면서 시작했다.

섬들에 폭 싸인/ 국경 없는 술루 해역을/ 가족 실은 조각배가 떠돈다/ 소년은 아버지를 보며/ 바다에서 살아가는 모든 것을 배운다

코라 루미코(高良留美子)

영상은 지금도 선상 생활을 계속하는 바다 사마 인 가족을 주인공으로 하여, 그들이 고기잡이를 하면서 필리핀 령에서 말레이시아 령 산호초로 국경을 넘나드는 모습을 좇고 있었다. 그리고 그곳에서 전개되는 세세한 '가족의 사랑' 을 그려내고 있었다.

사실 나는 이 주인공인 '가족' 을 오래 전부터 알고 있었다. 무대가 된 도시도 낯익은 곳이었다. 그러므로 방송에서 어느 부분이 각색됐는지 금세 알 수 있었다. 이 방송이 각색했다는 사실을 비난하기 위해 이 글을 쓰는 것은 아니다. 상업적인 영상 작품에는 일반적으로 시청자를 끌어들이기 위해 '눈길을 끌만한 요소' 를 증폭시켜 넣는다. 여기서 내가 지적하고 싶은 것은, 방송의 그런 '눈길을 끌만한 요소' 의 하나가 국가관에 대한

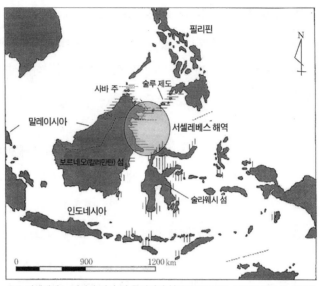

4-1 서셀레베스 해역과 사마 인 주거지의 분포도(가로선은 술루 계 사마 인, 세로선
은 술라웨시 계 사마 인, 파선은 국경)

부정이라는 점이다. 주인공 가족은 국적이 없고 아이들은 학교
에 다니지도 않는다. 그리고 '국경이 없는 술루 해역' 에서 자유
로이 국경을 넘나든다. 국가나 국경과 무관한 생활이야말로 사
마 인이 '인기' 있는 이유이고, 그 이미지에서 시청자는 감상적
인 낭만주의를 발견한 것이다.

　그런데 영상에는 이 설정에 의문을 품게 하는 한 장면이 있
었다. '국경 없는 바다' 에 대한 인터뷰에서 가족의 가장은 배
위에서 바다를 가리키며, "저 섬 건너는 사바(말레이시아) 령, 이
산호초부터는 필리핀, 저 너머에서는 순찰이 행해지고 있답니
다"라고 말했다(이 한 문장은 내가 번역했다. '사이에 있는 바다는 아

무 데도 없다' 라는 영상 자막에 해당하는 말은 확인할 수 없었다). 그 가장의 답변에서 아이러니하게도, 그는 보이지 않는 국경을 보이는 것처럼 인식하고 있다는 사실을 알 수 있었다.

사마 인의 주거지는 필리핀, 말레이시아, 인도네시아 3개국에 걸쳐 있었다. 게다가 상당수의 사람들이 국경 지대에 거주하고 있었다. 국경을 넘나드는 이동은 예나 지금이나 드문 일이 아니었다. 그렇다고 이는 사마 인이 국가와 무관하게 살아왔다는 이야기가 아니다. 오히려 국경 지대에 살고 있기 때문에 그들에게 국가와 국경은 일상 생활에 관계된 좀더 가시적인 존재였다.

여기에서는 앞에서 말한 3개국의 국경이 공존하는 해역, 즉 '서셀레베스 해' 라고 부르는 해역의 사마 인을 대상으로 그들의 생활과 국가가 어떤 관계였는지, 그 역사의 일부분을 추적해 보고자 한다. 키워드는 '바다' 와 '국경' 과 '이동' 이라고 할 수 있다. 사마 인은 해상 이동이나 이주라는 생활 실천을 통해서 국가라는 시스템과 국경이라는 틀에 대처해 왔다. 그 대처 방식을 식민지에서 독립 국가로의 이행기까지 더듬어 가며 자세히 살펴보려 한다. 구체적으로는 제2차 세계대전 전의 식민지 시기까지의 사마 인의 이동 유형을 개관한 뒤 전쟁 종료 후 서셀레베스 해에서 융성한 사마 인의 코프라 밀무역을 예로 들어 그 전개 과정과 배경을 밝히려고 한다.

2. 사마 인과 서셀레베스 해

대부분의 사마 인은 바다, 특히 산호초 바다에 밀착된 생활을 하고 있다는 점에서 공통점을 가지고 있다. 생업으로 말하면 산호초를 주된 어장으로 삼아 어업과 해산물의 중개업인 해상 교역에 종사하는 사람이 다수를 차지한다. 그들의 고상식(高床式) 가옥은 대개 연안이나 얕은 여울에 지어져 있다.

인구는 80만 명 가량으로 추정하고 있다. 거주지는 앞에서 언급한 바와 같이 광범위하게 퍼져 있으며, 각각의 거주지는 소집단으로 확산·분포하고 있다. 소규모의 이동과 이주를 거듭하여 지금과 같은 인구 분포를 이루었지만, 어디를 기원지로 삼아 어떻게 이동하고 확산해 갔는지에 대해서는 알려진 것이 없다. 그러나 식민지 기록에 따르면 이미 17~18세기에 사마 인은 필리핀 남부에서 술라웨시 남부까지 광범위하게 분산되었다고 한다.

언어나 기원 신화, 사회 조직 구조 등을 중심으로 살펴보면, 크게 두 계통으로 구분되는데, 술루 계 사마 인과 술라웨시 계 사마 인으로 나눌 수 있다(4-1). 내가 서셀레베스 해역이라고 부르는 곳은 술루 계 사마 인이 거주하는 범위의 남쪽에 위치하는 해역이다. 술루 계 사마 인 중에 예로부터 좀더 밀접한 사회 관계로 이어져 서로 간에 자주 왕래를 계속해 온 몇몇 집단이 사는 해역이라고 생각하면 된다. 생태 환경적으로는 수심이

얕고 드넓은 산호초가 여기저기 흩어져 있는 다도해이다. 이제
부터 서셀레베스 해역의 술루 계 사마 인과 그 주변에서의 인
구 이동에 대해 살펴보고자 한다.

3. 해삼과 해적 그리고 식민지

19세기 전반까지

사마 인은 17~18세기 무렵에는 광범위하게 확산·분포하고
있었다. 확산의 주된 동기는 해삼이나 상어지느러미, 진주조개
등 중국으로 가는 해산물을 채취하기 위해서였다. 예를 들면,
18~19세기에 사마 인은 해삼 등을 찾아서 남술라웨시의 보네
에서 술라웨시 연안 각지로 이동했다. 계절에 따라서는 술라웨
시 남부에서 오스트레일리아 북부 해안까지 진출한 것으로 알
려져 있다. 술루 제도에서는 보르네오 북동부 해안까지 고기잡
이를 나갔는데, 무엇보다도 중국으로 가는 해산물에 대한 수요
가 사마 인의 이동을 유발했다.

또한 사마 인은 토착 세력가의 비호와 자유로운 교역 활동이
보장되는 항구를 찾아 이동하는 경우가 자주 있었다. 여기에는
식민지 진출과 관련이 있다. 예를 들면, 17세기 전반에는 대부
분의 사마 인이 할마헤라 섬 중서부의 테르나테 왕국에서, 민
다나오 섬(Mindanao. 필리핀 제도 남단부에 있는 섬-역주) 남동쪽의

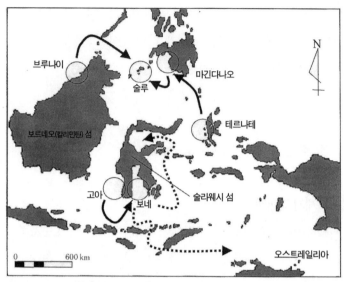

4-2 17~19세기, 사마 인의 인구 이동의 예(파선은 해산물 획득을 위해 이동한 경우, 실선은 토착 세력가를 찾아 이동한 경우)

마긴다나오(Magindanao. 필리핀 남부-역주) 왕국으로 옮겨갔다. 테르나테의 교역 독점을 꾀한 네덜란드는 1607년에 테르나테를 보호국으로 삼았다. 테르나테는 '대항해 시대'의 계기가 되었던 정향이나 육두구 등의 향신료가 나는 조그만 섬이었다. 이러한 네덜란드의 교역 지배를 피해 사마 인은 교역으로 번영하기 시작한 '이웃 나라'인 마긴다나오 왕국으로 옮겨갔던 것이다. 이 경우, 사마 인의 이동은 식민지 세력이 교역에 개입함으로써 생긴 반응이었다.

17세기 말에는 스페인이 국가 정책에 관여한 브루나이(Brunei. 남아시아 보르네오 섬 북서 해안에 있는 나라-역주) 왕국에서 술루 왕국으로, 또한 네덜란드 지배하에 있었던 고아 왕국(남부 술라웨시에서 마카사르 족이 세운 왕국-역주)에서 보네 왕국(남동부 술라웨시에서 부기스 족이 세운 왕국-역주)으로 사마 인의 집단적인 이동이 있었는데, 이들도 같은 유형의 이동으로 이해할 수 있다.

18세기 중반부터 19세기 후반까지는, 술루 제도에 형성되었던 술루 왕국이 식민지의 교역 지배를 벗어나 해양 교역으로 번영하고 있었다. 이 번영에 이끌려 사마 인은 술루에 집중되어 있었다. 또한 '바기기' 또는 '바라기기'라고 불리었던 사마 인의 일부는 왕국의 술탄이나 귀족이 조직한 해적으로 동남아시아에서 그 악명을 떨쳤다. 해적의 주 목적은 연안에 사는 사람들을 끌고 가서 노예로 파는 일이었다.

19세기 후반

19세기 중반이 되자 식민지 세력은 술루 해 주변까지 영향을 미쳤다. 싱가포르를 거점으로 삼아 '자유' 교역에 성공한 영국은 이곳을 교역의 중계 지점으로 삼기 위해 보르네오 북부와 술루 제도를 간섭하기 시작했는데, 이것이 사마 인이 이동하게 된 원인 중 하나였다. 영국인의 개입에 대항하기 위해 필리핀과 인도네시아를 각각 식민지로 만든 스페인과 네덜란드도 이 지역을 실질적으로 지배하기 시작했다.

사마 인이 이동하게 된 또 하나의 원인은 증기선의 보급이었다. 19세기 중반, 특히 수에즈 운하가 개통한 1869년 이후, 증기선과 여기에 대포를 장착한 증기함포가 동남아시아 해역의 식민지 세력에 보급되었다. 식민지 세력은 이 증기함포로 술루의 해적을 제압할 수 있게 되었다.

식민지 세력에게 해적 토벌은 중요한 과제였다. 해적을 토벌함으로써 그들의 수입원인 교역을 지키고 동시에 자신들의 식민지 지배를 정당화할 수가 있었기 때문이다. 식민지 세력은 "우리는 '무법자'를 쫓아내어 '미개발지'에 문명과 평화를 주고 있다!"라고 주장하고 있었다.

이러한 식민지 지배의 정당화는 다른 식민지 세력에 대한 시위이기도 했기 때문에, 스페인, 영국, 네덜란드는 각 세력권과 접근하기도 하고 대항하기도 하면서 사마 인 해적 토벌에 더욱더 열을 올렸다. 그 결과 사마 인 해적은 식민지 세력이 아직 미치지 못한 서셀레베스 해역의 타위타위 섬(Tawitawi. 필리핀 술루 제도 남서쪽에 있는 섬-역주)이나 보르네오 북동부 해안으로 옮겨갔다. 그곳은 19세기 후반까지 남아 있던 식민지 지도상의 아주 작은 공백이었다. 그곳이 바로 서셀레베스 해역이었다.

또한 해적의 이동에 따라 어민 등 기타 사마 인의 이동도 생겨났다. 예를 들면, 스페인 해군에 의해 해적이 타위타위 섬으로 쫓겨나자, 이번에는 그곳에 살던 어민이 해적을 피해 보르네오 북동부 해안으로 이주했다고 한다.

19세기 후반에서 20세기 중반

1881년에는 영국을 등에 업고 설립된 영국 북보르네오 회사가 보르네오 북부를 통치하기 시작했다. 서셀레베스 해상에서 본격적인 식민지 분할이 시작되었던 것이다. 술루 제도의 말단까지 실제적인 지배가 이루어졌다. 네덜란드도 북보르네오 회사령과의 경계까지 세력을 펼쳐나갔다. 그리하여 1915년까지 서셀레베스 해에는 미국, 영국, 네덜란드의 식민지 경계선이 거의 확정되었고, 서셀레베스 해역은 식민지 국가의 국경 지대가 되었다.

그러나 이 과정에서 사마 인은 식민지 지배 안으로 편입되지 않았다.

사마 인은 한편으로는 식민지 세력에 쫓겨나고, 한편으로는 해적을 피해 식민지 세력이 한창 영역권 싸움을 벌이고 있던 서셀레베스 해역으로 퍼져 나갔다. 그 결과 식민지의 '영역 쟁탈전'이 끝나고 난 후, 사마 인의 거주지는 식민지의 국경을 넘어 여기저기에 흩어져 있었다. 국경 간의 커뮤니케이션은 단절되지 않았기 때문에 해상의 어떤 선을 경계로 해서 지배 체제가 달라진다는 것을 사마 인은 알고 있었다. 그래서 이번에는 자신들에게 좀더 유리한 쪽을 선택하는 식으로, 더 나아가서는 국경을 이용하는 식으로 그들은 옮겨다녔다.

'유리하다'는 것은 어떤 의미일까? 단적으로 말하면, 이는 식민지 권력에게 생활에 대한 간섭을 덜 받고, 동시에 해산물 교역이 번영을 누리는 것을 의미했다. 어민에게는 해적을 단속하고 치안 유지가 이루어지는 것도 중요했다. 식민지 경영에 관한 이념이나 재정 상황의 차이 때문에 3개국의 식민지는 이러한 점에서 모두 같지는 않았다.

행정을 살펴보면 미국은 1903년 이후 남부의 이슬람 지역에 대해 직접 군정을 실시하는 등 술루에서 강경한 식민지 지배 정책을 추진했다. 반면에 북보르네오 회사는 국왕의 이름 아래 면허(차타), 즉 영국의 공적인 비호하에 있다는 보증은 부여하지만, 통치 비용은 부담하지 않는다는 영국 본국의 기묘한 식민지 정책 속에서 생겨난 정치 체제였다. 그 때문에 식민지 경영의 재원도, 영국인 행정관의 수도 부족해서 느슨한 간접 통치를 할 수밖에 없었다. 네덜란드 령 보르네오도 영국과 비슷한 상황이었다.

식민지 행정에 대한 각 나라의 정책이 식민지마다 얼마나 다른지는 학교 교육 실태에서 잘 보여 주고 있다. 미국은 필리핀을 통치하자마자 곧 '원주민'에 대한 초등교육을 의무화했다. 1910년대에 술루 제도 전역의 인구 수백 명 단위의 섬에까지 초등학교를 세워, 교원을 파견할 정도로 힘을 기울였다. 이에 비해 북보르네오 정부의 교육 정책은 느슨했다. 예들 들면, 보르네오 동해안인 셈포르나(Semporna. 말레이시아 사바 주의 동쪽 해안에 있는 항구 도시-역주)에 정부가 원주민 초등학교를 세운 것은 겨우 1936년이 되고 나서였다. 그것도 인구가 1만 명을 넘는 지역에 딱 한 곳을 세웠을 뿐이다.

그러나 북보르네오 정부는 상업적인 면에서는 적극적이었다. 19세기 후반에 보르네오 북동쪽 해안에 위치한 타와우(Tawao)와 셈포르나에 화교와 '원주민'을 이주시켜 이 두 지방을 교역 센터로 발전시켰다. 또한 정부는 담배나 고무 같은 수출용 작물의 플랜테이션을 타와우 등 각지에서 전개했다. 미국과 네덜란드는 서셀레베스 해역 같은 변경에서는 상업적인 면에서 적극적으로 관여하지 않았다.

19세기 후반부터 20세기 전반에 이르기까지, 사마 인은 이처럼 차이가 나는 지배와 제도가 인접하는 곳인 식민지 국경 지대에서 해상 이동을 전개했다. 그 유형은 제도로부터 도망, 교역과 노동 시장에 대한 접근 그리고 밀무역, 이렇게 세 가지로 크게 나눌 수 있다. 물론 어획을 바라고서 국경을 넘어 이동하는 경우도 계속되었기 때문에 네 가지 유형으로 볼 수도 있다. 하지만 출어(出漁) 이동 그 자체는 딱히 식민지 침투와 관계 있는 것은 아니었다.

제2차 세계대전 전의 식민지 시기에 서셀레베스 해에서 자주 일어난 것은 학교 교육이라는 제도를 피해 미국령 술루 제도에서 북보르네오와 네덜란드 령 보르네오로 옮기는 이주와 교역과 노동 시장에 끌려 네덜란드 령 보르네오와 미국령 술루 제도에서 북보르네오의 타와우나 셈포르나로 옮기는 이주였다.

미국은 비자야 인 같은 기독교도를 교원으로 술루에 파견했기 때문에, 무슬림인 사마 인은 학교 교육을 기독교 포교의 수단으로 간주하고 두려워했다. 술루에서 학교 교육을 기피하는 것은 이 때문이었다.

또한 이 시기에 사마 인의 이동은 '국경을 이용한다'는 성격을 띠고 있었다. 범죄자의 월경(越境) 도망이나, 국경 간에 생기는 상품의 가격차를 전제로 하는 밀무역은 이러한 이동의 전형적인 예였다. 19세기 후반부터 20세기 전반까지 서셀레베스 해에서는 아편, 잎담배, 의류나 식기 등이 북보르네오에서 술루나 네덜란드 령 보르네오로 밀수출되었고, 해삼, 진주조개, 비둘기집, 등나무, 다마르 수지 등의 해산물이나 열대림 산물과 교환되었다.

하지만 이 시기의 밀무역은 뒤에 나오는 코프라 밀무역처럼 대규모로 전개되지 않았다. 여기서는 국경의 존재를 거꾸로 이용하는 식으로, 사마 인이 밀무역을 생업으로 해 왔다는 것을 유념해 둘 필요가 있다.

지금까지 살펴본 사마 인의 이동 포인트를 정리해 보면, 사마 인의 이동이 출어라는 측면은 별도로 볼 때, 식민지 전개에 따라 이루어지고 있다는 것을 알 수 있다.

사마 인이 서셀레베스 해로 이동한 것은 그곳이 식민지의 틈새로 남겨진 공백이었기 때문이다. 식민지 분할이 완료된 후에는 식민지의 국경을 넘는다는 것 자체가 동기로 작용해서 이동

하게 되었다. '자신에게 유리한' 제도의 선택과 밀무역이라는
동기인 것이다.

사마 인은 예로부터 서셀레베스 해역을 왕래하고 있었다. 그
러나 왕래가 빈번해진 이 해역에 특히 북보르네오와 네덜란드
령 보르네오 쪽에 일정한 인구가 이주하게 된 것은 식민지에
의해 국경이 정해진 후의 일이었다. 즉, 사마 인이 국경 지대에
모여 거주하게 된 것은 식민지 세력의 침투와 국경 설정의 역
사적인 귀결이었다는 이야기이다.

4. 코프라 밀무역 시대 바다

밀무역의 전개 과정

1940년대 후반에서 1960년대 전반까지, 서셀레베스 해에서
는 밀무역이 한창 성행하던 시기였다. 바로 코프라 밀무역 시
대였다. 사마 인은 이 시기를 밀무역의 시대라고 하면서 그리
워한다. 이는 서셀레베스 해역이 번영한 시대였기 때문이다.

제2차 세계대전이 끝난 후, 다음과 같은 정치 상황의 변화가
있었다. 1946년 필리핀은 미국으로부터 독립했다. 한편 북보르
네오는 영국의 직할 식민지가 되었다. 장래가 불분명한 모라토
리엄(유예 기간)적인 식민지 지배가 이곳에서는 계속 이어졌다.
인도네시아는 일본군이 항복하자마자 독립을 선언했지만, 이

를 저지하려는 구종주국인 네덜란드와의 독립 전쟁을 피할 수 없었다. 네덜란드가 물러가고 인도네시아가 공화국으로 명실 공히 독립한 것은 1950년이었다.

1940년대 후반에서 1950년대까지 서셀레베스 해는 독립한 필리핀과 인도네시아, 식민지 지배하의 북보르네오, 이 3개국의 정치·경제 상황이 복잡하게 얽혀 있는 지역적인 맥락 속에 위치하고 있었다. 코프라 밀무역은 이 지역적 맥락과 밀접한 관계 속에서 전개되었다.

코프라는 코코야자 열매 안쪽의 하얀 부분인 배유를 말린 것이다. 코코야자는 예로부터 동남아시아 각지에서 자가 소비용으로 심어 왔다. 그러나 코프라가 상품 작물로 국제 시장에 등장한 것은 19세기 후반이었다. 코프라는 값이 많이 오른 동물성 유지(소기름 등)을 대체하는 식물성 유지로서 상품화하였다. 처음에는 비누나 양초의 원료였으나, 20세기 전반에 코프라에서 냄새를 제거한 후, 순수한 유지 성분을 추출하는 것이 가능해졌다. 이것이 바로 마가린의 원료이다. 그 후 코프라의 수요는 서서히 늘어났다.

제2차 세계대전으로 물류가 혼란해진 결과, 전쟁이 끝난 후 전 세계적으로 유지 부족 현상이 일어났다. 여기에 한국전쟁으로 인해 상황은 더욱 악화되었다. 코프라에 대한 수요는 급증했고 가격도 많이 올라가게 되었다. 이것이 코프라의 밀무역이 성행하게 된 계기였다.

1948년의 북보르네오 관세국 연차 보고에는 다음과 같은 내용이 있다.

1947년 8월에 동해안 주변과 앞바다 섬들에서 신형 순시선의 시험 운행을 실시하기로 결정했다…… 항해를 시작하자마자 북보르네오 해역에서 불법 어로를 하고 있던 2,300달러 상당의 코프라를 실은 필리핀 배 두 척을 시아밀 섬에서 나포했다…… 수사 결과 밀수된 물품이 대량으로 발견되어 이 섬들 동해안과 필리핀 사이에 밀수가 대규모로 이루어지고 있다는 사실이 분명해졌다.

이는 이후 10년 넘게 이어진 밀무역 시대의 시작이었다.

아울러 쿤피트는 전쟁 후 사마 인들 간에 일반화된 배의 현지 이름이었다. 배의 크기는 적재량 수톤에서 30톤까지 다양하지만 빠르고 좀더 많이 실을 수 있게 고안되었다는 면에서는 공통적이었다. 이 쿤피트와 술라웨시의 부기스 인이 이용한 파당칸 선이 코프라 밀무역을 담당했다.

밀무역되는 코프라는 대개 북보르네오에서 팔려 그곳에서 정식 통로를 이용하여 서구로 수출하였다.

북보르네오에서의 코프라 수출액은 1950년대에 들어서면서 폭발적으로 늘어나, 1950년대 말에서 1960년대 초에 그 절정을 이루었다(4-3). 그러나 제2차 세계대전 후 약 15년 간 수출의

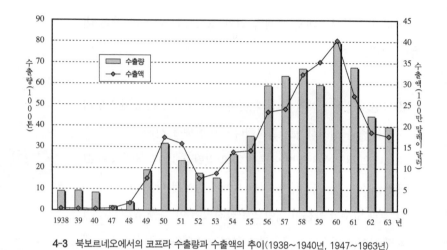

4-3 북보르네오에서의 코프라 수출량과 수출액의 추이(1938~1940년, 1947~1963년)

급격한 증가는 그에 상응한 코프라 생산량의 증가 때문이 아니었다. 사마 인이나 부기스 인에 의해 인근 국경 지대에서 합법적인 방법뿐만 아니라 불법적인 방법으로도 수입되어 이것이 다시 수출되고 있었다.

수출액이 최고로 많았던 1960년의 코프라 수출은 7만 9,676톤의 4,024만 242말레이 달러였지만 그 가운데 6만 4,465톤의 3,260만 1,240말레이 달러, 즉 약 80퍼센트가 재수출이었다.

필리핀의 술루를 기점으로 해서 사마 인의 밀무역을 살펴보면 두 가지 유형이 있다는 것을 알 수 있다. ① 북보르네오로 코프라를 직접 가지고 들어가는 유형과 ② 술라웨시까지 항해해서 그곳에서 입수한 코프라를 북보르네오로 운반하는 유형이다.

①의 경우, 사마 인은 우선 주변에서 코프라를 사 모아 그것을 쿤피트에 싣고, 북보르네오의 산다칸(Sandakan. 북보르네오 동해안에 있는 항구 도시-역주)이나 타와우로 운반한다. 그곳에서 코프라를 담배, 향수 같은 사치품과 교환한다. 또는 일단 현금으로 바꾸고 나서 이 상품들을 구입한다. 그리고 그 상품을 필리핀으로 가지고 돌아와 다시 판다.

②의 경우는 우선 술루나 북보르네오에서 설탕이나 쌀, 통조림 같은 식료품, 식기, 담배 등을 사서 그것들을 쿤피트에 싣고 술라웨시 섬 서해안인 톨리톨리 주변이나 미나하사 반도(Minahasa. 인도네시아 술라웨시 섬 미나하사 반도의 동단을 차지하는 지방-역주)연안으로 간다. 그곳에서 가지고 간 상품과 코프라를 교환하여 그것을 북보르네오로 운반한다. 그 다음은 ①과 동일하다.

그런데 코프라는 왜 북보르네오로 운반한 것일까? 코프라의 가격 차이가 주된 이유임에는 틀림없지만 부수적인 사정을 덧붙일 필요가 있다.

1969년쯤 필리핀의 삼보앙가(Zamboanga. 필리핀 민다나오 섬 삼보앙가델수르 주에 있는 도시-역주)에서는 코프라는 1킬로그램당 0.5페소였다. 이것이 산다칸에서는 1.66페소로 3배가 넘었다. 이익을 충분히 낼 수 있는 가격차였다.

그러나 북보르네오에 코프라를 도매로 파는 이점은 그것만이 아니었다. 1956년에 북보르네오를 방문한 필리핀 공무원은 코프라 밀무역을 빈정대며 이렇게 평하고 있었다.

북보르네오에서 술루의 무슬림은 코프라와의 교환으로 옷감, 구
두, 식료품, 건축 자재 등 필리핀에서는 쉽게 구할 수 없는 사치
품을 '사 들인다'. 이 상품들 몇 가지는 영국제 구두, 포마드, 유
럽제 향수인데 필리핀에서 수요가 높아서 틀림없이 상당한 양이
마닐라까지 운반되고 있다. 산다칸에서 26달러 하는 영국제 구
두 한 켤레는, 마닐라에서는 90달러나 한다. 체스타필드 사(社)
의 20개비 들어 있는 담배 한 갑은 산다칸에서는 단돈 70센트이
지만, 세부나 마닐라에서는 1.2달러나 한다. 밀무역은 꽤나 이익
이 남는 장사이다.

아직 영국의 직할 식민지였던 북보르네오에서는 영국제 사
치품을 싼값에 구할 수 있었다. 이것을 필리핀에다 팔면 큰 이
익을 볼 수 있었다.

반면에 술라웨시의 사정은 조금 복잡했다. 1940년에 네덜란
드 동인도(인도네시아) 정부는 마카사르에 코프라 협회를 설치
하여, 술라웨시에서 코프라 거래를 독점할 수 있는 체제를 갖
추고 있었다. 제2차 세계대전 후에는 이것을 '인도네시아'가
계승했다. 새로운 코프라 협회는 본부를 자카르타로 옮겨 인도
네시아 전역의 코프라 거래를 관리하였다. 협회는 자바 인을
주체로 하는 인도네시아 독립 정부와 밀접하게 관련되어 있었

고, 실질적으로는 그 의향에 따라 코프라 거래를 통제하는 정부의 대리 기관이었다.

코프라 협회는 식민지 정부가 설정하고 있던 거래 구분을 지속하고 술라웨시를 포함한 동인도네시아를 독점 거래 지구, 자바나 수마트라를 자유 거래 지구로 삼았다. 이러한 거래 통제는 당연히 동인도네시아의 코프라 생산자에게 불리했다. 가령, 술라웨시 산 코프라는 수마트라 산이나 자바 산 코프라보다 품질이 우수했음에도 불구하고 소매 가격은 100킬로그램 당 전자가 140루피아, 후자가 245루피아였다. 더구나 그 지불마저도 자주 지체되었다.

더욱이 1950년대 계속되었던 인플레와 루피아의 가치 하락 때문에, 뒤에서 언급할 반정부 투쟁으로 육지와 바다의 유통로가 모두 폐쇄되는 바람에, 술라웨시에서는 식료품을 포함한 생필품마저 부족한 사태가 발생했다.

현금 수입의 80퍼센트를 코프라에 의존하던 북중부 술라웨시 주민이 이런 상황에서 자바를 경유하지 않고 코프라를 직접 '외국'과 거래하려고 하는 것은 당연한 이치였다. 술라웨시의 코프라 생산자는 필리핀이나 북보르네오의 물품, 특히 생필품을 원했다. 사마 인의 밀무역은 그 수요와 관련된 것이었다.

코프라 밀무역의 지역적인 국제 관계
지금까지 살펴본 코프라를 둘러싼 경제적 상황에 덧붙여 또 하나 간과할 수 없는 배경이 있다. 제2차 세계대전 후, 각 국의 국내 정치 상황과 서셀레베스 해에 집약된 지역적인 국가 간의 관계이다.

우선, 필리핀부터 살펴보면, 전쟁 후 코프라는 필리핀 최대의 외화 벌이 상품이 되었다. 그러므로 정부는 그 불법 유출을 필사적으로 막으려고 했다. 그럼에도 술루를 기점으로 하는 코프라의 밀무역이 성행한 이유는 무엇일까?

독립 국가가 된 필리핀은 다수파인 북부 기독교도와 마찬가지로, 소수파인 남부 무슬림을 '국민'으로 평등하게 대우해야만 했다. 또한 무슬림 주민의 정치적인 분리를 막기 위해 그들에게 어느 정도 자치권을 부여하지 않을 수 없었다. 그 일환으로 북보르네오와 술루의 무슬림 사이에 '관습적인 독자적 관계'가 있다는 사실을 인정하고, 그곳에서의 코프라 교역을 '자가 소비용 물품과 물물 교환 하는 조건으로'라는 단서를 붙여 합법화했다. 이것이 한 가지 이유이다.

그 제한을 초과하는 교역은 밀무역이라 보고 단속 대상이 되는데, 앞서 인용했던 공무원의 말에서도 알 수 있듯이 대부분의 교역자는 밀무역을 목적으로 하고 있었다.

그런데 그 밀무역에 대한 단속은 느슨할 수밖에 없었다. 밀무역자와 정치가가 자주 유착하고 있었기 때문이다. 예를 들면, 술루의 홀로 섬(Jolo. 필리핀 남서부 술루 제도의 주도(主島)-역주)의 단체장은 해군이나 경찰이 밀무역 단속을 완화하도록 개입하여 밀무역자의 편의를 제공하고 있었다. 밀무역자는 그 대신 자금이나 인력 동원 등으로 단체장을 지원했다. 이것이 두 번째 이유이다.

세 번째 이유는 인도네시아의 술라웨시와의 관계이다. 나중에 언급하겠지만 1950년대의 술라웨시에서는 두 번의 반정부 투쟁이 발생했다. 미국 정부는 이를 공산주의 성향을 띠고 있는 수카르노 자카르타 정부에 대한 반란으로 보고, 한때 반란군을 뒤에서 지원했다. 필리핀의 술루는 그 지원 창구의 하나로 물적, 인적 지원이 술루에서 술라웨시로 보내졌다. 독립 후에도 구종주국이었던 미국의 영향하에 있었던 필리핀 정부는 반란군을 공식적으로 지원하지는 않았지만, 암암리에 지원 경로의 존재를 허용하고 있었다. 즉 윗선에서 '밀무역'을 묵인하고 있었던 것이다. 그러므로 이 해역에서는 코프라 밀무역에 대한 단속이 불완전할 수밖에 없었다.

여기서 술라웨시의 정치적 상황에 대해 대략 살펴보면, 남술라웨시에서 네덜란드와의 독립 전쟁에서 활약했던 게릴라 부대는 1949년 독립전쟁이 종결되자, 인도네시아 공화국 군 지휘하에 편입되었다. 그러나 자바 인 주도의 공화국 군에 대한 불만으로 카하르 무자카르라는 부기스 인이 이끄는 게릴라 부대는, 이번에는 공화국 군에 대항해서 무장봉기를 했다. 부기스 인은 남술라웨시에서 다수파를 차지하는 민족 집단이었다. 이 반정부 투쟁은 1950년대 내내 남술라웨시 각지에서 혼란을 조성했고, 카하르 무자카르가 살해당한 1965년까지 이어졌다.

더욱이 좀더 조직적이고 대규모적인 반란은 북술라웨시에서 발생했다. 프루메스타(전체 투쟁 선언)라고 부르는 이 반란은 자카르타의 코프라 독점에 대한 술라웨시 일반 대중의 불만과 자카르타 군지도부의 군관할 구역 재편과 인사 조작에 대한 술라웨시 군인의 불만을 배경으로 발생했었다.

공화국 군에 반기를 든 군인을 중심으로 한 프루메스타 반란군은 1957년에 무장봉기하여 한때는 북술라웨시에서 몰루카까지 지배하에 두었다. 앞에서 언급했듯이 미국의 지원이 있었다. 프루메스타와 공화국 군의 전투는 1961년까지 이어졌다.

이 내란으로 술라웨시의 내륙에서는 식량 이외의 생필품의 유통망이 폐쇄되고, 바다에서는 코프라 수송로였던 자바 해 경로가 차단되었다. 따라서 앞에서도 말했듯이 주민이 코프라 판로를 밀무역에 의존하는 것은 당연한 일이었다.

내란은 국경 경비에도 장해가 되었다. 자카르타 정부는 코프라 밀수출이 반란군의 자금원에 쓰이고 있다는 것을 알고 있었다. 또한 그 경로가 반란군에 무기 등을 공급하는 경로라는 사실도 알고 있었다. 그래서 밀무역의 단속은 큰 관심사였다. 그러나 술라웨시 주민들은 자카르타 정부가 코프라 거래를 독점하고 있는 것에 불만을 가지고 있었고, 또한 단속하는 입장인 군인도 이 불만에 동조하고 있었다. 북술라웨시 군인은 간혹 밀무역을 공공연하게 옹호하는 입장을 보였고, 때로는 직접 밀무역에 관여하는 경우도 있었다. 그리고 1957년 이후 북술라웨시 군이 반정부 투쟁에 나섰던 상황에서는 연안을 철저하게 경비하는 일이 불가능했다.

밀무역의 종착점인 북보르네오의 사정은 어떠했을까? 북보르네오 정부의 코프라 밀무역에 대한 태도는 필리핀이나 인도네시아와는 사뭇 달랐다.

북보르네오에서는 어떤 종류의 코프라든 관세만 지불하면 합법적인 '구상 품목'이었다. 북보르네오 정부는 술라웨시나 술루에서 들어오는 코프라를 '밀무역'으로 간주하지 않았다. 북보르네오는 늘 코프라를 받아들이는 입장, 즉 그로 인해 수익을 내는 입장이었다.

북보르네오 정부는 영국 식민지의 '전통'인 개방적인 교역을 끝까지 고수하고 있었다. 1950년대, 필리핀과 인도네시아의 양 정부는 북 보르네오가 코프라 밀무역을 용인한다는 사실, 다시 말해서 그것으로 인해 양국이 피해를 보고 있다는 사실에 대해 상기하며 간혹 비난하곤 했다. 이 비난에 대해서 북보르네오 총독 탬블 경은, 1956년에 예산 연설 중에 이렇게 대응하고 있었다.

지역적인 교역은 우리 나라의 법률에 따라 행해지지 않는다 ……교역은 물과 같다. 흘러가기에 가장 좋은 곳으로 흐르게 마련이다. 우리 나라의 구상 교역이 증가한 것은 다른 교역로가 장해투성이가 되었기 때문이다.

밀무역자를 대변하는 듯한 논평이었다. 탬블 경은 제2차 세계대전 전에 싱가포르에서 구상 교역을 제도화한 사람이었다.

모라토리엄적인 북보르네오의 영국은 언젠가는 철수해야만 했기 때문에 인접국과의 외교 관계에 신경 쓰기보다는, 개방적인 교역으로 얻을 수 있는 제반 이익을 최대화하는 것을 우선시했다.

1950년대의 북보르네오는 밀무역자의 천국이라고 일컬어지기도 했다. 이곳으로 밀무역자가 모여든 것은 바로 '물이 흘러가는 것과 같다' 라는 이야기이다.

밀무역의 네트워크

코프라 밀무역이 전개된 경제와 정치의 맥락은 앞에서 살펴본 바와 같다. 그러나 그러한 구조적 맥락이 존재했음에도, 서셀레베스 해 주변의 모든 주민이 밀무역에 관여한 것은 아니었다. 실제로 밀무역 항해를 장악하고 있던 사람들은 대부분 사마 인과 부기스 인이었다. 타우숙 인(Sulu. 군도의 섬들에서 발견할 수 있는 모로르(Moros) 족이나 남부 필리핀 무슬림으로 알려져 있다-역주)이나 미나하사 인(Minahasan. 인도네시아 술라웨시 섬 미나하사 반도에 사는 종족-역주), 보르네오 동해안의 말레이 인 등은 거주지에서 밀무역 상품의 유통에 관여하기는 했어도, 밀무역 항해

4-4 코프라 밀무역의 경로(실선 표시는 하지 야콥 씨의 예, 파선 표시는 다른 예)

자체에는 그다지 참가하지 않았다. 그 이유가 무엇일까?

그것은 사마 인이나 부기스 인의 인간 관계와 정보의 연쇄
망, 즉 네트워크가 서셀레베스 해를 장악할 수 있는 범위로 형
성되어 있었기 때문이다. 후자의 사람들에게는 이것이 결여되
어 있었다.

여기서는 한 사마 인의 이야기를 가지고 그가 관여한 코프라
밀무역의 경위를 재구성해 보고자 한다(4-4).

하지 야콥 씨(가명)는 필리핀의 시탄카이 섬에 사는 60대의

사마 인 남성이다. 그의 조부는 어업과 교역을 하면서 가는 곳 마다 현지 여성과 결혼하며 다른 섬으로 옮겨 다녔다고 한다. 시탄카이도 그 섬들 중 하나였다. 이곳에서 생긴 자식 중 한 사람이 하지 야콥 씨의 부친이었다. 조부는 시탄카이를 떠난 후, 북보르네오를 경유해서 브라우 앞바다의 마라투어 섬에 이르렀고 그곳에서 여생을 보냈다.

10대 후반이었던 하지 야콥은 제2차 세계대전 후, 한동안 어른들을 따라다니며 코프라 밀무역에 가담했다. 처음에는 다른 섬의 사마 인이 소유한 쿤피트 선에 고용되었다. 몇년 후 거기서 일해 주고 받은 자금을 토대로 쿤피트를 구입해 직접 코프라를 밀무역했다. 이 일에 친척이 교대로 가담했다.

밀무역 방법은 다음과 같았다. 우선, 시탄카이에서 설탕, 쌀, 과자류, 미군의 군용 휴대 식량, 통조림, 의류, 식기 등 각종 생활 물자를 사들여 이를 쿤피트에 싣고 출항했다. 국경 경비를 피하기 위해 어선으로 위장했다.

타와우 앞바다에서 타라칸에 이르는 국경 지대에서는 인도네시아의 순시정이 자주 경비를 하고 있었다. 이곳만 무사히 지나가면 그 다음은 그리 힘들지 않았다. 선원 한 사람이 브라우의 경찰과 통하고 있었기 때문이다.

또한 몇몇 선원은 어업 하느라 이 해역을 자주 왕래하고 있었다. 그들은 경비가 적은 해로나 바람의 상태 등을 잘 알고 있었다. 이 해역에서는 계절풍 말고도 보르네오 본섬에서 부드러운 동풍이 정기적으로 불고 있었다. 하지 야콥 일행은 이 바람을 타고 항해했다. 브라우 앞바다에 있는 마라투어 섬이 최초의 목적지였다. 야콥의 조부가 마지막으로 살았던 섬이다.

하지 야콥이 처음으로 마라투어에 기항한 때는 다른 배에 고용되어 밀무역을 하고 있었던 시기였다. 마라투어에는 조부의 손자, 즉 조모가 다른 손자들과 만날 수 있었다. 부친에게서 그곳에 친척이 있다는 이야기를 듣고 유심히 살펴봤던 것이다. 그 이후 하지 야콥은 이 섬을 밀무역 중계 지점으로 삼았다.

마라투어 섬에서는 술라웨시의 톨리톨리 앞바다에 위치한 시마탄 섬을 목표로 했다. 그곳에는 마라투어 섬의 사마 인이 많이 이주해 있어서, 그들이 코프라의 집하(集荷)를 어떻게든 도와주었다. 이 섬과 그 주변의 마을들을 다니며 물물 교환으로 코프라를 입수했다. 이렇게 해서 모은 코프라를 쿤피트에 싣고 같은 항로를 이용해 돌아왔다. 톨리톨리에서 좀더 멀리 메나도(Menado. 인도네시아 술라웨시우타라 주의 주도-역주)나 마카사르 쪽으로 항해하는 배도 있었다.

국경 경비에 대한 정보를 입수하기 위해 돌아가는 길에 또다시 마라투어 섬을 들렀다. 정보에 따라서는 며칠 출항을 미루기도 했다.

마라투어에서는 타와우로 향했고, 그곳에서 코프라를 화교 상인에게 팔았다. 코프라를 팔아 받은 돈으로 담배나 의류, 통조림 등을 사서 이를 시탄카이나 타위타위에다 팔았다.

위의 하지 야콥의 이야기에서 사마 인의 네트워크가 코프라 밀무역을 지탱하는 토대였다는 사실을 알 수 있을 것이다.

네트워크는 우선 이동을 가능하게 하는 인간 관계로 이루어져 있었다. 하지만 이것은 하지 야콥의 이야기에서 알 수 있듯이, 고정적인 인간 관계가 아니라 잠재적으로 있었던 관계가 발전되고 재결합되는 관계였다. 하지 야콥의 예뿐만 아니라 친족이라 부르는 관계가 밀무역을 통해서 '재발견'되었다는 이야기는 브라우 앞바다나 술라웨시 등 각지에서 들을 수 있었다.

이렇게 '재발견'되는 사마 인의 '친족' 관계는 제2차 세계대전 전에, 그들이 국경 지대로 퍼져 나간 시기가 그 기원이라고 볼 수 있다. 전쟁으로 인해 소원(疏遠)해졌던 그 관계가 밀무역 과정에서 재확인되고 새삼 '친족' 관계로 기능하게 된 것이다.

네트워크는 이동을 원활하게 해 주는 지역적인 인간 관계뿐만 아니라 국경을 넘는 이동에 빼놓을 수 없는 정보의 경로로도 기능했다. 사마 인은 이 네트워크를 통해서 코프라 집하의 가능성이나 국경 경비에 관한 정보를 입수했다. 서셀레베스 해에서의 사마 인의 네트워크는 그들이 국경을 넘어 이동하기 위한 방책의 하나였다. 코프라 밀무역을 되돌아보면 그것이 1950년대의 서셀레베스를 둘러싼 정치와 경제의 복합적인 맥락에서 생겨난 현상임에는 틀림없다. 그러나 지금 네트워크에 대해 살펴보았듯이 사마 인도 밀무역을 전개하기 위해서는 전제 조건이 있었다. 네트워크뿐만 아니라 가령 밀무역자이면서 동시에 이동 성향이 있는 어민이기도 했던 사마 인이 서셀레베스 해의 자연 환경에 관한 지식을 갖추고 있었다는 사실도 전제 조건의 하나로 봐야 한다. 사마 인의 이러한 조건을 고려하지 않고서는 코프라 밀무역의 주체가 어째서 사마 인이었는지 그 이유를 파악하기 어렵다.

코프라 밀무역은 이런 전제 조건을 구성 요소를 내포한 사마 인의 생활 세계와 국가와 국경이라는 테두리에 기인하는 정치 경제의 문맥이 교차한 곳에서 사마 인이 전개한 이동 생활의 응용과 실천이었다.

밀무역의 종언

코프라 밀무역은 1960년대 초를 경계로 해서 급속히 쇠퇴했다. 1963년 북보르네오는 말레이시아 연방의 사바 주(Sabah. 말레이시아 보르네오 섬의 북동부를 차지하는 주-역주)로 독립했다. 인도네시아와 필리핀은 이 때 말레이시아 연방을 패권주의적이라고 비난하고 말레이시아와 국교를 단절했다. 인도네시아와 말레이시아 사이에는 군사 충돌도 발생했다. 이 과정에서 서셀레베스 해의 밀무역 경로는 차단되고 국경은 쉽게 넘을 수 없는 장벽이 되고 말았다.

1965년에는 각 나라의 국교가 회복되어 국경 경비가 '보통'의 상태로 돌아왔지만, 코프라 밀무역이 부활하지는 않았다. 강압적인 수하르트의 신정권이 인도네시아의 치안 유지를 꾀했으며, 또한 코프라 운송을 포함한 물류도 국내로 다시 돌렸기 때문이다. 그러나 좀더 결정적이었던 것은, 1960년대 후반의 사바 주에서는 코프라가 밀무역을 할 만큼 가치 있는 상품이 더 이상 아니었다는 사실이다. 식물 유지의 주류는 코프라에서 기름야자의 유지로 옮겨갔던 것이다. 대규모 자본이 투입된 플랜테이션에서 조직적으로 생산하는 기름야자 유지는 밀무역으로 취급할 수 있는 '대중적인' 상품이 아니었다. 그 이후 사마 인의 일부는 담배나 알코올 음료를 밀무역하는 일로 옮겨갔지만 코프라 밀무역처럼 일반화될 만큼 번성하지는 않았다.

5. 감상적인 낭만주의를 넘어

동남아시아 각 국은 식민지에 기원하는 자의적인 테두리, 즉 국경을 실체화하여 '정통'으로 하는 사회 공간, 즉 국가 영역으로 삼는 데 상당한 성공을 거두었다. 그러나 국경 지대에서 살아가는 사람들의 입장에서 보면, 그들은 그 자의적인 선에 둘러싸여 그 내부에서 국민으로 순화되는 것이 아니라, 자신들의 생활에 이로운 방향으로 그 선에 대처해 왔다. 서셀레베스 해에서의 사마 인의 해상 이동은 그러한 대처 방식의 한 가지였다.

식민지가 침투하기 시작하고 나서의 사마 인의 해상 이동을 다시 정리하면 다음과 같다. 20세기 전반까지 사마 인의 이동

동기는 주로 제도로부터의 도망, 즉 식민지 지배에 대한 소극적인 대응으로 이동을 전개했다. 제2차 세계대전 후부터 1950년대까지는 국가 상황이나 국가 관계의 틈새를 이용하는 식으로 이동을 전개해 왔다. 이는 밀무역을 주요 동기로 국가 상황에 대한 적극적인 대응이었다. 그러고 보면 식민지 이후의 국가나 국경이라는 외래 제도를 사마 인도 '자의적'으로 해석하고, 그들은 그 맥락에서 이동 생활을 실천해 왔다고 볼 수 있다.

하지만 그 이동 생활의 내용은 국가나 국가 관계를 포함한 지역이나 시대적인 상황에 따라 전개되고 있다는 것을 명심해야 한다.

이 글 서두에서 살펴보았듯이 사마 인의 생활에 대한 제3자인 우리의 잣대에는 국민 국가의 상대화를 감상적으로 기대하는 동경이 간혹 들어 있다. 이는 '국가와 무관하게 살아가는 해양 민족'이라는 이미지로 나타난다. 국경 지역에서 이동 생활을 영위하는 사람들이라는 사실에 동경심을 갖는 것에 대해 이해 못하는 바는 아니다. 그러나 국경 지대에서 살아간다는 것은 반대로 일상 생활에 영향을 끼치는 국경이라는 테두리와 국가라는 시스템에 대처해 나가야만 한다는 것을 의미한다.

낭만적인 잣대로 사마 인을 국가와 무관하게 살아가는 사람들이라고 규정해 버리면, 국가와 국경이라는 거대한 지배 장치의 간섭 속에서 부득이하게 재편되지 않을 수 없었던 과거와 또한 현재 사마 인의 실상을 우리는 볼 수 없게 된다.

우리와 동시대를 살아가고 있는 사마 인이 국가 시스템의 간섭 속에서 어떻게 주체적인 생활을 실천해 왔는지, 이 과정을 구체적으로 조명해야만 국민 국가를 상대화하는 시점으로 연결할 수 있다. 여기에서는 그 일에 대해 부분적으로 조명해 보았다.

메카 순례와 동남아시아 무슬림

히로스에 마사시 弘末雅士

　동남아시아에는 인도네시아, 말레이시아, 브루나이, 필리핀 남부를 중심으로 현재 2억 가량의 무슬림이 살고 있다. 이 지역의 이슬람화는 13세기에 시작되었고, 동서 해양 교역 활동이 활발해진 15~17세기에는 해역 세계의 지배자 대부분이 이슬람교를 수용했다. 그 뒤 19세기 후반 이후 교통과 통신 수단이 발달하자, 이슬람은 광범위하게 영향력을 주었다. 이러한 동남아시아 무슬림에게 메카 순례는 권력자의 권위 증강과 현상 타개라는 점에서 중요한 의미를 가지고 있었다.

　동서 해양 교역로의 요충지에 위치한 동남아시아에는 예로부터 다양한 지역의 사람들이 내항(來航)했다. 이는 동남아시아에 기항했던 이슬람교도들도 포함되며, 동남아시아의 이슬람화가 시작된 무렵에는 중국보다 아랍, 페르시아, 남인도, 벵골

(Bengal. 인도 북동부에 있는 지역-역주) 등의 무슬림 상인이 내항했다. 이렇듯 무슬림 상인이 항구 도시에 출입하면서 동남아시아의 지배자는 이슬람을 수용하기 시작했다. 출신지가 다양한 무슬림을 통합하기 위해 동남아시아의 지배자는 애당초 '정통' 이슬람을 지향해야만 했다. 아랍 종교인의 수용과 메카 순례는 이를 위해 중요한 역할을 담당했다.

동남아시아의 이슬람 왕국은 처음부터 아랍 종교인을 중시했다. 동남아시아의 이슬람화 초기에 중요한 역할을 담당했던 북수마트라의 파사이나, 15세기 후반부터 1511년까지 동남아시아 해역 세계의 이슬람화에 중심적인 역할을 담당했던 말라카 왕국에서는 왕의 개종이 아랍 출신의 종교인에 의해 이루어졌다. 또한 말라카가 1511년 포르투갈에게 점령된 후, 이슬람 상인을 끌어들여 번영한 북수마트라의 아체(Atjeh. 인도네시아 수마트라 섬 북부에 있는 특별 자치 구역-역주)도 아랍이나 메카에서 배운 대부분 중동 출신의 울라마(이슬람 사회의 신학자 · 법학자의 총칭-역주)를 중용(重用)했다. 그밖에 아체와 마찬가지로 국제 해양 교역에서 융성했던 서자바의 반텐(Banten. 인도네시아 자바 섬 북서부 해안에 있는 도시-역주)이나 남술라웨시의 마카사르, 말레이 반도의 파타니(Patani. 타이 파타니 주의 주도-역주)에서도 아랍 출신 법학자를 중용했다.

이렇듯 이슬람에 대한 관심이 높아지자 동남아시아의 무슬림 사이에는 메카 순례가 성행했다. 동남아시아에서 메카 순례

의 역사는 오래전으로 거슬러 올라간다. 16~17세기에는 이미
메카 순례자가 사회적으로 영향력을 행사했다. 17세기에 나온
《반텐 왕통기(王統記)》에 따르면, 반텐 왕국의 건국자인 파사이
출신의 수난 다눈 자티(정식 이름은 팔라테칸(Falatehan). 자바 북서부
의 반텐 왕조의 시조. 재위 기간 1526~1552년-역주)는 1524년에 메카
순례를 마친 뒤 자바의 데마크 왕국의 지원 아래 반텐 왕국(자
바 서부의 이슬람 왕조-역주)을 건국했다고 한다. 또한 북수마트라
출신의 하무자 판스리는 16세기가 끝날 무렵부터 메카에 체류
하면서 신비주의를 닦은 후, 동남아시아로 귀환하여 그 교의를
말레이 어로 시를 써서 전파했다. 마찬가지로 북수마트라의 출
신으로 메카에 체류하며 신비주의를 익힌 샴숫딘 파사이는 아
체의 술탄 이스칸다르 무다를 섬기며 외무대신(外務大臣)으로도
활약했다. 또한 아체 출신의 압둘 라우프는 17세기 중엽에 메
카에서 20년 동안 체류한 뒤, 귀환하여 코란을 말레이 어 주석
서로 작성하기도 했다. 이밖에도 동남아시아의 지배자들도 자
신들의 권위를 위해 메카에 사절단을 파견했다. 1638년 반텐
왕 압둘 카디르는 메카에 사절단을 파견하여 술탄 칭호를 얻었
다. 이듬해에는 자바 중부의 마타람(Mataram. 1582~1755년경까
지 자바 섬의 중·동부 지방을 지배한 이슬람 왕국-역주) 왕인 아궁도
메카에 사절단을 파견하여 1641년에 술탄 칭호를 얻는다.

　여기에서는 메카를 중심으로 한 이슬람 세계와 동남아시아
와의 관계를 고찰하기 위해 동남아시아의 메카 순례자와 아랍

이주자 양쪽의 활동을 예로 들었다. 이를 통해 동남아시아의 순례자가 중동 이슬람 세계의 동향을 동남아시아 도서 지역에 민감하게 전하는 한편, 아랍 인의 이주지인 동남아시아 해역 세계의 구축에 기여한 사실을 논하려고 한다. 자칫 이슬람 세계의 동향을 동남아시아에 전해 준다고 해서 아랍 인의 역할을 중시하는 경향이 있는데, 그들의 영향력은 그들을 수용한 권력자의 허용 범위 안에서 행사할 수 있도록 제한되어 있었다. 오히려 이슬람의 핵심을 전하려고 메카 순례를 시도한 동남아시아 출신의 무슬림이 이 지역 사람들에게 광범위한 영향력을 행사했다. 그 때문에 이 순례자들은 간혹 기존의 무슬림 사회에 긴장을 초래하는 경우가 있었고, 현지 무슬림과 일체감을 형성하는 데에 어려움이 따랐다. 이러한 국면에서 아랍 인 이주자는 무슬림의 중재자 역할을 하면서 전근대적인 왕국의 통합과 식민지 지배 체제하에 '원주민' 의식을 창출하도록 도왔다고 생각한다. 여기서는 메카와 동남아시아를 잇는 해상 세계 네트워크의 역사적 전개를 통해서 양쪽의 역할을 고찰해 보고자 한다.

1. 메카 순례와 아랍 인의 활동

동남아시아의 역사에서 아체는 중동과 동남아시아와의 관계를 긴밀하게 했다는 점에서 중요한 의미를 지닌다. 1511년 그 때까지 동서 해양 교역의 중계항으로 번영했던 말라카를 점령한 포르투갈은 이듬해 몰루카 제도 테르나테의 술탄과 교역 관계를 형성하여, 테르나테-말라카-고아(Goa. 인도 중서부 아라비아 해에 면한 주-역주)를 연결하고 희망봉을 경유하여 포르투갈에 다다르는 향신료 독점 교역 체제를 수립하려고 했다. 그 때문에 포르투갈은 자주 무력을 행사했고 말라카에 기항하는 상인에게 높은 관세를 부과했다. 이를 못마땅해 하던 아시아 상인 대부분이 말라카를 기피하자, 아체를 비롯하여 반텐, 조호르(Johore. 말레이시아 남부에 있는 주-역주), 파타니가 이 상인들을 끌어들이면서 번영하기 시작했다. 그 중에서도 인도양의 입구에 위치한 아체는 서방 무슬림 상인이 대다수 기항하는 항구 도시가 되고, 16세기 중엽 이후 동남아시아에서 반(反)포르투갈의 맹주가 되었다. 아체는 포르투갈의 독점 교역 체제에 대항했던 오스만 왕조(Osman Turk Empire. 13세기 말 이후 셀주크 투르크에 대신하여 소아시아(아나톨리아)를 중심으로 형성된 투르크족의 이슬람 국가(1299~1922)-역주)와 1530년대 이후 교류를 가졌다. 아체는 오스만 왕조에 후추를 보냈고 오스만은 답례로 대포나 병사를 보냈다. 또한 16세기 중엽 이후, 중동보다 동남아시아에 부임하는 울라마의 수도 늘었다.

향신료 거래가 활발해지면서 상인의 유입이 늘어난 동남아시아의 항구 도시에서는 지배자가 통합을 강화하기 위한 일환으로, 이슬람법의 준수를 주창하고, 또한 중동과의 교류를 심

4-5 포르투갈과 대전하기 위해 아체에 건설한 성채

화했다. 아체는 그 전형적인 도시로 지배자는 중동 출신이나 중동에서 배운 울라마를 중용했다. 16세기 후반의 술탄 알리 리아야트 샤(재위 기간 1571~1579년)는 이집트 출신으로 메카에서 활약하고 있던 샤피 파(派)의 울라마인 무하마드 아즈하리를 영입했다. 아즈하리는 1630년에 죽기까지 아체에 체류했다. 또한 그 뒤를 이은 술탄 만수르 자(재위 기간 1579~1586년)는 메카에서 온 샤이브 압둘 카이르와 무하마드 야마니, 그리고 인도 북서부의 구자라트(Gujart. 인도의 서부에 있는 주-역주)에서 온 누룻딘 알 라니리를 영입했다. 라니리는 그 후 메카로 가서 신비주의를 배운 후, 술탄 알라웃딘 리아야트 샤(재위 기간 1589~1604년)의 시대에 다시 아체로 돌아와 17세기 중엽까지 체류했다. 그 울라마들은 아라비아 어를 읽고 쓰는 법을 술탄에게 가르치

고, 또한 교의 해석에 대해 서로 토의했다. 아체의 궁정 연대기에 따르면, 술탄 만스루 샤는 신하들에게 아라비아 식 복장을 하도록 명했다고 한다.

16세기 후반부터 수마트라 출신으로 메카에서 배운 뒤, 아체로 귀환하여 활약하는 학자도 생겨났다. 먼저 소개한 함자 판스리는 이븐 알 아라비(Ibn al-'Arabi. 1165~1240. 이슬람 최고의 신비주의 사상가로 '종교의 재생자' 또는 '최대의 스승'이라고 일컬어진다-역주)가 유파를 집대성한 신인합일(神人合一)의 신비주의 교의를 메카에서 수양한 후, 동남아시아 해역 세계에서 신과의 합일에 도달하는 일의 중요성을 말레이 어의 4행시로 표현했다. 또한 샴숫딘 파사이나 압둘 라우프는 아라비아 어로 쓰여진 대표적인 코란 주석서를 말레이 어로 완역했는데, 그 역서는 그 후 동남아시아에서 널리 이용되었다.

아체는 알라웃딘 리아야트 샤의 시대에서 술탄 이스칸다르 무다(재위 기간 1607~1636년)와 이스칸다르 타니(재위 기간 1636~1641년)의 통치기에 이르기까지 전성기를 맞이했다. 왕도(王都)인 쿠타라자(Kutaraja. 반다아체의 옛 이름-역주)는 투르크, 아랍, 페르시아 등의 서아시아 출신자를 비롯해 구자라트, 코로만델(Coromandel. 인도의 남동부 벵골 만에 면한 크리슈나 강 하구로부터 마드라스를 지나 칼리메레 곶에 이르는 해안-역주), 벵골 같은 남아시아 출신자와 페구(Pegu. 미얀마 남부에 있는 페구 주의 주도-역주)나 아유타야, 말레이 반도 그리고 수마트라나 자바, 참파 등의 동남아시아 출신자, 그리고 중국과 유럽에서 온 상인들도 모여드는 국제 도시가 되었다. 술탄들은 모스크를 건설하고 예배에 정성을 들이는 한편, 이슬람법을 준수하기 위해 이슬람 재판관(카디)을 중용했다. 이스칸다르 타니가 죽은 뒤, 아체에서는 왕권의 강화를 막기 위해 궁정 귀족들의 합의로 4대에 걸쳐 여성 술탄이 즉위했다. 그러나 이미 메카와의 관계를 긴밀하게 구축하고 있던 아체에서는 여성 술탄의 즉위에 의문을 품은 반대파 귀족들이 메카의 법학자에게 여성 술탄에 대한 적법성을 묻는 편지를 보냈다. 그 결과 술탄은 남성이어야만 한다는 판단이 내려져 1699년 아랍 출신의 남성 술탄이 즉위하게 되었다. 이렇게 해서 아체는 동남아시아의 무슬림에게 중동 세계로 가는 현관문 같은 곳이었고, 또한 메카에서 체류하다 귀환한 동남아시아 무슬림이나 아랍 인이 잠시 머물다 가는 '메카의 베란다'라고 불리었다.

1641년에 네덜란드가 말라카를 점령하자, 포르투갈의 독점 교역을 폐지했다. 그리고 18세기가 되자 청왕조가 들어선 중국은 사회의 경제가 발전하면서, 말라카 해협에서의 교역 활동은 다시 활기를 띠었다. 팔렘방이나 반텐이 중요한 교역항이 되었고, 이 가운데 팔렘방은 1823년에 네덜란드에 의해 왕국이 멸망하기까지 비교적 정치적으로 안정되어 있었다. 또한 배후지에 풍부한 후추 산지를 보유하고 있었기 때문에 중국인, 부기스 인, 말레이 인, 아랍 인, 네덜란드 인, 영국인 등의 상인들이 모여들었다. 이렇게 해서 국제 무역항이 되었던 팔렘방은 18세기에는 동남아시아의 이슬람 중심지 중 하나였다. 술탄 마흐무드 바다르딘(재위 기간 1724~1757년) 시대에는 예언자 무하마드 일족의 자손을 자칭하는 사이이드(sayyid. 주군(主君)·영주(領主)·제후(諸侯)를 뜻하는 아랍 어-역주)라는 이름의 하드라마우트(예멘 동부의 해안 지방-역주) 출신의 아랍 종교인들을 적극적으로 수용했다. 그 가운데 한 사람인 무하마드 이븐 아흐맛드 쿠마스는 술탄의 요청으로, 당시 중동에서 평가가 높았던 삼마냐 신비주의 교단(타리카, 말레이 어로는 타레카트)의 창설자 무하마드 삼마니의 전기를 저술하는 것 외에도 아라비아 어 종교 문헌의 말레이 어 번역을 시도했다.

팔렘방에서도 메카 순례가 성행했다. 팔렘방이나 다음에 설명할 반텐에서의 순례는 먼저 서술한 아체까지 가서 그곳에서 직접 아라비아 반도로 향하는 선박에 편승하거나, 남인도나 서북인도를 경유해서 아라비아 해를 건너 예맨 또는 지다(Jidda. 사우디아라비아 남서부 홍해에 면한 항구 도시-역주)에서 하선(下船)했다. 아체는 오스만 왕조 및 무굴 왕조(Mughul. 16세기 전반에서 19세기 중엽까지 인도 지역을 통치한 이슬람 왕조(1526~1857)-역주)와 외교 관계를 가졌기 때문에, 어떤 경로도 활용이 가능했다. 또한 수라트(Surat. 인도 구자라트 주의 남부에 있는 도시-역주)나 모카(Mocha. 예멘 남서안의 항구 도시-역주)에 영업소를 가지고 있는 네덜란드 동인도회사의 선박도 순례에 편리했다. 1764년 팔렘

4-6 현재의 팔렘방

방의 무슬림은 바타비아(현재의 자카르타)로 가서 네덜란드 동인
도회사에 메카 순례에 대한 지원을 의뢰했다. 네덜란드는 표면
적으로는 메카 순례에 네덜란드 배를 활용하는 것에 소극적이
었지만, 실제로는 반텐이나 팔렘방과 상업 거래의 증진을 꾀할
수 있어 순례자에게 편의를 제공했다.

1776년에는 술탄 마흐무드 바하웃딘(재위 기간 1774~1804년)
이 죽은 부친과 아들 대신에 신하를 여러 명 메카로 파견했다.
팔렘방 출신의 순례자 중에는 메카에 장기 체류하는 사람이 있
었고, 생애 대부분을 메카에서 보낸 압둘 사마드는 신비주의
사상가 가잘리(이슬람의 사상가이자 신학자-역주) 저작(著作)을 말
레이 어로 간추려 번역했다. 그는 메카에서 무하마드 삼마니에
게 사사(師事)하고 귀향한 후에는 동남아시아에서 삼마냐 신비

주의 교단의 발전에 기여했다.

또한 반텐도 18세기 중엽에는 이슬람이 성행하면서 다시 번영하는 항구 도시가 되었다. 반텐은 앞에서 말한 17세기의 술탄 압둘 카디르(재위 기간 1625~1651년), 그 뒤의 술탄 압둘파타 아궁(재위 기간 1651~1682년) 시대에 전성기를 맞이해서 중국을 비롯하여 인도, 페르시아, 아랍과의 후추 무역으로 번영을 누렸었다. 그 후 왕위 계승을 둘러싸고 내분이 일어나 네덜란드가 개입하는 계기가 되었다. 그 결과, 유럽 인과의 거래는 네덜란드에 국한되었지만, 18세기 중엽에는 중국이나 남아시아, 더욱이 서아시아와의 교역이 활발해져 다시 번영을 누렸다. 이렇게 풍요로운 경제력을 바탕으로 반텐에서는 메카 순례자를 수없이 보냈는데, 19세기에는 메카에서 반텐 출신자뿐만 아니라 무슬림에게 폭넓게 존경을 받은 무하마드 나와위나 압둘 카림을 배출하게 되었다.

아랍 인 이주자의 활동

인도양은 동남아시아의 무슬림을 메카로 운반하는 역할을 했으며, 동시에 서방의 이주자를 동남아시아로 이끌었다. 다른 지역에 비해 인구가 적고, 풍요로운 산물이 나는 동남아시아로 예로부터 주변 지역에서 이주자들이 건너 왔다. 18~19세기에도 중국이나 아랍, 남인도에서 온 이주자가 존재했다. 그 중에서도 하드라마우트에서 건너온 이주자가 증가했다. 하드라마우트는 아라비아 해에 접하고 있어서 예로부터 동서 교역의 요충지였고, 이곳의 잉여 인구는 배를 타고 상인이나 종교인으로서 다른 지역으로 퍼지는 경우가 많았다.

그들은 동남아시아로 오기 전에 대부분 서북인도나 남인도에 체류했다. 그 이주자들은 대부분 독신 남성이라 체류지에서 현지인과 결혼하여 친족을 형성하고, 그 거점을 토대로 네트워크를 좀더 확대해 나갔다. 18세기가 되자, 영국은 벵골을 거점으로 인도에서의 세력을 확대해 나갔고, 동남아시아나 중국과의 무역에 나섰다. 중국으로부터 차를 대량으로 수입하기 시작한 영국은 동남아시아 산(産) 후추나 주석, 해산물을 구입해서 중국 무역에 충당했다. 한편 영국 상인의 활동이 활발해지면서 네덜란드는 인도양 교역에서 후퇴하기 시작했다. 아랍 인이나 인도 상인(인도계 무슬림 상인 중에는 그 출신을 아랍이라고 주장하는 사람도 적지 않다)은 영국과 네덜란드의 경쟁을 이용하여 동남아시아에 값싼 인도 무명이나 아편, 또는 영국인에게서 몰래 빼돌린 무기를 전판했다.

동남아시아로 향했던 대부분의 사람들은 우선 아체에 도착했다. 아체는 앞에서 언급한 바와 같이 1699년에 아랍 인 술탄이 즉위한 사실에서 알 수 있듯이, 궁정에는 이미 아랍 인이 드나들고 있었다. 해운업에 관계하던 자가 많았던 하드라마우트의 아랍 인들은 다시 말라카 해협으로 진출했고, 당시 동남아시아 해역에서 널리 교역 네트워크를 형성하고 있던 부기스 인

과 교역을 추진하는 한편 말레이 인이나 네덜란드 인과는 우호
적인 관계를 유지하고 있었다. 팔렘방, 말라카(Malacca. 말레이
시아에 있는 항구 도시-역주), 시아크, 리아우(Riau. 인도네시아 수마
트라 중동부, 싱가포르 섬의 남쪽에 산재하는 도서군(島嶼群)-역주), 페
낭(Penang. 말레이시아 서북부-역주), 게다가 서칼리만탄의 폰티
아낙(Pontianak. 인도네시아 보르네오 섬 서부의 하항(河港) 도시-역주)
에까지 그들의 거점이 생겼다. 그 이주자들 중에는 사이이드나
아랍 인 씨족장이나 종교 지도자를 의미하는, '샤이흐'라는 이
름을 가진 자가 많아 이곳 무슬림의 존경을 받을 수 있었다. 그
중에는 정치적인 권력자도 나와서 18세기 후반에 해운과 교역
활동에 종사하던 사이이드 알리 빈 우스만은 시아크에서 영향
력을 행사하기에 이르렀고, 1791년에는 그곳의 술탄이 되었다.
또한 마찬가지로 서칼리만탄에서 교역 활동으로 활약했던 사
이이드 압둘 라흐만은 1772년 폰티아낙의 술탄이 되었다. 그리
고 19세기에 들어서자 자바 북부 해안의 바타비아, 시레본, 세
마랑, 페칼롱간, 수라바야나 마두라 섬에도 공동체를 형성하기
시작했다.

18세기 후반에 말라카에서 태어나 훗날 싱가포르를 개항했
던 영국인 래플스(Raffles, Thomas Stamford. 1781~1826. 영국의 식
민지 담당 정치가 · 싱가포르 건설자-역주) 밑에서 서기로 있었던,
압둘라의 일족은 이러한 아랍 인 이주자의 활동을 전형적으로
보여 준다. 이에 따르면 그의 증조부는 예멘 출신이었다. 그는

4-7 현재의 말라카

종교 교사가 되어 남인도의 마이소르(Mysore. 인도 남부 카르나타
카 주에 있는 도시-역주)로 갔고, 그곳에서 결혼하여 네 명의 자식
을 두었다. 그는 그곳에서 죽었지만 자식들 중 압둘라의 조부
가 되는 한 사람은 말라카로 와서 그곳에서 가족을 이루었다.
다른 세 사람은 자바로 갔고, 그 중 한 사람은 다시 몰루카 제
도의 암본(Ambon. 인도네시아 몰루카 제도에 속하는 섬-역주)에 정
착했다. 나머지 두 명 중 한 사람은 자바에 정착했고 다른 한
명은 수마트라에 정착했다. 말라카에서 태어난 압둘라의 아버
지 샤이흐 압둘라 카디르는 그곳에서 상업 활동을 하면서 내륙
주민에게 코란을 읽는 법이나 이슬람에 대해 가르쳤다고 한다.
그의 이러한 활동이 높게 평가를 받아 네덜란드 통치하의 말라
카에서 항무(港務) 장관을 하고 있었다. 그의 아들인 압둘라는

얼마 안 있어 진군해 온 영국인에게 그 재능을 인정받고 래플스의 서기가 되었다. 압둘라의 아버지에게서 볼 수 있듯이 종교 활동과 상업 활동은 그 일족에게 따로 떼놓고 생각할 수 없을 정도로 연결되어 있었다.

이주자들은 출신지와 관계를 유지하면서 환인도양 교역에 관여하고 있었기 때문에 네덜란드나 영국과 협력하며 활동망을 넓혀 갔다. 또한 19세기에 영국의 해협 식민지(페낭, 말라카, 싱가포르)가 형성되자, 아랍 선박은 동인도와 싱가포르를 잇는 수단으로 중시되었다. 싱가포르에서는 1822년에 유럽 인 3명과 말레이 인 1명, 중국인 1명과 함께 아랍 인 1명이 도시를 통할(統轄)하는 공동체 멤버로 임명되었다. 그는 그 때까지 팔렘방과 수라바야를 거점으로 활동하고 있던 상인이었다. 이후 자바와 해협 식민지 사이를 오가는 아랍 선박은 증가했고, 1830년대 영국의 기록에는 네덜란드 기를 내건 자바 소재의 아랍 인 소유의 150~500톤짜리 선박이 매년 싱가포르를 수없이 드나들었다는 사실을 전하고 있다. 그 후 싱가포르는 동남아시아에서 아랍 인의 해운업 중심지로 발전해 갔다. 그리고 고향 아라비아 반도와 네트워크를 이루며 그들은 헤자즈(Hejaz. 사우디아라비아 북서부에 있는 지방-역주)출신 아랍 인들과 함께 동남아시아 무슬림의 메카 순례 여행에서도 중요한 역할을 담당했다.

2. 동남아시아 메카 순례자의 증가

순례자와 순례 알선업자

동남아시아 출신 무슬림에게 메카 순례는 무슬림으로서의 의무를 이행하는 일이며, 무슬림이 다수를 차지하는 출신지에서 사회적 지위의 상승을 의미했다. 이 때문에 경제적 조건이 호전되고 해양 교통이 발달하자 순례자는 증가했다. 19세기 이전의 순례자 수는 자료가 불충분하기 때문에 정확한 수치는 파악할 수가 없지만, 1814년에 영국 동인도회사 직원인 앤더슨이 아체를 방문했을 때, 아랍 배 4~5척이 순례자 1,000명 가량을 매년 나르고 있다는 사실을 기술한 바 있다. 또한 네덜란드는 1850년대에 네덜란드 령 동인도(현재의 인도네시아)의 메카 순례자를 매년 2,000명 가량으로 산출했다. 그 후 증기선이 취항하자 1870년대부터 순례자가 증가하기 시작하여, 네덜란드가 파악할 수 있었던 숫자만도 1880년대, 1890년대에 매년 평균 6,000~7,000명이었다. 동남아시아에는 그밖에 네덜란드가 파악할 수 없는 인도네시아나 영국령 말라야, 또한 필리핀 남부 등지의 순례자도 있었다.

이렇게 순례자가 증가한 것은 무슬림의 경제력이 향상되었기 때문이다. 1830~1870년에 자바나 서수마트라에서 네덜란드가 도입한 강제 재배 제도는 일반 주민에게 재배 부담을 안겨 줬지만, 농민은 현금 수입의 수단을 확보했고 마을의 수장들은 식민지 정부로부터 재배와 공출을 청부받는 대신 수수료를 받아 경제력을 키워 나갔다. 식민지 정부하에서 경제적 지위를 향상시킨 그들은 그 사회적 지위의 정당화를 위해 자녀나 친족을 메카 순례에 보냈다.

또한 증기선의 취항으로 순례 여행은 이전보다 훨씬 편안해졌다. 범선 시대의 아체 또는 싱가포르(네덜란드 동인도회사의 선박일 경우 바타비아)가 순례를 위한 최종의 항구였으며, 순례 선박으로는 아랍 선박이 대부분을 차지했고 그 다음은 영국 배나 네덜란드 배가 뒤를 이었다. 증기선이 도입된 이후에는 싱가포르가 출발항으로 중요한 위치를 차지했다. 그리고 선박은 주로 영국 선박이 이용되었고, 이어서 아랍 선박도 여기에 참여했다. 1880년대에는 여기에 네덜란드 선박도 가세했는데 네덜란드는 바타비아나 수마트라의 파당에서 지다로 가는 직행 편을 개설하는 한편, 싱가포르와 바타비아나 수라바야, 마카사르 등의 주요 항구와도 연결했다

이러한 상황에서 중요한 역할을 했던 것이 순례 희망자를 순례 여행에 알선했던 샤이흐라고 칭하는 중개업자들이었다. 1884~1885년에 메카에 체류했던 스누크 후르그론제에 따르면 당시 동남아시아에서 온 순례자를 상대로 약 180명 가량의 샤이흐가 활동했다고 한다. 그들은 보통 메카에 있는 이슬람 신비주의 교단으로부터 인가를 받아 활동하고 있었다. 아라비아 말을 못 하는 대부분의 동남아시아 순례자는 그들의 안내에 의

지할 수밖에 없었다. 샤이흐들은 그 지역 사람인 경우도 있었고, 메카에 장기간 체류하는 동남아시아 출신자나 그 자손(대부분의 경우가 아랍 인과의 혼혈)인 경우도 있었다. 샤이흐들에게 날로 증가하는 동남아시아 순례자들은 중요한 비즈니스 상대였다. 그 후 메카에서 동남아시아 순례자를 상대하는 샤이흐의 수는 계속 늘어나 1914년에는 400명에 이르렀다.

이런 안내업자는 메카만이 아니라 상륙지인 지다를 비롯해 싱가포르와 순례자 출신 지역에까지 네트워크를 통해 서로 교류하고 있었다. 샤이흐들은 해마다 순례자를 모집하기 위해 동남아시아의 무슬림이 많은 지역으로 향했다. 여기에서 동남아시아 출신 또는 그 자손인 샤이흐는 중요한 역할을 담당했다. 그리고 싱가포르나 동인도의 항구에는 순례자를 메카까지 안내하는 샤이흐 또는 그 대리인이 대기하고 있었다.

지다에 도착하면 순례자는 출신 지역별로 숙소를 배정 받았다. 그리고 그들은 성지로 들어가기 전에 성수로 몸을 정화해야 했다. '잠잠 수(水)'라고 불리는 이 성수는 순례자의 정화를 위해, 또는 고향 사람들에게 줄 기념 선물로 인기를 모았다. 또한 동남아시아 무슬림에게 무하마드나 아흐마드, 알리, 핫산 같은 아랍 식 이름을 갖는 것을 커다란 매력으로 여겼으며 동남아시아의 순례자 사이에서는 메카의 모스크의 이맘(Imam. 이슬람교 교단 조직의 지도자를 가리키는 하나의 직명. 일반적으로 집단적으로 예배할 때의 지도자를 가리킨다-역주)에게서 아랍 이름을 부여

받는 것이 인기였다. 그 밖에 다시 할례를 하도록 권하거나 단기 체류자의 경우에도 코란 읽기 강습을 받도록 권하는 경우가 많았다.

이처럼 순례자의 활동은 안내자인 샤이흐들의 지도로 진행되었다. 동남아시아 출신의 순례자 중에는 샤이흐들이 권하는 대로 행한 후, 여비를 다 써 버리는 사람도 있었다. 그들은 메카의 상인에게 돈을 빌렸고 만일 고향에 돌아가서 이 돈을 송금할 수 없는 사람은 그대로 메카에 남아 빌린 돈을 갚을 때까지 일할 수밖에 없었다. 그 밖에 본인이 메카 순례를 할 수 없어서 대리인을 통해 메카에 있는 종교인에게 기부금을 내는 경우도 있었다. 이 기부금의 적지 않은 부분은 샤이흐들의 주머니로 들어갔다. 이러한 상황에서 동남아시아의 순례자가 다른 지역에서 온 순례자와 개별적으로 접촉할 기회는 매우 적었다.

메카 체류자와 이슬람의 쇄신

순례자 중에는 메카에서 수년간 체류하는 사람도 있었고, 이런 장기 체류자를 통해서 간혹 출신지를 상관하지 않는 무슬림끼리의 교류가 이루어지는 경우가 있었다. 후르그론제에 따르면, 1880년대에 메카에서 주목받았던 동남아시아 출신의 샤이흐가 적지 않았다고 한다. 그들 대부분이 사사했던 사람이 서칼리만탄 출신의 아흐마드 하티브 산바스였다. 19세기 전반에 메카로 온 그는 1870년대에 죽기까지 그곳에서 머물렀다. 아흐마드 하티브는 무슬림 사이에 적지 않은 영향력을 행사해 온 카디리야 교단과 낙쉬반디야 교단의 교의와 기법을 통합해서 새로이 카디리야 낙쉬반디야 교단을 창설했다. 그는 이 교의를 아라비아 어로 저술하고 동시에 동남아시아의 순례자에게도 열심히 가르침을 설파했다. 그 때문에 그의 출신지인 칼리만탄 뿐만 아니라 자바나 수마트라 출신자들 중에도 신봉자가 있었다.

그 중 남수마트라의 람퐁 출신의 한 사람이 있었는데, 1860년 경 메카로 온 그는 아흐마드 하티브에게 인정을 받아 교단에서 샤이흐 면허를 얻었다. 1877~1878년 러시아와 오스만 제국 사이에 전쟁이 일어났을 때, 오스만 제국의 칼리프 압둘 하미드 2세(재위 기간 1878~1909년)는 무슬림의 일체성을 호소했는데, 이에 부응해 람퐁 출신 샤이흐는 오스만 전쟁의 승리를 위해 람퐁 출신자로부터 기부금을 받아 열심히 승리를 기원했다.

또한 아흐마드 하티브는 앞에서 언급했던 반텐 출신의 무하마드 나와위의 스승이기도 했다. 나와위는 1850년대부터 메카에 체류하며 동남아시아 순례자들에게 널리 알려졌다. 나와위는 처음 몇 년간은 샤이흐로 활동했고, 그 후 메카에 있는 그의 집에서 동남아시아에서 건너온 무슬림을 교육하는 한편 아라비아 어로 저술하며 출판 활동도 열심히 했다. 또한 반텐 출신인 압둘 카림도 아흐마드 하티브에게 사사했다. 그는 하티브에게서 그 재능을 인정받고 교단으로부터 면허를 얻어, 싱가포르로 가서 3년 가량 교단의 교사로 활동했다. 그 후 1872년에 고향인 반텐으로 가서 마을 사람들을 가르치기 시작했다. 그의 밑으로 많은 신자가 모여들었고, 북부 반텐의 중심지인 세랑의 군장(郡長)이나 종무(宗務) 장관도 그의 신자였다. 하티브가 죽자, 카림은 그 뒤를 이을 교단의 지도자가 되기 위해 1876년 메카로 돌아갔다. 그는 반텐뿐만 아니라 칼리만탄, 수마트라, 마두라, 발리에 사는 무슬림의 숭앙(崇仰)을 받았으며 아랍 인 신자도 있었다.

4-8 반텐에서 온 여성 순례자(1880년대)

메카 사람들은 동남아시아 출신의 메카 체류자를 '자바'라고 불렀다. 후르그론제에 따르면 자바 인구는 수천 명에 달했고, 메카에서는 그곳 출신 아랍 인을 제외한 순례자들의 최대 출신지 집단이었다. 그들 중 자바 출신자는 자바 어를 쓰지만, 그 이외의 사람은 말레이 어로 의사 소통을 하고 있었다. 또한 메카에서는 1876년부터 석판으로 된 말레이 어 기도서나 종교 의례에 관한 인쇄물이 나오기 시작했다. 그리고 1884년쯤부터 말레이 어 출판물은 늘기 시작했고, 범(汎)이슬람주의(이슬람 세계의 통일)를 제창한 오스만 왕조도 무슬림 정신을 한층 더 고양시키기 위해 말레이 어로 출판하느 것을 지원했다.

메카에서 이슬람 정신의 고양은 동남아시아 무슬림의 활동에도 영향을 주었다. 19세기에는 식민지 통치가 강화되었고, 반텐이나 팔렘방 같은 식민지 권력에 복속하지 않았던 항구 도시 지배자가 멸망했다. 또한 아체를 상대로 네덜란드는 1873년부터 아체 전쟁(1912년까지 이어진다)을 벌였다. 나와위나 압둘 카림의 출신지인 반텐에서는 무슬림의 메카 순례가 성행하는 한편 카디리야·낙쉬반디야 교단의 활동도 활발해졌다. 메카에 체류했던 나와위의 친족 마르주키나 압둘 카림의 가르침을 받았던 투바그스 이스마일은 메카와 반텐을 왕래하며, 이 교단 조직을 토대로 반텐에서 식민지 지배에 대한 반란 계획을 기도했다. 반텐 교단 신자들 대다수의 지지를 얻어 이 계획은 실행되었다. 직접적인 공격 대상이 된 사람은 반텐의 현장(縣長)이나 군장(郡長), 유럽 인 관리를 섬기는 반텐의 하급 관리들이었다. 1888년 7월에 일어난 반란은 3주일 만에 진압되었지만, 식민지 정부에게 이슬람교단의 존재를 깊이 인식시켜 주었다.

또한 아체 전쟁에서 싸우고 있던 아체 순례자의 전의는 한껏 고양되어 있었다. 후르그론제는 1880년대 후반의 아체 인과 자바 인 순례자의 대화를 기록해 놓았다. 그것에 따르면 한 아체 인은 알라 신의 힘을 가리켜 다음과 같이 말했다.

알다시피 우리의 진정한 종교를 받아들여 우리 편이 된 네덜란드 인이 몇 명 있다. 만일 적이 그들을 체포하면 그들을 참수한 뒤, 이슬람을 조롱하려고 순교자의 등을 메카로 향하게 할 것이다. 예전에 경건했던 한 네덜란드 인 무슬림이 체포되어 사형을 언도 받았다. 우리 중 어느 누구도 그가 언제 참수될지 몰랐는데, 어느 날 우리는 샤이흐 사만 디티로가 어찌된 일인지 계속해서 울고 있다는 것을 깨닫고서, 그 네덜란드 인이 지금 순교의 시간을 맞이하고 있다고 생각했다. 나중에 그는 자신의 예감이 맞았다는 사실을 알았다. 알라는 처형할 때 기적을 일으켰다. 네덜란드 인 장교가 웃으면서 순교자의 등을 메카 쪽으로 돌리자 별안간 광풍이 휘몰아쳐 시신의 얼굴이 메카를 향하게 돌려 놓았다. 이교도인 장교는 공포에 휩싸여 아라비아 말로 '알라는 위대하다' 라고 외쳤다.

또한 아체 인은 고향 사람들이 어느 전투에서 1만 7,000명의 네덜란드 인을 죽였다는 이야기를 자랑스럽게 했다. 그러자 자바 인 순례자는 아체에 그토록 많은 네덜란드 인이 있을 리 없다고 대답했다. 그 밖에 인도의 무슬림이 영국의 지배하에서의 가혹한 상황이 화제가 되었을 때, 폰티아낙 출신의 무슬림은 네덜란드의 지배를 받게 되어 다행이라며 만일 네덜란드가 없었다면 자신들은 중국의 지배를 받았을 거라며 반론을 제기했다.

4-9 아체에서 온 순례자(1880년대)

　이처럼 메카의 무슬림은 서구 식민지 지배에 대해 모두 같은 태도를 보여 주고 있지는 않았지만, 순례자의 교류를 통해 무슬림으로서의 자각이 높았다는 사실만큼은 부정할 수 없다. 순례자 중에는 귀향 후 이슬람을 지원하는 권력자가 없어져 버린 식민지 체재하에서, 프산토렌(기숙사식 종교 학교)이라 불리는 이슬람 기숙사를 세워 교단의 조직을 확대해 나가는 사람이 적지 않았다. 오늘날의 인도네시아나 말레이시아에서는 카디리야 낙쉬반디야나 낙쉬반디야, 삼마니야 같은 교단의 신자가 많이 있는데, 이들 교단이 일반 대중 사이에 신봉자를 얻을 수 있었던 것도 이 시기였다. 또한 중동에서 전개하고 있던 이슬람 개혁주의 운동도 순례자의 활동을 통해 동남아시아에 전해졌다. 그 영향을 받은 동남아시아의 무슬림 중에는 근대 학교 교육 제도를 채택한 마드라사를 개설하여 시대에 대응하는 이슬람 교육을 지향했다.

동남아시아의 무슬림에게는 순례를 통해 이슬람 세계의 다양한 움직임이 그대로 반영되었다. 다채로운 활동을 벌이는 그들 사이에 종종 경쟁이 생겨나 무슬림으로서 일체성이 형성되지는 않았다. 무슬림 세력의 이러한 분열 상황은 식민지 지배를 확립해 가던 네덜란드나 영국 입장에서는 환영할 만한 일이었다.

3. 아랍 인 이주자와 '원주민'

아랍 인 이주자가 많았던 동남아시아 도서 지역은 네덜란드령 동인도와 영국령 말라야 및 북보르네오로 분할되었다. 이주자이면서도 현지인과 교류가 두터웠던 중국인이나 아랍 인들은 식민지 체재하에서 유럽 인 지배자와 현지 주민 사이에 중간적인 위치를 차지했다. 종교 활동이나 해운업을 통해 이미 동인도에 거점을 형성했던 아랍 인들은 그 후 각종 상업 활동에 진출하여 20세기를 맞이했을 때에는 무역업, 금융업, 바티크업(인도네시아 자바 섬을 중심으로 생산되는 무늬 염색. 자바 사라사–

역주)이나 섬유 제품의 판매업, 출판업, 건설업, 담배 산업 등의 분야에서 활동했다. 중국계 주민에 비해 그 인구는 10분의 1 정도였지만 상업 활동에서는 중요한 역할을 담당했다.

네덜란드 령 동인도에서는 1854년 법령으로 유럽 인, 외래 동양인(중국인이나 아랍 인, 인도인, 일본인 등), 원주민, 이렇게 세 가지로 분류했고 형법이나 민법, 상법에서 각기 차이가 있었다. 중국계나 아랍계 주민은 그들이 담당하고 있던 경제적 역할의 중요성에도 불구하고, 유럽 인에 비해 거주나 여행에 엄격한 제한이 따랐다. 이렇게 중간적 위치에 있던 그들이 유럽 인과 똑같은 지위를 얻으려면 '원주민'과 협력해서 그 지위의 개선을 지향하든가, 아니면 1899년에 일본이 네덜란드와의 교섭으로 일본인의 법적 지위를 유럽 인과 동등하게 만들어 줬던 것처럼 출신 본국을 움직여 네덜란드와 교섭하게 해야 했다.

1900년을 시점으로 중국계 주민은 자바, 마두라 섬에 27만 7,000명 가량 있었는데, 플랜테이션 기업의 진출로 노동자로 들어오는 이주 인구도 늘어났다. 날로 늘어나는 중국계 주민에 대해 그 세력을 분산하면서 식민지 체재에 대한 불만을 완화시키기 위해, 네덜란드는 청조와의 교섭으로 1908년 네덜란드 령 동인도 태생의 중국인을 네덜란드 국적으로 옮겨 주기로 결정했다. 그리고 1910년에는 중국계 주민에게 부과했던 거주와 여행 제한이 완화되었다. 또한 1911년 중국의 신해혁명과 그 이듬해의 중화민국의 성립은 중국계 주민의 법적 지위 개선을 위한 움직임을 더욱 가속화시켰다. 또한 그 기세를 틈타 그들은 상업 활동에서도 설탕 기업이나, 그 때까지 자바 인과 아랍 인의 자본이 지배적이었던 바티크 산업과 담배 산업에도 진출을 꾀했다.

또한 아랍 계 주민은 동인도에 약 2만 7,000명이 있었다. 그들도 오스만 제국을 움직여 그 법적 지위의 개선에 노력했지만, 네덜란드는 그 요구에 응하지 않았다. 인구는 적었지만 앞에서 언급했듯이 그들도 종교, 해운, 금융, 상업 등 각 분야에서 활약했다. 특히 출판업에서는 동인도에서 유럽 계 인쇄업자 이외에 인쇄기를 구비한 것은, 중국계 인쇄업자와 아랍 계 인쇄업자뿐이었다. 아랍 계 업자는 이미 19세기 후반부터 석판 인쇄로 이슬람에 관한 저작을 팔렘방이나 수라바야, 바타비아에서 아라비아 어로 출판하고 있었다. 20세기에 들어서자, 그 인쇄업자들은 아라비아 어뿐만 아니라 말레이 어, 자바 어로 출판을 하기 시작했다.

1911년 중국계 주민의 상업 활동의 확대에 맞서기 위해 아랍 인과 자바 인 상인은 서자바의 보고르(Bogor. 인도네시아 자바 섬 자와바라트 주에 있는 도시-역주)에서 이슬람 상업 동맹을 창설했다. 이슬람을 기치로 아랍 인과 자바 인 상인이 협력해서 상업 활동의 발전을 꾀하려 했던 것이다. 창설자 티르트아디슬요는 아랍 인 사업가의 지원을 얻어 말레이 어 신문을 발행하고 있던 언론인이었다. 이 상업 동맹은 얼마 안 있어 중부 자바의 솔

273

로에 있는 굴지의 바티크 업자인 사만푸디의 협력으로, 이듬해 이슬람 동맹이라고 이름을 바꿨다. 이 운동을 자바 섬 전역으로 확산시키기 위해 이슬람 동맹은 원주민의 발전을 좀더 부각시켰다. 1912년 9월에 만든 동맹의 강령은 다음과 같았다. '① 원주민의 상업 기질을 북돋는다. ② 부당한 일로 곤란을 겪고 있는 동맹 회원을 돕는다. ③ 원주민의 정신적 발전과 물질적 이익을 촉진한다. ④ 이슬람에 관한 편견에 대처하고, 이슬람법이나 관습에 어울리는 종교 생활을 원주민 사이에 촉진한다.' 강령은 원주민들 간의 이슬람과 상업 진흥을 제창하고 있지만 '행실이 바른 무슬림'은 18세 이상이면 회원이 될 수 있고, 아랍 인도 여기에 참가할 수 있었다. 아랍 계 주민은 이 단체를 자금이나 출판 면에서 적극적으로 지원했다.

특히 수라바야의 아랍 인이 경영하는 출판사 스티아 우사하는 이슬람 동맹의 실질적인 기관지인 《우투상 힌 디아》의 발행을 담당했다. 수라바야는 19세기 후반부터 많은 아랍 상인이 거주하는 도시이자, 이슬람 관련 출판물을 간행하는 데 있어 자바 섬의 중심지가 되었다. 이슬람 동맹은 수라바야 출신의 자바 인 초크로아미노토를 의장으로 맞이했다. 예전에 하급 관리였던 그는 사회 정세에 밝았고, 뛰어난 연설가이자, 저널리스트였다. 그는 《우투상 힌디아》를 통해 이슬람 동맹의 설립 의의를 호소했다.

처음에는 소규모의 상부상조 조직이었던 이슬람 동맹은 쌀

농사의 흉작과 쌀값 폭등, 말라리아나 콜레라, 페스트 같은 전염병의 유행이나 홍수 등의 자연 재해, 그리고 신해혁명에 자극 받아 중국인의 감정이 고조되는 등 불안한 사회적 상황 속에서 급속하게 자바로 퍼져 나갔다. 이슬람 동맹은 강령을 만든 1912년 9월에는 회원수가 6만 명을 넘었고 그 이듬해 중반에는 30만 명을 넘었으며, 1914년에는 자바 이외의 섬들에서도 회원을 확보하기 시작했다. 회원은 상인, 이슬람 교사, 하급 관리, 학교 교사, 항만 및 철도 노동자, 일반 농민 등 다채로웠다.

　이슬람 동맹이 성립되었던 1912년에는 설탕 산업이나 담배 산업에 진출하려는 중국계 상인과 아랍 인 사이에 수라바야 근교에서 충돌이 일어났다. 특히 1912년 2월과 10월에 수라바야에서 일어난 충돌은 처음에는 중국계 주민과 아랍 계 주민 사이의 단순한 싸움이었는데, 이것이 발전해서 결국에는 경찰과 식민지 군이 출동하여 진압하는 사태에까지 이르렀다. 또한 이 사태에서 유럽 인 1명, 중국인 5명, 아랍 인 11명이 죽고 유럽 인 1명, 중국인 8명, 아랍 인 5명, 자바 인 2명이 부상당했다. 아랍 인과 중국인은 그 해 11월에 대표자 간의 타협으로 화해가 이루어졌는데, 이번에는 이슬람 동맹 회원인 자바 인이 주체가 되어 자바 각지에서 중국계 주민과 충돌이 일어났다. 이러한 충돌은 1913~1914년에 자주 발생했고 1919년까지 이어졌다.

　원래 아랍 인의 후원에 의한 이슬람을 기반으로 출발한 동맹은 차츰 원주민 단체적인 성격을 띠기 시작했다. 전술했던 아랍 인과 중국인 사이의 화해 성립이나 외래 동양인에게 부과된 거주, 여행의 제한이 중국계 주민처럼 아랍 계 주민에 대해서도 완화가 이루어져 애당초 같은 이슬람교도라는 동료 의식을 가졌던 원주민과 아랍 인 사이에 분열이 생기기 시작했다. 이윽고 이슬람 동맹은 아랍 인과의 공동 전선이 무너져 1913년 3월, 동맹의 솔로 대회에서는 비원주민을 동맹 회원에서 배제하기로 결정했다. 이슬람 동맹 운동 초기에 활약했던 아랍 인 유력자는 여전히 회원으로 인정되었지만, 그 후 아랍 인의 입회가 제한되면서 어떤 경우든 간부는 될 수 없었다. 그 후 동맹은 원주민 운동이라는 성격이 강했고, 1910년대 후반에는 사회주의 운동의 영향을 받은 노동 조합 활동과도 연대하여 회원을 확대해 나갔다.

이슬람 동맹은 인도네시아 민족주의 운동사에서 최초로 대중을 끌어들인 운동이었다. 아랍 계 주민은 뒤로 갈수록 그 역할이 크게 쇠퇴하지만, 이슬람을 기치로 자바 인 무슬림과 함께 운동을 일으켜 다수의 무슬림 주민을 한데로 모았다. 그 무슬림 주민에서 아랍 계 주민이 이탈했을 때 대부분의 사람들은 '원주민' 의식을 공유하게 되었다.

끝맺는 말

메카는 무하마드가 알라의 계시를 받고 이슬람을 설파하기 시작한 장소이고, 무슬림에게는 으뜸가는 성지이다. 아바스 왕조(옴미아드 왕조의 뒤를 이어 750~1258년에 동방 이슬람 세계를 지배한 왕조-역주)의 쇠퇴 이후 정치적으로 곤란해지면서, 메카는 그후로도 무슬림을 이념적으로 결속시키는 장소가 되었다. 한편 이슬람의 정치 세력이 다극화되고 또한 이슬람 신비주의 교단의 활동이 13세기 이후 활발해지면서 이슬람교의 자체도 매우 다양하게 전개되었다. 이런 상황하에서 메카 순례는 순례자로 하여금 무슬림으로서의 자각을 고양시키고 이슬람 세계의 존재를 다시 생각하게 하는 기회가 되었다. 동남아시아 순례자 중에는 이곳을 체험하고 귀향 후 이슬람 운동을 새롭게 시작한 사람도 적지 않았다.

순례자가 동남아시아에서 아라비아 반도로 가는 한편, 아랍인 종교인이나 상인들도 인도양 해역 네트워크를 통해 동남아시아로 건너왔다. 그들은 종교인으로 왕권의 정당화에 기여하는 한편, 상업인으로 동남아시아 해역 세계에 네트워크를 형성했다. 식민지 체재하에서 중간적인 역할을 담당했던 중국계 주민의 영향력 확대에 대항하고자, 그들은 이슬람을 기치로 그때까지 키워 온 상업, 종교, 출판 활동의 네트워크를 통해 원주민과 연대하는 데 성공했다. 이 때부터 '원주민' 의식이 널리 싹

트면서 그 후 민족주의 운동의 기점이 되었다.

　이상은 동남아시아의 이슬람화를 고찰하는 데 있어 중요한 재료를 제공한다. 즉, 메카 순례자로 대표되는 동남아시아 무슬림 지도자가 이슬람을 일반 대중에게까지 전파한 것과 아랍 인이 이주지에서 그곳 왕국이나 '원주민'의 존재를 정당화시키는 데 기여했다는 사실이다. 예전에는 자칫 이슬람화나 이슬람 정화를 위해 아랍 인이 담당한 역할만을 주목하는 경향이 있었는데, 이는 동남아시아 무슬림이 담당한 경우가 많았다. 아랍 인의 영향력은 현지 권력자나 주민의 허용도 범위 안에서만 그 효과를 발휘했고, 동남아시아의 지역 세계를 구축하는 데 관련 된 그들의 활동은 처음보다 긴밀해졌다.

　한편으로는 앞에서도 말했듯이 메카로 이주한 동남아시아의 무슬림도 있었다. 그들이 아랍 세계의 구축에 얼마나 기여했는 가에 대해 알아보는 것도 흥미로운 일일 것이다. 동남아시아 해역의 무슬림 순례자는 정통 이슬람을 희구하며 중동 세계와 의 교류를 중시했다. 메카를 이슬람의 중심이라고 보는 관념은 이러한 개척지와의 교류를 통해 끊임없이 재구축 되어온 것이 다. 이슬람 세계든, 지역 세계든, 어느 세계를 구축하는 데 있 어서도, 이 두 세계를 매개로 하는 순례자와 이주자는 밀접하 게 연관되어 있다.

바다를 건너는 피니시

오소자와 가쓰야 遲沢克也

'인도네시아의 열대림을 바다의 관점에서 살펴보고 싶다.'

그렇게 생각하고 있던 1994년쯤, 자카르타의 순다 켈라파 (Sunda Kelapa) 항으로 들어오는 대형 목조 범선을 보고 나는 깜짝 놀랐다. 바다를 건너는 긴 여행을 끝낸 '바다의 흰죽지참수리' 들이 쉬고 있는 듯한 착각에 빠졌던 것이다.

이 항구의 해안 벼랑에는 목재를 가득 싣고 수마트라 섬의 동해안이나 칼리만탄(보르네오) 섬에서 출발한 300~400톤 규모의 대형 범선이 수없이 들어와 북적거렸고, 여기저기 난립해 있는 돛대들을 멀리서 바라보면 마치 나무숲처럼 느껴졌다. 뱃머리가 치켜 올라간 참으로 웅장한 선체를 자랑하는 이 범선은 일반적으로 '피니시' 라고 부른다. 현재는 대부분의 대형 목조 범선이 동력을 탑재하고 있고, 인도네시아 선박 분류에는 카팔 모터 라야르(Kapal Motor Layar. 줄여서 KML)라고 되어 있지만 이런 유형의 대형 목조 범선을 일반적으로는 피니시라고 한다.

이토록 멋진 배를 누가 어떻게 만들었을까? 이 배를 단서로 하면 뭔가 알 수 있을지 모른다는 예감이 들었다. 그래서 나는 그 배들에 이용된 목재가 밀림에서 어떻게 조달되고 있는지를 자세히 추적하는 것부터 시작해서 해역 세계 열대림의 모습을 살펴보기로 했다.

수라바야, 반자르마신(Bandjarmasin. 인도네시아 칼리만탄셀라탄 주의 주도-역주), 마카사르 등의 항구를 돌아다니면서 배를 추적해 보았는데, 이 해역을 오가는 100톤 이상의 대형 목조 범선은 모두 남술라웨시 주 빌라 반도의 콘조 지방 사람들이나 이곳 출신자들이 만들었다는 놀라운 사실을 알아냈다.

당연한 말이지만 바다를 건너려면 배가 필요하다. 오랜 옛날 인류에게 바다가 '물의 장벽'이 되었던 시대가 있었지만, 인간이 배를 만든 후부터 물은 '수로'가 되었고 배를 만들기 위해 삼림의 존재를 인식하게 되면서, 바다는 말하자면 '문화의 초전도 지대(超傳導地帶)'가 되어 여러 사람이 오가고 사람이나 물품, 정보 등을 종횡무진 전하는 해상 네트워크를 만들어 냈다.

배와 배에 이용되는 열대림의 존재는 해역 세계의 형성과 발전에 매우 중요한 문제였다. 다른 해양으로 쉽게 건너가려면 어느 정도 크기의 배가 필요하다. 그러나 수목의 크기에는 일정한 한계가 있기 때문에 판재(板材)를 서로 붙여 목조선을 만들었는데, 이러한 배는 각 해역마다의 자연 환경, 삼림 자원의 상태, 지역 간의 관계 방식에 따라 다양하게 건조되었다. 지중해의 갤리 선, 대항해 시대에 활약했던 유럽의 카라벨 선(Caravel. 포르투갈에서 개발된 세돛 선으로 삼각돛만을 사용. 13세기부터 어업용으로 쓰이다가 차츰 연안 항해선으로 이용-역주)이나 갈레온 선(galleon. 16세기 초에 등장한 3~4층 갑판의 대형 범선-역주), 인도양 교역권의 다우 선(이슬람 상인들이 특유의 범선), 중국의 정크 선, 일본의 천석선(千石船. 쌀 천 섬을 실을 수 있는 큰 배라는 의미-역주) 등이 그 예일 것이다. 이 배들이 모두 옛 이야기가 되어버렸지만, 콘조 지방의 조선 기술자들은 지금도 설계도나 철못을 사용하지 않고, 전통 방식으로 대형 목조선을 열심히 만들고 있다. 대체 그 이유는 뭘까?

배를 만드는 데 있어 최대의 문제는 배가 바다를 나갈 때 생기는 조파저항(造波抵抗. 배가 파도를 일으키며 나아감으로써 생기는 저항-역주)을 빠져나가기 위해 선체의 유선형 삼차원 곡면을 어떻게 실현하느냐에 있다. 일본의 전통적인 목조선은 판재를 짜맞춰, 큰 판재 한 장(바닥 널, 쪽 널)을 일단 만들어 이를 날렵하고 아름다운 곡면이 되도록 구부렸다. 이러한 판선(板船) 구조가 가능했던 배경에는 재질이 매우 부드러우면서도 '끈기'가 있는 수종이 있다는 사실과 판재를 이을 때 필요한 특수한 배못을 두드리는 대장장이 집단의 고도의 기술력이 있었다.

한편 서구의 근대 조선 기술은 유체역학(流體力學. 기체와 액체 등의 유체의 운동을 다루는 물리학의 한 분야-역주)을 구사하여 설계도대로 용골(龍骨. 선체의 중심선을 따라 배밑을 선수에서 선미까지 꿰뚫은 부재-역주) 위에 늑골재(肋骨材. 선체의 바깥쪽을 이루는 갈비뼈 모양의 뼈대-역주)를 끼워 미리 선체의 골격을 만들고 난 뒤, 길다란 외판(外板)을 구부리면서 짜 맞추는 것으로 이 문제를 처리했다(스트럭처 퍼스트 공법). 이 때문에 이론대로 선체를 만들려고 하는 기술자들은 티크처럼 물에 내성이 강한(수축, 팽창성이 매우 적다) 재목을 구하러 다녔다. 이렇듯 영국이나 네덜란드의 식민지 정부는 프리깃(frigate. 목조의 쾌속 범선으로 상하의 갑판에 28~60문의 대포를 갖춘 소형 구축함-역주) 함대를 유지하기 위해 티크재 확보를 임업 정책의 가장 중요한 과제로 삼았고 인도, 미얀마, 인도네시아에 티크 숲을 조성했다.

이에 비해 콘조의 조선 기술자들의 특징은 외판을 중시했던 널빤지잇기 공법(플랭크 퍼스트 공법)이고, 더군다나 구부리는 공정을 갖지 않고 선체의 곡면을 만들었다. 즉 비교적 짧은 널빤지를 이으면서 선각(船殼. 선체의 외측)을 우선 만들고 그 후 늑골재를 끼우는 공법을 사용했다. 그림을 보면 알 수 있듯이 널빤지는 여러 부분으로 나뉘어 있고 그것들을 짜 맞추면서 선각을 만들었다. 그리고 중요한 점은 외판(外板)의 모양, 매수(枚數), 이음매의 위치, 단수(段數)가 보기 좋게 정형화되어 있었다는 것이다. 또한 그 특정 부분에 필요한 곡선을 가진 천연적인 곡

〈콘조 배의 기본형이 되는 파자라 선의 외판구성패턴〉

재(曲財)나 목재의 건조 과정에서 생긴 구부러진 재목을 모은 것으로 삼차원적인 곡면을 이루고 있었는데, 자연적인 '곡선'을 이용하고 있었다.

인도네시아의 다도해는 종류가 수없이 많고 풍부한 열대림으로 이루어져 있다. 특히 순다 대륙붕(수마트라, 자바, 보르네오를 포함한다)과 사플 대륙붕(파푸아뉴기니, 오스트레일리아를 포함한다) 사이에 있는 월리시아 해는 이 널빤지잇기 공법에 맞는 훌륭한 외판 소재가 자란다. 예를 들면, 바닷물에 가라앉을 만큼 조밀하고 단단한 철목(학명 *Metrosideros petiolata*)이나 단단하면서 탄력성이 좋은 '천연적인 강화 플라스틱'이라고 할 수 있는 나나사(학명 *Vitex cofassus*)가 자라고 있다는 것이다. 그 중에서도 특히 융기 산호초의 바위 위에서 자라는 나나사가 가장 좋은 목재이다. 또한 이 나나사는 콘조 지방의 전승 신화에서는 인간보다도 먼저 지상으로 내려온 최초의 수목으로, 콘조 지방의 문화적 상징이 되어 있다. 선박재로의 이용 외에도 묘비나 가옥의 대들보, 또는 베틀, 각종 어구(漁具), 조선 기술자들의 도구 손잡이 등에 자주 이용되었다.

한편 배는 끊임없이 물의 힘을 받는다. 폭풍우를 만나고 바위에 충돌할 수 있다는 것도 미리 예상하고 만들어야 한다. 그러한 예기치 못한 상황을 이겨내지 못하는 경우는 바로 죽음을 의미하기 때문에 선박 제조에는 조금의 타협도 허용되지 않는 엄격함이 요구된다.

따라서 배의 목재 선택은 신중하게 이루어진다. 같은 수종(樹種)이라도 생육 환경에 따라 재질이 다르고, 같은 나무라도 부위에 따라 재질이 달라지기 때문이다. 그런 섬세한 나무 성질을 구분하면서 콘조의 조선 기술자들은 배의 각 부분에 맞는 재목을 선택하고 있었다.

우리가 조사한 1995년 당시, 콘조 지방에서 목재로 사용되는 수종은 앞에서 소개한 철목과 나나사를 포함하여 모두 47종에 달했다. 이들은 모두 윌리스 선 동쪽 해역에서 자라고 있는 것들이다. 낙엽, 반낙엽 수종이나 맹그로브 같이 해안에서 자라는 수종이 대부분을 이루고 야자류도 포함되어 있었다. 이 47종 중에는 조선 기술자가 몇 세기 동안 계속 이용하고 있는 전통 목재(예를 들면, 나나사나 카디엔=실론오크, 삼파가의 심재(心材)=자단(紫檀) 등)와 최근 배의 대형화로 새로이 사용되기 시작한 목재(예를 들면, 철목이나 탄중 등)가 섞여 있었다. 지역성과 역사성이 만들어 낸 사회재(社會材)로서의 성격이 강하게 나타나 있었다. 동력의 도입이나 배의 대형화, 재목의 고갈에 따른 새로운 재목의 도입 같은 변화를 겪으면서도 조선 기술자들이 부지런히 배를 만들 수 있었던 것은 널빤지잇기 공법에서 볼 수 있는 그들의 기술력과 월리시아 해역에서 자란 나나사 같은 재목의 존재, 그리고 도서(島嶼) 간의 정보 집적을 통한 바다 네트워크의 존재 등이 그 배경에 있었기 때문이다.

그들의 선박재 조달 범위와 방법은 17세기에 강대한 해양 왕국을 구축한 마카사르의 고아 왕국에 의한 남해 산물과 열대림 산물의 수집과 흡사했다. 몰루카 제도에서 모은 판자와 판자의 간격을 채워 누수를 방지하기 위한 토제(Arenga microcarpa(학명)의 줄기에서 나는 납(蠟)이 섞여 있는 가루)나 앞에서 말한 철목을 정향이나 육두구 같은 향료로, 소순다 열도의 숨바와 섬에서 구할 수 있는 나무못으로 쓰이는 재목 사판(학명 *Caesalpinia sappan*. 쌍떡잎식물 장미목 콩과의 낙엽관목—역주)을 백단향으로 바꾸면 고아 왕국의 수집과 동일하다는 것을 알 수 있다. 해산물과 열대림 산물을 수집하는 바다 네트워크는 오늘에 이르기까지 계속해서 이어져 내려오고 있다. 따라서 자카르타 정부의 목재 벌채 단속에 강하게 대처하면서도 속으로는 이곳 바다는 자신들의 영역이라는 생각이 강했다.

조선 기술자들 그리고 그들과 밀접한 관계를 갖는 바자우 족 등 술라웨시 바다에 관련된 사람들이 이용하는 열대림은 일반적인 삼림의 이미지와는 달랐다. 인도네시아 동부 해역을 거대한 '초전도지대(超傳導地帶)'처럼 다루면서 그 곳에 흩어져 있는 섬들의 열대림을 교묘하게 이용하고 있었다. 선박재 조달에 관해서는 바자우 족이 협력하고 있었다. 그들은 해도(海圖)에도 없는 산호초의 작은 섬에 살면서, 큰 섬(동남술라웨시 본섬 연안이나 비교적 큰 무나 섬)의 열대림 속에서 철목 같은 선박재 수종을 벌채해 대충 널빤지 모양으로 만들어 여러 곳에 모아 놓는다. 목재를 나르기 위한 콘조 목재 상인들의 배는 우선 바자우 족의 작은 섬에 정박하여 불법 벌채 단속원이 순시하고 있는가를 확인하고, 그 나무들을 배에 싣고 어둠을 틈타 단숨에 콘조 지방까지 달려간다.

원래 월리시아 해역은 해양 자원과 열대림 자원이 풍부하여 이를 교묘하게 이용하는 기술 체계나 지식이 발달해 있었다. 그러나 최근 대규모 농업 개발처럼 이 해역을 강타하는 '큰물결'은 이곳에 사는 사람들의 생활을 뿌리째 흔들어 놓고 있었다. 대부분의 지역에서 예전부터 해 오던 생업이 허용되지 않았으며, 촌의 환경 보전과 관련된 관습이 급속히 사라지는 경향이 뚜렷했다.

이런 상황 속에서도 콘조 지방 사람들의 조선 기술이나 해양 기술로 뒷받침되는 자신감은 참으로 신선했다. 그들은 누군가에게 전수받은 것 없이 이 해역의 열대림을 이용하면서 배라는 고도의 목조 구조물을 만들어 이를 자유자재로 다루면서 동부

인도네시아 해역을 헤집고 다녔다는 것이다.

개성적인 사회는 이러한 기술로 뒷받침되는 확고한 자신감이 있어야, 비로소 유지될 수 있으리라.

'다양한 삶의 방식'이 요구되는 현대에 그들에게서 배워야 할 점은 많았다. 그들은 조선이나 교역, 항해를 단순한 경제 행위가 아니라 일종의 인생 수행의 장(場), 즉 여러 가지 삶의 기술을 단련하는 장(場)으로 인식하고 있었다. 조선 기술자들에게 배를 만드는 일은 새로운 생명의 창조를 의미했다. 작업 하나 하나를 통해, 또한 용골재를 결합하고 부설할 때(결혼을 의미한다)나 물로 나갈 때(출산을 의미한다) 치르는 의식을 통해 생명을 불어 넣고 있었다.

항해를 할 때는 선상에서 팀워크를 잘 유지하는 것이 중요하다. 한 유명한 선장에게 "팀워크를 어지럽히는 남자가 승선했을 경우는 어떻게 합니까?"라고 물은 적이 있었다. 그는 "그런 남자의 존재는 약이 됩니다"라고 말했다. "내 기술이 뛰어나면 어떤 사람도 나쁜 짓을 할 수 없습니다. 내 능력을 인정하기 때문입니다. 그러므로 그 남자를 결코 없애 버리지는 않습니다. 만일 누군가 나쁜 짓을 할 경우는 나 스스로 항해를 통해 좀더 기술을 향상시키려고 합니다"라고 말했다. 즉 불량한 승무원은 자신의 기술을 향상시키기 위한 약이 된다는 것이었다. 또한 솜페(sompe)라고 불리는 풍습이 있었다. 이계(異界)인 바다로 나가 영적 세계와 교감하며 사람과 만나고, 해난 사고 같은 문제를 처리하는 일을 통해 일종의 정신술(精神術)을 높이는 시도가 지금 술라웨시의 젊은이들 사이에 계승되고 있었다. 따라서 배를 타는 젊은이도 선장의 정신술을 접촉하여 그 정신술을 받아들이려는 의식이 강했다. 예를 들면, 선장은 출항하는 날짜와 시간을 선원에게 알리지 않는다고 한다. 대략 시기는 경험으로 판단할 수 있지만, 정확한 시간은 선장의 태도를 관찰해야 알 수 있다는 것이다.

그 선장이 출항하기 직전의 마음 상태를 이렇게 말해 주었다. 그는 자택에서의 오랜 명상 중에 이미 그 항해가 어떠하리라는 것을 모두 파악한다. 그리고 고상식(高床式) 가옥의 계단을 내려와 천천히 땅에 한 걸음 내딛고 나서, 해안가에 모인 마을 사람들의 주목을 한 몸에 받으며 배에 올라타게 된다고 했다. 배는 이미 출항 준비를 끝냈고, 온 정신을 집중하여 선원들은 선장의 "배를 띄워라!"라는 신호를 기다리고 있으며 선장은 항해의 안전을 기원하고 가장 좋은 상태의 바람을 읽으면서 자신의 마음을 비운다. 그러한 마음의 준비가 이루어지고 나서야 비로소 출발 신호를 보내며, 바다는 자신들의 마음을 비춰 주는 거울이라 아무리 조그만 잡념이라도 그대로 비춰 준다. 바다에 대한 절대적인 외경심에서 나오는 심상(心象)인 것이다.

사람은 지나치게 교활해졌다. 단순하게 자연을 두려워하고, 자신을 새롭게 다시 인식해야 할 필요가 있다고 본다. 그리고 자신 안에 잠들어 있는 잠재 능력을 끌어냄으로써 다양한 삶의 방식이 가능해질 것이다.

　우리는 편리한 생활에 길들여져 자연에 대한 절대적인 외경심을 실감한다는 것이 좀처럼 어려워지고 있다. 그렇기 때문에 바다에 더 나가려고 하는지도 모른다. 우리도 자신의 삶을 바다에 비추어 보고, 실제로 범선을 자유자재로 다루면서 바다를 건너는 바람이 되어 보는 것은 어떨까? 우리는 바다를 온 마음으로 느껴 볼 필요가 있다.

감수를 마치고

세계지도를 펼쳐놓고 동남아시아를 찾아봅시다. 필리핀, 인
도네시아, 싱가포르, 파푸아 뉴기니 등과 같은 섬나라와 타이,
베트남, 말레이시아처럼 아시아 대륙의 끝자락에 붙어 있는 나
라들이 바다를 포근히 품고 있습니다. 동남아시아의 다도해를
보면 세계 어디보다도 크고 작은 섬들이 유난히 많이 눈에 들
어옵니다.

이곳에는 해류가 흐르는 대로, 바람이 부는 대로, 먹을 것을
찾아 정처 없이 물에 떠다니며 생활하는 해양 유랑민들이 있습
니다. 이들은 한 곳에 정착해서 살지 않기 때문에 권력과 재물
을 굳이 탐하지 않고, 살고 있는 곳이 마음에 내키지 않으면 당
장 어디로든 떠날 수 있습니다. 그래서 자유로울 수 있는 사람
들입니다. 국가라는 틀 속에 법과 질서를 지키며 사는 사람들
의 눈에는 해양 유랑민들이 법과 규칙을 피해가며 불법으로 물

고기나 조개를 잡는 등 바다와 수산 자원을 훼손시키는 사람들로 비쳐지기도 합니다. 그러나 바다를 풍요로움을 가져다 주는 어머니로 생각하여 경외심을 가지고 바다를 숭배하기도 하고, 또 바다에 사는 생물들을 일정 기간 동안 어획하지 못하는 제도를 실시하여 자율적으로 수산 자원을 관리하는 사람들도 있습니다. 복잡하게 흩어져 있는 갖가지 모양의 섬들만큼이나, 이곳에서 생활하는 해양 유랑민(바다 집시)들의 삶의 방식은 아주 다양합니다.

이 책에서는 동남아시아의 다도해를 "생활의 바다"라고 정의하고, 자원이 풍부한 열대림과 바다를 연결해 주는 해양 유랑민들의 생활을 여러 관점에서 살펴보고 있습니다. 바다는 사람들이 살아가기에 그리 만만한 장소는 아닙니다. 그렇기 때문에 바다에 사는 사람들은 거친 환경을 잘 활용할 줄 아는 삶의 지혜가 남들과 달라야 살아남을 수 있을 겁니다. 지혜로운 사람은 물을 좋아한다는 공자의 논어에 나오는 지자요수(知者樂水)와도 일맥상통하는 삶의 현장이 바로 섬이 아닌가 생각됩니다.

섬 앞에는 신비, 아름다움, 환상 등의 단어가 자연스레 붙습니다. 육지를 멀리 한 채 물에 둘러싸여 있는 섬……. 이곳에 사는 사람들의 생활은 물의 장막으로 가려 숨겨져 있었습니다. 그래서 우리는 섬에 무언가 신비스런 것이 있지 않을까, 호기심어린 눈으로 바라보곤 했습니다. 그 호기심이 이 책의 구석구석에서 하나둘씩 풀려 갑니다.

독자들은 이 책을 읽으며 조개껍질이 영겁의 세월을 이기지 못하고 부서져 만들어진 백사장을 배경으로 야자수가 감미로운 바닷바람에 흔들리는, 시간이 정지한 듯 한가로운 열대의 바닷가로 여행을 떠날 수 있을 것입니다. 그리고 저자들이 동남아시아의 다도해를 발로 뛰며 건져 올린 바다 사람들의 애환 어린 목소리를 생생하게 들을 수 있을 것입니다.

한국해양연구원 해양자원연구본부
김웅서 박사

집필자 소개

무라이 요시노리(村井吉敬) 1943년생. 동남아시아 사회 경제론. 조오치 대학 아시아 문화 연구소. 《사시와 아시아와 바다 세계》《새우와 일본인》《술라웨시의 해변에서》

다카야 요시카즈(高谷好一) 1934년생. 지역 연구. 시가 현립 대학 인간 문화학부. 《동남아시아의 자연과 토지 이용》《'세계 단위'로 세계를 바라보다》《다문명 세계의 구도》

모모키 시로우(桃木至朗) 1955년생. 동남아시아사. 오사카 대학 대학원 문학 연구과. 《역사 세계로서의 동남아시아》《참파》

오오키 아키라(大木 昌) : 1945년생. 동남아시아사. 메이지 가쿠인 대학 국제학부. 《인도네시아 사회 경제사 연구》《사람과 사람의 지역사》《이와나미 강좌 – 세계 역사 15》

기타마도 도키오(北窓時男) 1956년생. 동남아시아 해역 사회론. 농림 수산성 국제 농림 수산업 연구 센터. 《지역 어업의 사회와 생태》《어업고현학(漁業考現學)》《누산타라 항해기》

오카모토 가즈유키(岡本和之). 1954년생. 문필가(文筆家).《타이 철도 여행》

나가쓰 가즈후미(長津一史) 1968년생. 동남아시아 지역 연구. 교토대학 아시아·아프리카 지역 연구 연구과. 「바다 민족 사마 인의 생계 전략」《필드워크 최전선》「바다 민족 사마 인의 생활과 공간 인식」

히로스에 마사시(弘末雅士) 1952년생. 동남아시아사. 릭쿄 대학 문학부. 《신판(新版) 세계 각국사》《이와나미 강좌 – 세계 역사 6》《지역 세계사》

오소자와 가쓰야(遅沢克也) 1953년생. 열대 생물 자원학, 세계 해역론, 인도네시아 연구. 에히메 대학 농학부.《지역 사회와 유통 시스템》《강좌 인간과 환경 2 – 삼림과 인간의 아시아》《농경 세계, 그 기술과 문화 4 – 아시아의 농경 양식》

이케자와 나쓰키(池澤夏樹) 1945년생. 작가.《멋진 신세계》《꽃을 나르는 여동생》《스틸 라이프》

스가 시오미(須賀潮美) : 1962년생. 수중 리포터.《다이빙 세계》